코즈모폴리터니즘이란 무엇인가 [개정증보판]
함께 살아감의 철학, 세계시민주의

초판 1쇄 펴낸날 2022년 2월 25일

지은이 강남순
펴낸이 이건복
펴낸곳 도서출판 동녘

책임편집 정경윤
편집 구형민 박소연 김혜윤
마케팅 박세린
관리 서숙희 이주원

등록 제311-1980-01호 1980년 3월 25일
주소 (10881) 경기도 파주시 회동길 77-26
전화 영업 031-955-3000 편집 031-955-3005 **전송** 031-955-3009
블로그 www.dongnyok.com **전자우편** editor@dongnyok.com
인쇄·제본 영신사 **라미네이팅** 북웨어 **종이** 한서지업사

© 강남순, 2022
ISBN 978-89-7297-023-1 (93190)

코즈모폴리터니즘이란 무엇인가

What is Cosmopolitanism

[개정증보판]

함께 살아감의 철학,
세계시민주의

강남순
지음

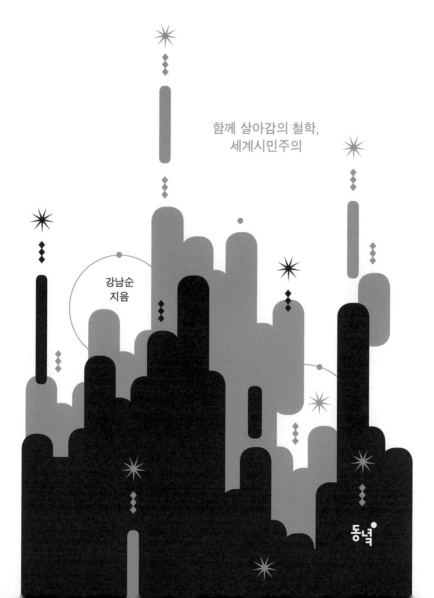

동녘

우리는 모두 연결되어 있다

2015년 《코즈모폴리터니즘과 종교: 21세기 영구적 평화를 찾아서》의 출간 이후, 개정증보판을 내겠다고 생각하게 된 주요 동기는 위기에 대한 의식이다. 2019년 말부터 등장하기 시작한 '코로나 19' 사태는 우리가 이제까지 경험하거나 추측할 수 없는 갖가지 위기적 상황 속에 우리를 집어넣었으며, 동시에 우리 모두가 연결되어 있는 존재임을 확인시켜준 사건이었다. 2022년 현재까지 코로나는 사라지지 않고 '델타' 또는 '오미크론' 등의 이름을 가진 다양한 변종 바이러스를 통해서 세계 곳곳에 살고 있는 사람들의 삶에 막대한 영향을 미치고 있다. '이곳'과 '저곳' 그리고 '나'와 '너'가 국경, 국적, 종교, 계층, 나이 등 다양한 요소들로 분리되어 산다고 생각하던 대부분의 사람들에게, 코로나 위기는 이 모든 것이 더 이상 분리될 수 없다는 것을 몸으로 절실히 체험하게 했다. 코로나 위기는, 살아간다는 것이 결국 무수한 타자들과 '함께'

살아감을 의미한다는 것을 뼈저리게 경험하게 했다.

우리가 대면한 다층적 위기 상황들을 목도하면서 코즈모폴리터니즘의 중요성을 더욱 느끼게 되었다. 2015년 책을 낼 때, 나는 코즈모폴리터니즘을 우선적으로 종교 영역과 연결시키려 했다. 그런데 이제 코즈모폴리터니즘을 종교만이 아니라 종교-너머로 확장할 필요성을 더욱 절실히 느끼게 되었다. 위기 상황을 넘어서기 위한 가장 중요한 출발점은 그 모든 위기가 '나'와 연결되어 있다는 의식, 그리고 살아감이란 결국 '함께 살아감'이라는 의식이다. 이러한 의식을 담아내는 것이 바로 코즈모폴리턴 사상이다. 위기의 시대, 코즈모폴리터니즘이 담아내는 의식과 그 실천적 가치가 어느 때보다 중요하다는 것은 결코 과장이 아니다.

"살아감이란 언제나 '함께-살아감'이다." 자크 데리다(Jacques Derrida)의 말이다. 데리다의 이 말이 바로 이 책의 기저에 흐르는 사상이라고 할 수 있다. 살아가는 것이란 결국 '함께' 살아가는 것이라는 지극히 단순한 것 같은, 그러나 심오한 이 '진리'를 우리는 어려운 과정을 통해서 깨닫는다. 다층적 위기의 시대를 살아가는 우리에게 이 '함께 살아감'의 철학은 그 어느 때보다 절실히 필요하게 되었다.

위기 시대에 우리에게 절실하게 필요한 의식이 있다면, 그것은 '이중적 소속성'이라고 할 수 있다. 즉, 한편으로는 한국인(Korean citizen)이면서, 또 다른 한편으로는 이 세계에 속한 세계시민(global citizen, cosmic citizen)이라는 의식이다. 한국인이면서 세계시민이라는 이중적 소속성은 상충하지 않는다. 우리의 존재방식이기도 한 것이다. 이러한 이중적 소속성은 다양한 차원에서 위기를 넘어서려는 다층적 연대를 가능하게 한다. 코로나 위기는 우리가 한국인인 동시에 인류 공동체의 일원으로서 '세계시민'이라는 이중의 소속성을 구체적인 일상 세계에서 실천해야 함을 더욱 절실하게 알려주었다.

지금 이 글을 쓰는 2022년 1월에도 여전히 코로나는 갖가지 변종의 형태로 온 세계 사람들의 생명을 위협하고 있다. 사람들은 오랫동안 익숙하던 삶의 방식을 포기해야 했고, 당연히 생각해온 일들을 하지 못하게 되었다. 그 위기는 누구에게나 동일하게 경험되는 것이 아니다. 젠더, 경제적 조건, 장애 여부, 직업 등에 따라서 위기의 경험은 하늘과 땅만큼 각기 다르다. 코로나 19 위기는 '나'의 건강과 안녕이 '너'의 건강과 안녕에 밀접하게 연결되어 있다는 것, '이곳'과 '저곳'을 이제 더 이상 분리할 수 없다는 것을 몸으로 경험하게 해주는 사건이다. 나의 안녕이 너의 안녕과 연결되어 있다는 이 '함께 살아감'의 철학은 이제 철학적 개념만이 아니며, 일상 세계에서 생존과 연결되는 구체적인 일임을 경험하게 되었다.

코즈모폴리터니즘은 지금 '이미의 세계'와 '아직 오지 않은 세계'라는 두 축을 끌어안고 전개되면서, 낙관이 아닌 희망을 강렬하게 부여잡고 있다. 구체적인 데이터에 근거를 두는 '낙관'과 달리, '희망'은 좀 더 나은 세계에 대한 변혁의 의지를 가지고 사유하며, 행동하고, 연대하며 씨름하는 그 과정 자체에 뿌리를 내린다. 코즈모폴리터니즘의 지향

점은 개별인인 내가 '한국인'만이 아니라 '세계시민'으로 살아가는 존재이며, 따라서 타자에 대한 나의 책임성과 연대의 경계는 한국이라는 울타리를 넘어 이 세계와 코스모스까지 확장되어야 한다는 것이다.

코즈모폴리터니즘의 복합적 의미를 조명하는 이 책이, 우리의 일상 세계에서 '나'와 '너'의 연결성, 그리고 '이곳'과 '저곳'의 분리불가성을 인식하게 하고 구체적인 책임과 연대의 정치를 제도화하기 위한 변화의 작은 씨앗을 뿌리는 사상이 되기를 바라는 마음으로 이 작은 미완의 세계를 여러분과 나눈다. 우리의 살아감이란 결국 '함께−살아감'이라는 의미를 일깨우고 상기해주는 나의 동료인간, 모든 독자들께 감사함을 전한다.

2022년 1월 텍사스에서
강남순

책을 펴내며

우리는 살아가면서 어떤 사람과 특정한 정황에서 '조우'한다. 여기에서 '조우'란 그저 이름이나 얼굴을 알게 된다는 의미가 아니라 그 사람과 친구, 동료 등으로 독특한 관계가 형성되고 서로의 삶에 개입과 강한 연결성이 형성되는 만남을 의미한다. 그런데 사실 이러한 '조우'는 사람과의 관계에서만 일어나지 않는다. 내가 독일 유학을 가서 비로소 역사책 속에서나 존재하던 '홀로코스트'라는 사건과 조우하게 된 것처럼, 우리는 특정한 역사적 사건과도 조우하게 되고, 또는 특정한 이론과 조우하기도 한다. 나에게 코즈모폴리터니즘이라는 담론과 조우하게 된 특별한 계기가 있다. 그 특별한 계기란 2007년 미국 드루(Drew)대학교에서 열린 초학제 학술회의(Transdisciplinary Conference)에서 발제를 맡게 된 것이었다.

그 학술회의는 가야트리 스피박(Gayatri Spivak)의 사상에 관한 것이었다. 스피박은 난해하기로 이름난 프랑스 철학자 자크 데리다의《그라마톨로지》를 영어로 번역했을 뿐 아니라, 360쪽인 책에 79쪽에 이르는 분량의 번역자 서문을 쓴 이후, 그 깊이 있는 학문성과 철학적 사유의 독특성으로 일약 세계적인 철학자가 되었다. 뉴욕 컬럼비아대학교의 교수인 스피박은 호미 바바(Homi Bhabha), 에드워드 사이드(Edward Said)와 함께 현대 탈식민주의 담론의 소위 '거룩한 삼위일체' 중 한 사람으로 간주되는 이론가이다. 그 학술회의에는 가야트리 스피박이 직접 참석하기로 되어 있었고, 발제자들은 모두 스피박의 사상으로 발제하게 되어 있었다. 그 모임에서 스피박 사상을 다루는 발제를 맡아달라는 부탁을 받고 난 후, 나는 그의 책들을 면밀히 검토하기 시작했다. 그러던 중《포스트콜로니얼 이성의 비판》이라는 책에서 마음을 강하게 끄는 구절을 발견했다. "이 세계를 움직이고 변화시키게 할 수 있는 담론이란 도대체 무엇인가"라는 물음을 던진 후, 그는 '사랑'이라고 대답한다. 사람의 '마음을 변화시키는 사랑(mind-changing love)'이야말로 이 세계를 움직이고 변화하게 하는 가장 효과적인 것이라는 말이다.

아마 이러한 이야기를 어떤 종교적인 책에서 발견했거나 종교인으로부터 들었다면, 그저 지나칠 수도 있었을 것이다. 현실 세계에서 일어나는 여러 구체적인 일들에 대한 치열한 고민, 분석, 비판적 개입도 없이 그저 공허하고 추상적인 의미에서 '사랑' 또는 '자비' 등을 상투적으로 쏟아내는 종교들이 얼마나 많은가. 그런데 스피박의 '사랑'은 특정한 종교적 정황에서 단순히 '형식적 언어'로서 쓰이지 않았다는 것, 오히려 매우 복잡한 철학적 이론들을 가지고 이 세계에서 일어나는 다양한 문제들에 대해 치밀하고 비판적으로 분석하는 담론들을 전개하는 정황 안에서 이 말이 나왔다는 것이 강렬하게 내 마음을 끌어당겼다. 현실 세계에 대한 날카롭고 비판적인 분석으로 이름난 철학자로서 스피박이, 이 세계의 다양한 문제점들을 해결하는 데 가장 중요한 담론으로서 '행성적 사랑(planetary love)'을 말하고 있다는 것. 그것은 내게 매우 흥미로운 사건이었다.

　　이렇듯 예상치 않게 '사랑'이라는 개념을 스피박의 책에서 '조우'한 이후, 나는 그녀가 왜 '지구(globe)'와 '행성(planet)'을 구분하면서 '행성'이라는 말을 써야 한다고 하는지를 알게 되었다. 또한 사람의 '마음을 변화시키는 사랑'이 구체적인 우리의 현실 세계에서 새로운 변화를 일으킬 수 있는 담론과 실천으로 자리 잡을 가능성에 대해 흥미를 가지고 연구하기 시작했다. 이러한 주제와 관련된 여러 분야의 연구들을 조명해보면서, 결국 나는 스피박의 '마음을 변화시키는 사랑'을 발제의 핵심적인 개념으로 하겠다고 마음먹게 되었다. 이렇게 스피박의 '행성적 사랑'이라는 개념과 연결된 다양한 연구서들을 섭렵하다가 만나게 된 것이 '코즈모폴리터니즘'이었다. 이 학술회의에서 나는 처음으로 스피박의 얼굴을 직접 대하며 만나게 되었고, 그 만남 이후 그의 책들에 담긴 스피박 자신의 독특한 '목소리'들이 비로소 생생하게 살아서 들리기 시작하는 것 같았다. 누군가의 '얼굴'을 마주한다는 것은 그 얼굴이 지닌 삶의 흔적과 분위기, 그리고 그 사람의 갈망, 열정과 조우하게 됨을 의미하기도 한다는 것을 알게 된 경험이었다.

학술 모임이 끝난 후, 그곳에서 발표된 대부분의 발제문들은 《행성적 사랑: 스피박, 탈식민성, 그리고 신학(Planetary Loves: Spivak, Postcoloniality, and Theology)》이라는 책으로 묶여 출판되었다. 나의 발제문은 〈코즈모폴리턴 신학을 향하여〉로 그 책에 포함되었다. 그런데 학술회의가 끝난 후에도 나는 코즈모폴리터니즘에 관련된 자료들을 손에서 놓지 못했다. 당시만 해도 이 주제에 관해 한 권의 책을 쓰겠다는 생각은 전혀 없었는데, 웬일인지 코즈모폴리터니즘이라는 주제가 나를 계속 끌어당기는 것이었다. 그렇게 해서 나는 법학, 정치학, 문화학, 철학 등 다양한 분야에서 나오는 코즈모폴리터니즘에 관한 책과 논문을 찾아서 연구하기 시작했다. 이러한 과정에서 유독 종교 분야에는 코즈모폴리터니즘에 관한 논의가 거의 없다는 점, 그리고 '코즈모폴리터니즘'이라는 담론은 광활한 숲처럼 풍성하고 깊다는 점도 알게 되었다. 코즈모폴리터니즘은 그리스 철학에서 유래했다고 알려진다. "당신은 어디에서 왔는가"라는 물음을 받으면 상식적으로 "아테네에서" 또는 "시노페에서"라고 자신이 태어난 도시의 이름을 말할 텐데, 디오게네스는 "나는 우주(cosmos)에서 온 시민이다"라고 답했다고 한다. 이 디오게네스의 대답으로부터 코즈모폴리턴 사상이 출발했다고 할 수 있다. '우주의 시민(kosmopolitês, cosmopolitan)'이라는 이 단순한 듯한 개념이 인간의 소속성이나 정체성 문제에서 매우 획기적인 인식론적 전환을 이룰 수 있는 단서를 제공한 것이었다.

코즈모폴리턴 사상은 그 세계를 파고들어가면 갈수록 이론적인 학문의 세계로만이 아니라, 나 자신의 구체적인 삶의 여정에서 씨름하던 다양한 물음들과 연결된다는 것을 경험하게 되었다. 나는 한국, 독일, 영국, 미국 등 네 나라에서 살아왔다. 그런데 처음으로 한국을 떠나 유학 간 독일에서 살기 시작한 이후, 내가 가장 많이 받는 물음 중 하나는 "당신은 어디에서 왔는가"이다. 자신이 태어난 나라에서 이 질문을 받는 것과, 언어와 문화와 피부색이 다른 나라에서 이 질문을 받는 것은 정치적 의미가 완전히 다르다는 것을 나는 서서히 알아가기 시작했다. 이 질문에 어떠한 답을 해도, '나'를 구성하는 무수히 복합적인 요소들이 드러나는 것이 아니라 한두 가지로 고착되거나 왜곡되기까지 한다는 것이 더욱 분명해졌다. 코즈모폴리터니즘은 내가 경험하고 씨름하던 딜레마들을 넘어서는 데 중요한 근거들을 제시해주었다.

코즈모폴리터니즘이 정체성의 문제, 다양한 차이들을 넘어서는 연대의 가능성에 대한 문제, 성별, 인종, 국적, 종교 등의 경계를 넘어서는 연민과 환대의 문제 등을 다룬다는 사실은, 내게 코즈모폴리터니즘 담론의 연구에 대한 강한 열정을 심어주었다. 진정한 대화에 굶주린 사람마냥 나는 코즈모폴리터니즘을 다루는 다양한 책들과 논문들을 통해 개인적 또는 학문적 물음들을 주고받는 대화를 나눌 수 있었고, 그러한 글들의 저자들은 나의 대화 상대자가 되어주었다. 다른 곳에서 찾을 수 없었던 개념들을 코즈모폴리터니즘을 통해 만나게 되면서 비로소 내가 씨름하는 물음들이 나만의 독특한 문제들이 아니었음을 알게 되었다. 이러한 과정에서 내가 가장 가깝게 느낀 대화 상대자는 자크 데리다였다. 그의 강연문인 〈코즈모폴리터니즘〉은 그 짧은 길이에도 불구하고 결이 풍부하고 심오해서 여러 번 반복해 읽어도 매번 새로운 느낌을 주었고, 그의 다른 책들 역시 정체성, 연대, 환대, 우정, 용서, 애도, 정의 등 우리가 일상생활에서 씨름하는 개인적 문제들뿐 아니라 사회정치적이고 종교적인 다양한 문제들에 대해서도 섬세하고 복합적이며 심오한 결들을 제공해 주었다. 이렇게 코즈모폴리터니즘과 3년여 이상의 오랜 대화를 거친 후 2013년에 미국에서 출간한 책이 《코즈모폴리턴 신학(Cosmopolitan Theology: Reconstituting Neighbor-Love, Hospitality, and Solidarity in an Uneven World)》이었다.

영어로 쓴 코즈모폴리터니즘 책은 학술적인 이론서인 반면, 한글로 쓴 코즈모폴리터니즘 책에서는 좀 더 다양한 독자층을 생각하면서 그 주요 개념들과 적절한 문체들을 사용하려 했다. 이 책이 코즈모폴리터니즘에 대한 이론서가 될 뿐 아니라, 독자들의 구체적이고 일상적인 삶의 문제들과 맞닿을 수 있게 되길 바라며 집필 방향을 잡은 것이다.

한 권의 책이란 하나의 커다란 도시와 같다. 도시에는 큰 대로도 있고 작은 골목들도 있다. 커다란 백화점이 있는가 하면, 길가의 노점상도 있다. 찬란한 박물관도 있고, 거리의 음악가들도 있다. 화려한 레스토랑이 있는가 하면, 좁은 골목 귀퉁이에 자리 잡은 작은 카페도 있다. 거대한 도시에는 각양각색의 사람들과 그들이 만들어내는 다양한 삶의 공간들이 얽히고설켜서 공존한다. 이러한 다양한 모습의 삶을 담은 공간들처럼, 나는 한 권의 책이란 무수한 '언어들'을 담고서 각기 다른 삶의 층들을 비춘다는 생각을 한다. 큰 도시를 알기 위해 탐색하는 방식에 그 어떤 절대적 기준이 있지 않은 것처럼, 이 책을 어떻게 접근하고 탐색하고 어느 부분을 어떠한 방식으로 읽어볼지는 전적으로 읽는 이들에게 달려 있다. 이러한 의미에서 한 권의 책이 세상에 나오자마자, 그 저자는 사실상 사라진다. '저자'란 한 사람의 독자로 돌아갈 수 있을 뿐이다. '저자'를 포함해 그 누구도, 한 권의 책이 지닌 '절대적인 본래적 의미'를 결정할 권한은 없다. 한 권의 책은 수천의 색깔과 모양새로 이루어진 콜라주 같은 것이고, 독자들은 각자의 시선에 따라 다양한 색채들과 결들을 만나는 것이기 때문이다.

나는 이 책을 읽는 이들이 각각의 다른 시선과 열정으로 큰 대로를 경험하기도 하고, 작은 골목도 경험하기를 바란다. 그래서 자신의 세계만큼, 그리고 자신의 시선과 물음들을 따라가는 가운데 이 책에서 자신의 사유 세계와 삶을 풍성하게 만들 수 있는 무언가를 만나길 바란다. 그리고 그 '만남'을 통해서 인간이라는 존재란 결국 '함께-존재'임을 인식하고, 자신과 타자를 보는 시선이 무관심과 냉담함으로부터 따스함으로 조금씩이라도 바뀌게 되기를 바란다. 그래서 우리가 다양한 타자들을 '동료인간'으로 존중하고, 더 나아가 환대와 연대를 나누는 '포괄의 원'을 조금씩 확장해갈 수 있다면, 이 책을 쓰게 된 나의 작은 바람은 이루어지는 것이다.

이 책의 문을 여는 모든 독자들에게 감사함을 전한다. 글 쓰는 이에게 그 글을 읽어주는 독자가 있다는 것은 참으로 소중한 선물이기 때문이다.

2015년 텍사스에서
강남순

C O N T E N T S

- 개정증보판 서문: 우리는 모두 연결되어 있다...**005**
- 책을 펴내며...**009**

1장   왜 코즈모폴리터니즘인가

1. 함께-살아감의 철학   ...**021**
2. 지구적 위기에 직면한 인류 공동체: "세계는 스스로를 파괴하고 있다"   ...**027**
3. 코즈모폴리턴 공동체: 위기를 함께 나누는 비영토적 공동체   ...**032**

2장   21세기, 코즈모폴리터니즘의 귀환

1. 타자에 대한 세 가지 윤리적 의미   ...**039**
2. 코즈모폴리터니즘을 둘러싼 오해와 이해   ...**047**
3. 코즈모폴리터니즘의 주제   ...**051**
4. 코즈모폴리터니즘: 이론과 실천   ...**057**

3장   코즈모폴리터니즘의 특성과 가치

1. 코즈모폴리턴 정체성   ...**065**
    1) 정체성의 정치학: 긍정, 차이, 혼종성   ...**065**
    2) 코즈모폴리턴 정체성: 세계시민이란 누구인가   ...**074**
2. 코즈모폴리터니즘에 대한 다양한 관점: 부정적 이해와 긍정적 이해 ...**080**
3. 코즈모폴리터니즘의 주요 특성   ...**084**
    1) 거시적 상호의존성의 원리   ...**084**
    2) 우주적 환대와 책임성의 원리   ...**087**
    3) 초경계성의 원리   ...**089**
    4) 초정체성의 정치학   ...**092**
4. 코즈모폴리터니즘의 주요 가치   ...**094**

4장   스토아주의 코즈모폴리터니즘

1. 코즈모폴리터니즘의 역사적 분기점   ...**103**
2. 스토아주의 코즈모폴리터니즘: 우주적 시민의식과 존재론적 평등성 ...**107**
3. 코즈모폴리턴 유토피아: 급진적인 존재론적 평등 세계에의 갈망   ...**119**

5장　칸트주의 코즈모폴리터니즘

1. 세계의 영구적 평화: '목적의 나라'를 향하여 …123
2. 코즈모폴리턴 정의와 권리: 정치적 실천을 위한 도덕적 나침판 …129
3. 칸트와 함께 칸트를 넘어서 사유하기 …137

6장　코즈모폴리턴 정의와 정치

1. '동료인간' 의식과 제노사이드 …149
2. 코즈모폴리턴 정의와 정치: '인류에 대한 범죄'를 넘어서 …156

7장　코즈모폴리턴 환대: 인간의 권리와 의무

1. 코즈모폴리턴 환대: 환대 의무와 방문 권리 …171
2. 개인적 환대와 국가적 환대: 갈등과 딜레마 …179
　1) 조건적 환대와 무조건적 환대: 환대의 정치, 환대의 윤리 …182
　2) 상대적 환대와 절대적 환대 …187
3. 코즈모폴리턴 환대의 구성: 연민과 얼굴 …192

8장　코즈모폴리터니즘과 종교: 책임성으로서의 종교

1. 종교의 존재 의미: 책임성으로서의 종교 …201
　1) '그런 신'은 없다 …202
　2) 종교의 두 기능, 억압과 해방 …206
　3) '신제국'으로서의 종교 너머, 책임성의 종교로 …211
2. 예수의 탈종교화: 코즈모폴리턴 시선 …213
3. 예수의 코즈모폴리터니즘 …220
　1) 모든 사람을 이웃으로: 경계를 넘어선 연민과 사랑 …222
　2) 코즈모폴리턴 실천: 신을 사랑할 때, 무엇을 어떻게 사랑하는가 …230
4. 바울의 코즈모폴리터니즘 …233
　1) 인간의 평등성과 동료시민의식 …233
　2) 바울과 함께 바울을 넘어서 사유하기 …240
5. 기독교 코즈모폴리터니즘 …244

9장 　코즈모폴리턴 환대와 종교

1. 예수의 코즈모폴리턴 환대　　　　　　　...251
　　1) 모든 존재의 긍정과 환영　　　　　...252
　　2) 예수의 종교, 경계를 넘어서는 환대의 실천　...258
　　3) 예수의 절대적 환대　　　　　　...262
2. 성서의 코즈모폴리턴 환대　　　　　...264
3. 호스티피탈리티, 적대와 환대의 얽힘성　...268

10장 　코즈모폴리턴 타자 사랑과 종교

1. 종교적 사유의 전환　　　　　　　...279
2. 타자 사랑: 나·타자·신 사랑의 분리불가성　...285
　　1) 이웃의 범주　　　　　　　...286
　　2) 사랑 행위의 복합적 의미　　　...288
　　3) 자기 사랑: 타자 사랑의 전제조건　...290
　　4) 다름의 사랑: 동질성의 사랑을 넘어서　...291
3. 네이털리티, 타자 사랑의 전제조건　...294
4. 코즈모폴리턴 이웃 사랑　　　　　...301

11장 　코즈모폴리터니즘과 함께-살아감의 종교

1. 유신론-무신론 너머의 종교　　　　...317
2. 종교, 생명의 부름에의 응답　　　　...332
3. 코즈모폴리턴 정의와 연민: 함께-살아감의 종교를 향하여　...337

　- 주　　　...348
　- 참고문헌　...368
　- 찾아보기　...394

Key Idea Box

01. 세계 위기 7가지   ...023

02. 세계화와 글로컬라이제이션   ...024

03. 유엔 밀레니엄 개발목표 8가지   ...029

04. 코즈모폴리터니즘의 윤리적 의미 3가지   ...046

05. 코즈모폴리터니즘의 주제 3가지   ...057

06. 정체성의 정치학, 3가지 형태   ...074

07. 자아 이해의 유형 3가지   ...076

08. 코즈모폴리턴 정체성: 세계시민이란 누구인가?   ...079

09. 두 종류의 민족주의와 애국주의   ...084

10. 코즈모폴리터니즘의 주요 특성 4가지   ...094

11. 코즈모폴리터니즘이 추구하는 가치 5가지   ...100

12. 해방적 코즈모폴리터니즘의 역사적 출현   ...106

13. 스토아주의 코즈모폴리터니즘의 주요 측면 3가지   ...107

14. 스토아주의 코즈모폴리터니즘에서의 이중 시민권   ...113

15. 영구적 평화를 위한 목표 3가지   ...126

16. 칸트의 '목적의 나라'   ...128

17. 코즈모폴리턴 사상에 근거한 사회의 구성 원리 3가지   ...132

18. 칸트주의 코즈모폴리터니즘의 기본 전제 3가지   ...134

19. 칸트주의 코즈모폴리터니즘의 유산 3가지   ...146

20. 제노사이드의 영역 8가지   ...154

21. 인류에 대한 범죄   ...159

22. 인간의 죄책 4가지   ...164

23. 코즈모폴리턴 환대의 핵심 3가지   ...175

24. 코즈모폴리턴 환대의 인식론적 근거   ...199

25. '신 사랑'의 의미   ...285

26. 아렌트의 네이털리티 분류 3가지   ...296

27. 두 종류의 생명   ...306

1장

왜 코즈모폴리터니즘인가

살아감이란 언제나 '함께-살아감'이다.
_자크 데리다[1]

실존이란 '함께'다.
그렇지 않다면 아무것도 존재하지 않는다.
_장뤼크 낭시[2]

1. 함께-살아감의 철학

2019년 12월부터 시작된 코로나(COVID 19) 사태는 우리를 이전과는 전적으로 다른 세계로 들어오게 했다. 그리고 우리는 이러한 전 세계적 위기를 통해 어쩌면 가장 당연한 기본적인 진리를 비로소 깨닫게 되었다. 살아감이란 외딴섬에 홀로 살아가는 것이 아니라, 타자와의 상호관계성 속에서 살아감을 뜻한다는 것이다. 이 세계가 겪는 다양한 위기가 나와 상관없는 '저곳'에서만 벌어지는 것이 아니라, '이곳'에서 살아가는 우리의 일상생활과 너무나 깊숙하게 연결되어 있음을 경험하게 되었다. 생태계 위기, 기후변화, 이상 기온 등의 단어들은 오래전부터 회자되어온 것이다.

그러나 대부분의 사람들은 그러한 주제를 단지 저 멀리에서 벌어지는 것으로 생각해왔다. 가까이에서 벌어지는 일과 연결된 것임을 실감하지 못하며 살아왔다. 신종 코로나 바이러스가 지리적 경계를 넘어 세계적으로 확산되면서 이제 그러한 생태 위기가 먼 곳의 이야기가 아니라 바로 우리 앞에 놓인 문제임을 절감하게 되었다. 생태계의 위기는 생태계만의 위기가 아니다. 코로나 사태와 같은 위기는 정치, 경제 등 모든 분야의 위기이며, 더 나아가 인간의 육체 건강과 정신 건강을 심각하게 위협하는 것임이 분명해졌다. 결국 '모든 것의 상호연관성'은 단지 철학적인 개념이 아니라, 우리의 생존과 긴밀하게 연관된 현실임이 분명해졌다.

코로나 위기뿐인가. 21세기에 들어서 인류는 다양한 위기들을 경험하고 있다. 어떤 특정한 지역에 국한되지 않고 전 세계적으로 경험하는 위기를 살펴보자면 대표적으로 일곱 가지를 들 수 있다. 바로 평화의 위기, 난민 문제, 세계 정의의 위기, 생태 위기, 세계 경제의 위기, 인권의 위기, 다양한 문화들의 충돌이 빚어내는 위기다.[3] 이러한 일곱 가지 위기는 일곱 가지만이 아니다. 각각의 위기는 객관적인 숫자로 계산할 수 없는 무수한 문제들과 연결되어 있다. '세계적 위기'라는 개념은 우리가 실제로 살고 있는 지금 여기의 '지역적 위기'와는 별로 상관없는 듯 들린다. 그러나 코로나 팬데믹 위기를 통해서 분명하게 경험했듯이, '세계(global)'와 '지역(local)'은 이제 더 이상 분리할 수 없다. 어디서부터 '세계'가 시작되고 끝나며, 어디에서 '지역'이 시작되고 끝나는가의 경

① 평화의 위기 ② 난민 문제 ③ 세계 정의의 위기 ④ 생태 위기
⑤ 세계 경제의 위기 ⑥ 인권의 위기 ⑦ 문화들의 충돌 위기

계를 이전처럼 선명하게 그을 수 없다.

커피 한 잔이 우리 손에 들려지는 과정은 바로 이렇게 세계와 지역의 경계가 허물어지는 예다. 무심히 마시는 커피 한 잔은 무수한 경계를 넘어서 내게 온다. 커피나무 씨앗을 심고 경작과 수확을 하는 이들, 수확한 열매를 가공하는 이들, 가공한 커피 열매를 건조시키고 커피콩을 다듬는 이들, 이렇게 생산된 커피콩을 포장하고 세계 곳곳으로 수출하는 이들 등 많은 사람을 거치고, 여러 지역과 나라의 경계를 넘어서면서 결국 내 손에 커피가 들려진다. 한 잔의 커피 자체는 세계와 지역의 구분이 더 이상 유효하지 않음을 그대로 보여준다. 커피뿐인가. 컴퓨터나 스마트폰과 같은 우리 주변의 기기들도 그 하나가 만들어지기까지 필요한 모든 과정을 국경선으로 나누는 것은 더 이상 불가능하다. 한국에서 만든 컴퓨터나 스마트폰이라 해도, 그 안에 든 여러 부품들은 각기 다른 나라들에서 생산되는 경우가 대부분이다.

'이곳'과 '저곳'의 경계를 그어 고정시키는 것은 더 이상 의미가 없다. 우리 삶이란 우리가 인식하든 못 하든, 이렇게 깊숙이 연결되어

있다. 이 상호연결성에 대한 인식은 우리가 타자나 타국을 바라보는 방식을 바꾼다. 세계와 지역을 묶은 '글로컬(glocal)'이라는 개념은 이렇게 상호연결성에 대한 인식을 배경으로 등장했다. 이제 이 세계에서 벌어지는 위기는 정치가들만의 문제만이 아니라, 일상 세계를 살아가는 우리의 문제라는 것을 코로나는 우리에게 더욱 분명하게 확인시켜 주었다. 세계와 지역의 분리불가성을 의미하는 '글로컬'이 그 어느 때보다도 절실하게 다가온다.

'세계화(globalization)'라는 개념은, '세계'와 '지역'의 분리가 가능하다는 것을 전제로 한다. 이러한 전제를 바탕으로 만들어진 모토 "세계적으로 생각하고, 지역적으로 행동하라(Think globally, act locally)"는 반쪽 진

세계화와 글로컬라이제이션

① 세계화(글로벌라이제이션)
- '세계'와 '지역'의 분리가 가능하다는 것을 전제
- 모토: "세계적으로 생각하고, 지역적으로 행동하라"
- 이분법적 사유: 세계-거시 정치 vs 지역-미시 정치

② 글로컬라이제이션
- 세계와 지역의 분리불가성을 전제
- 모토: "글로컬하게 생각하고, 글로컬하게 행동하라"
- 거시적 차원과 미시적 차원의 상호연관성

리만을 담고 있다. 한 현상에 대한 조명과 그 현상이 지닌 문제를 넘어서기 위한 대안은 언제나 거시적 접근과 미시적 접근이 필요하다는 점에서는 맞다. 한편 '세계적으로'라는 개념은 거시적 개입, 거시 정치(macro-politics) 조명을 하는 것, 그리고 '지역적으로'는 미시적 개입, 미시 정치(micro-politics)의 의미를 부각한다. 그런데 또 다른 한편으로는 이 거시(macro)적 차원과 미시(micro)적 차원이 긴밀하게 얽혀 있다는 사실을 이 모토는 담아내지 않는다. 그래서 이제는 "글로컬하게 생각하고, 글로컬하게 행동하라(Think glocally, act glocally)"라는 모토가 되어야 한다. '글로컬라이제이션(glocalization)'이라는 개념은 바로 글로벌과 로컬의 분리불가능한 상호연관성을 담아내고 있다.

이렇듯 '이곳'에서 살아가는 사람과 '저곳'에서 살아가는 사람들의 삶이 상호 연관되어 있다는, 모든 것의 상호연관성에 대한 강조는 이론적 주장만이 아니다. 코로나 사태에서 경험하듯이 이제 우리 삶이 다양한 문제나 위기를 넘어서기 위한 방식을 모색하는 것, 또한 해야 할 일을 규정하는 것은 소수 몇몇 나라와, 집단이나 일부 개인의 책임이 될 수 없다는 것을 의미한다. 개인 또는 국가의 윤리적 책임 문제는 점점 더 그 영역을 확대해야 하는 정황 속에 들어선 것이다.

세계 온난화의 문제는 오래전부터 제기되고 있지만, 그렇게 큰 변화는 뒤따르지 않고 있다. 이 시대가 직면한 가장 심각한 위기 중 하나인 세계 온난화 문제와 그에 따른 기후변화가 빚어낸 여러 심각한 위기 상황은 코로나 사태를 통해 드러난 바처럼 우리의 구체적인 삶을 위협한다.

현대 세계에서 인류가 직면한 이 지구 온난화는 세계의 다양한 종류의 생물들, 생태 조직, 그리고 사회경제적 구조 자체를 근원적으로 파괴하는 결과를 가져오고 있기 때문이다. 2020년부터 시작된 코로나 팬데믹은 이 세계에 살고 있는 인류를 더욱 극심한 가난에 시달리게 하고 있다.[4]

이러한 위기 상황을 경험하면서, 우리는 이제 더 이상 특정한 국가에 소속된 사람으로만 생각하면서 살아갈 수 없다. 우리 모두는 한국이라는 특정한 나라에만 소속된 국민이 아니라, 동시에 이 세계에 속한 '세계시민'이라는 의식이 우리의 구체적 삶에서 요구되는 것이다. 한국인뿐 아니라 세계의 모든 사람들, 특히 절대 빈곤, 전쟁, 종교적 비관용, 다층적 불의에 대해 관심을 두어야만 한다. 정의는 불의에 대한 인식만큼 보이고 실천할 수 있다. 무조건적으로 정의 일반(justice in general)을 말하는 것만으로는 정의로운 한국 사회, 정의로운 세계를 이루어나가기 위한 변화를 일구어낼 수 없다. 21세기의 다층적 위기를 함께 경험하며 '함께-살아감'의 과제를 수행하기 위해서는 우리의 소속성에 대한 의식을 확장시켜야 하는 것이다.

'세계시민주의'라고 번역되는 코즈모폴리터니즘(cosmopolitanism)은 이 세계에 살고 있는 모든 사람 그리고 개개인이 도덕적으로 평등하다는 관점이다. '모든 인간은 평등하다.' 이 말은 도처에서 사용된다. 그런데 이 말이 진정한 의미를 지니려면 복합적인 이론적·실천적 조명이 필요하다. 코즈모폴리터니즘, 즉 세계시민주의는 '모든 인간은 평등'하다는 존재론적 평등성에 근거해 우리의 구체적인 일상 속으로 이러한 평등의식을 확산하려는 가치관, 세계관, 그리고 이론과 실천에 관한 것이다. 우리는 고립된 섬에 홀로 살 수 있는 존재가 아니다. '나'의 삶은 '너'의 삶과 연결되어 있으며, '우리'의 안녕은 '그들'의 안녕과 분리할 수 없다. 코즈모폴리터니즘은 현대의 담론 중에서 이러한 모든 사람의 평등성을 사회정치적 영역에서 제도화하고 실천하는 연대운동이며, 변화를 지향하는 담론이라고 할 수 있다. 21세기의 다양한 위기와 차별구조가 중요한 이유다. 데리다(Jacques Derrida)가 강조하듯 "살아감이란 언제나 함께-살아감이다."[5] 이 '함께-살아감'의 철학은 코즈모폴리턴 사상의 가장 중요한 통찰이다.

2. 지구적 위기에 직면한 인류 공동체: "세계는 스스로를 파괴하고 있다"

21세기 현대사회는 이전 시대에는 경험하지 못했던 다양한 지구적 위기 상황에 직면해 있다. 이러한 위기 앞에서 이제 우리는 누구도 개별적인 한 개인 혹은 한 국가이기만 할 수 없다. 코즈모폴리터니즘이 새로운 담론으로 재출현하게 된 것은 지구적 위기 상황과 밀접한 관계를 맺고 있다. 인류가 이 위기에서 함께 생존하려면 어떻게 대처해야 하는가. 또한 '함께-의식'은 어떠한 윤리적·정치적 의식에 근거해야 하는가. 이 같은 질문들을 둘러싼 구체적인 대안적 사유방식과 실천 방안이 다양한 분야의 이론가들에 의해 활발히 논의되고 있다.

우리가 살고 있는 지구는 크게 세 가지 위기에 직면해 있다. 첫째, 지구 온난화와 같은 기후변화의 위기다. 둘째, 유엔이 제정한 '밀레니엄 개발목표(MDGs, Millennium Development Goals)'에 거의 진전이 없다는 것이다. 셋째, 핵 재앙 위협의 위기다. 장뤼크 낭시(Jean Luc Nancy)는 현대인들이 직면한 위기 상황의 문제를 심도 있게 다루면서 현대의 비관적인 상황에 대해 이렇게 말한다.

> 세계가 스스로를 파괴하고 있다는 사실은 하나의 가설이 아니다. 그것은 이 세계의 모든 측면을 면밀히 조명한 후 귀결된 분명한 사실이다. 그런데 우리는 '파괴한다'는 것이 구체적으로 어떤 의미인지 또는 세계가 스스로를 파괴한다는 것이 정확하게 어떤 의미인지조차 알아내기 어려운 상황에 이르렀다. 이러한 불확실성 속에서 확실하게 말할 수 있는 엄청난 사실 하나는, 실제로 이 세계가 파괴되고 있다는 것이다.[6]

그렇다면 지구적 위기 상황이 구체적으로 어떤 문제를 내포하고 있는지에 대해 간략히 짚어보자. 첫째, 현재 인류가 직면하고 있는 기후변화는 전 세계 곳곳에서 다양한 재해를 일으키고 있다. 한 예로 지구의 공기 중 이산화탄소 양은 초기 산업 시대보다 약 35퍼센트나 더 많다고 한다. 이러한 기후변화는 상상할 수 없는 위기를 불러일으키는 것으로서, "테러리즘의 위협보다 더욱 심각한 문제"로 대두되고 있다.[7] 기후변화로 인해 여러 생물체가 멸종되고 있으며, 생태계 구조는 물론 사회경제적 구조까지 파괴되고 있는 형국이다. 앞으로 인간의 생명과 삶의 터전을 앗아가는 무시무시한 태풍들은 점점 더 강력해질 것이고, 끔찍한 가뭄과 홍수 역시 더 빈번해질 것이며, 이 때문에 거대한 인구 이동이 불가피해질 것이다.

이는 개인의 힘으로 해결할 수 있는 문제가 아니다. 기후변화라는 위기 상황은 오직 전 지구적인 공동 대응을 통해서만 해결할 수 있다. 코로나 사태에서 인류가 경험한 바와 같이, 이러한 기후변화의 위기는 지구적인 공동 대응을 통해서만 그 대처 방안을 찾을 수 있는 것이다. 한두 나라만의 문제로 해결될 수 있는 것이 전혀 아니라는 점은 이제 더욱 분명해졌다.

둘째, 유엔이 제정한 밀레니엄 개발목표에 진전이 없다는 사실은 매우 심각한 위기를 야기한다. 밀레니엄이 시작되는 2000년 당시, 유엔에 소속된 189개 국가와 23개의 국제기구는 함께 '유엔 밀레니엄 개발목표'를 발표했다. 즉, 여덟 가지 목표를 정해놓고 2015년까지 이를 실

유엔 밀레니엄 개발목표 8가지

① 절대 빈곤과 기아의 근절 ② 보편적 초등 교육의 달성
③ 젠더 평등과 여성의 권한 부여 ④ 아동 사망률의 감소 ⑤ 임산부 건강의 증진
⑥ HIV/AIDS, 말라리아, 그리고 다른 질병들과의 싸움 ⑦ 환경의 지속가능성의 보장
⑧ 발전을 위한 지구적 파트너십의 개발[8]

천하기 위해 전 지구적인 공동 연대 작업을 하기로 결정한 것이다. 이 결정에 따른 밀레니엄 개발목표는 여덟 가지다.

2000~2015년에 이 목표를 이루기 위한 다양한 사업들이 유엔을 통해 전개되어왔다. 그러나 2015년이 한참 지난 현재에도 이러한 목표들이 달성된 것은 결코 아니다. 유엔은 '포스트-2015 개발 어젠다(Post-2015 Development Agenda)'를 만들어 지속적으로 이 문제를 해결하기 위한 운동을 전개하고 있다.[9]

전 세계에 산재한 문제들은 아직 너무나 많다. 이 문제들은 여전히 심각한 양상을 띠며, 전 세계에 다양한 위기를 양산해내고 있다. 그중 특별히 빈곤 문제는 세계가 함께 해결해야 할 가장 시급하고 절박한 문제다. 세계 인구의 절반이 아직도 절대 빈곤에 시달리고 있기 때문이다. 2020년에 나온 유엔의 보고서에 따르면, 2015년 기준으로 세계 인구의 10퍼센트인 7억 3400만 명의 사람들이 하루 1달러 90센트 이하의 돈으로 생활하며 절대 빈곤에 시달린다. 이들은 건강, 교육, 물 등 생존에 필요한 것들에 대해 사회로부터 아무 보장도 받지 못한다고 한다.

하루 2달러 미만의 생활은 절대 빈곤 상태로 측정되는데, 이러한 절대 빈곤에 시달리게 되는 어린이들은 2030년까지 1억 6000만 명에 이를 것이라고 예상되고 있다. 절대 빈곤층이라 할 수 있는 약자들은 대부분 여성들과 아이들이며, 이들은 각종 재난 앞에서 아무런 보호를 받지 못하면서 중층의 희생자로 살아가고 있다. 부유한 나라와 가난한 나라의 격차는 점점 더 벌어지고 있으며, 불평등 구조 역시 더욱 심화되고 있다.[10] 그래도 희망적인 통계가 있다. 1990년에는 세계 인구의 36퍼센트, 2010년에는 16퍼센트, 2015년에는 10퍼센트의 세계 인구가 절대 빈곤에 시달려왔다. 이렇게 절대 빈곤층의 수가 점차 감소하고 있다는 것은 유엔을 비롯한 세계 기구들이 '함께-살아감'의 의미를 실천하고자 다각도로 노력한 결과이기도 한다. '함께-살아감의 철학'인 코즈모폴리터니즘이 더욱 확산되어야 한다.

셋째, 핵 재앙의 위협이 더욱더 가중되고 있다. 보통 사람들의 일상에서는 핵 재앙의 위협이 눈에 별로 띄지 않지만, 지금도 세계 도처에서는 핵 개발이 진행되고 있으며, 예측할 수 없는 정치 위기는 인류를 갈수록 더 심각한 핵 재앙의 위기 속으로 내몰고 있다. 우리는 종종 이 세계가 점점 더 '작은 세상'이 되고 있다는 이야기를 하곤 한다. 이 같은 위기 상황 앞에서 이제 세계는 누구도 피할 수 없는 '작은 세상'이 되어버렸다. 우주(cosmos)는 더 이상 낭만적인 의미의 공동체가 아니라, 위기 앞에서의 '공동 운명체'가 되었다.

'위험사회(risk society)' 담론으로 잘 알려진 울리히 벡(Ulrich Beck)은 〈코즈모폴리턴 선언〉이라는 글에서 현대사회의 '위험의 전 지구성(globality of risk)'에 대해 경고한다. 그는 인류가 경험하는 다양한 종류의 위험에 대해 분석하면서 '위험'이 '책임성'과 근원적으로 상호 연관되어 있음을 강조한다. 현대사회가 직면한 다양한 종류의 위험은 '누가' 이를 규정하느냐에 따라서 상이한 내용으로 규정된다. 그러나 분명한 것은 이 위험을 규정하기 위해서는 간학제적 접근이 요청된다는 점이다. '위험사회' 속에 던져진 인류는 위험을 타결하기 위한 많은 책임을 짊어지고 있다. 이러한 극도의 위험사회에서 절실히 요청되는 것은 영토적 구분을 넘어 "위험을 공유하는 탈영토적 공동체", 즉 '코즈모폴리턴 공동체'라고 울리히 벡은 역설한다. 그는 코즈모폴리턴 민주주의를 '윤리적 세계화'라고 명명하면서 매우 현실적인 프로젝트라고 주장한다. 벡에 따르면, 새로운 시대에는 사회적 계급 갈등의 산물인 공산주의선언(Communist Manifesto)을 넘어 코즈모폴리턴 선언(Cosmopolitan Manifesto)이 요청된다. 이는 민족국가적 갈등을 넘어서는 초국가적인 것이며, 지구화 시대에 새로운 민주주의의 가능성을 열어준다.[11]

3. 코즈모폴리턴 공동체:
위기를 함께 나누는 비영토적 공동체

국가시민과 세계시민의 차이는 무엇인가. 자신이 태어난 국가에 속한 시민으로만이 아니라, 우주에 속한 '세계시민'이라는 의식이 이 세계에 사는 우리 모두 안에 자연스러운 사실로 자리 잡게 될 때, 이 세계는 어떻게 달라질까. 인간이 지닌 다양한 상이성을 넘어 모두 한 '인류 가족'이라는 의식이 구체적인 일상 세계에서 실현될 때, 이 세계는 어떠한 세상으로 변화될까. 국가 간에, 각기 다른 종교 간에, 각기 다른 민족과 인종 사이에, 또 각기 다른 사회적 계층으로 태어난 사람 사이에 벌어지는 갖가지 분쟁과 이득 쟁탈의 현상이 사실상 서로에게 해가 되는 '가족 간의 싸움'이라는 생각을 하게 되는 세계가 되지 않을까.

이러한 이상적 세계에 대한 갈망과 꿈은 다양한 방식의 분쟁과 전쟁, 상호증오 속에서 희생되어가는 약자들의 고통과 가난이 점점 극심해진 21세기 들어 더욱 절실히 요청되고 있다. 지구의 한쪽에서 일어나는 일들이 지구 다른 편에 있는 사람들의 삶과 불가피하게 연결되어 있다는 의식은 생태적 위기에 의해서만 생기는 것이 아니다. 민족국가라는 경계를 넘어 '인류'라는 보편적 범주를 중요한 정체성으로 받아들이면서, 동료인간의 범위가 인류에 대한 연대와 연민, 책임성과 돌봄의 의식으로 확장되는 것이다.

마이크로소프트의 창업자 빌 게이츠(Bill Gates)가 멀린다 게이츠(Melinda Gates)와 공동의장으로 있는 '빌 앤드 멀린다 게이츠 재단(Bill and Melinda Gates Foundation)'은 그동안 세계의 빈곤과 건강 문제를 해결하기 위해 다양한 일들을 벌여왔다. 특히 2015년에 발표한 연례보고서에서 이 재단은 세계에 살고 있는 이들에게 '세계시민(global citizen)'이 될 것을 호소하며 독려했다.

세계 130여 개의 나라에 있는 1000개 이상의 기구들이 앞으로 15년 동안 빈곤 퇴치라는 목표를 향해 함께 일할 것을 목표로 하는 '세계시민 운동'에서 가장 주력하는 이슈는 세계 속 절대 빈곤 문제를 세계시민으로서 함께 해결하는 것이다.[12] '세계시민 운동'은 구체적인 행동 영역을 식량과 기아, 교육, 여성과 소녀, 물과 위생, 건강, 지속가능성 등으로 분류해 다양한 운동을 전개하고 있다. 국가 간 이해관계에서 비롯된 갖가지 분쟁과 전쟁이 다양한 방식으로 등장하는 21세기 한가운데에서, 인간의 상이성보다는 보편성에 대한 인식을 확대하고, 인류 공동체로서의 공동 운명에 대한 인식을 좀 더 공고히 하려는 노력들이 한쪽에서 전개되고 있다는 것은, 어찌 보면 우리 현실의 매우 역설적인 모습을 보여주는 것이기도 하다.

그러나 이러한 세계시민에 대한 인식이 다양한 방식으로 확산될 때, 미래의 세계는 좀 더 나은 세계로 이행하게 될 가능성의 씨앗을 뿌리는 것이다. 지구 한편에서 위생적인 식수와 최소한의 식량이 없어서, 질병을 치료할 적절한 의료 시설이나 약이 없어 무수한 아이들이 죽어가는 이 현실 앞에서, 그들에게 연민과 돌봄의 손길을 내미는 행위는 다름 아닌 인류 모두의 과제가 되어야 하는 것이다. 그들이 어떠한 국가의 시민이든, 어떠한 종교에 속했든, 어떠한 인종·민족에 속했든 상관없이, 단지 살아 있는 '생명을 지닌 인간'이라는 사실 하나만으로 인간으로서의 권리를 누릴 충분조건이 된다는 것이 바로 코즈모폴리터니즘이 근거한 인간 이해이다. 이러한 맥락에서 볼 때, '세계시민'에 대한 인식을 특정한 지리적 경계로 규정되는 '국가'의 범주보다 우선적으로 강조하는 인식의 철학적 근거 중 하나로서 코즈모폴리터니즘에 대한 관심이 21세기 들어 급격히 부상하고 있는 것은, 어찌 보면 자연스러운 현상인지도 모른다.

‘세계시민’은 영어로 ‘글로벌 시티즌(global citizen)’, ‘월드 시티즌(world citizen)’, ‘코즈믹 시티즌(cosmic citizen)’이라는 세 가지 용어로 쓸 수 있다. 그런데 두 후자보다는 전자의 용어를 일반적으로 많이 쓰고 있기에 이 책에서 나는 ‘글로브(globe, 지구)’가 들어간 ‘글로벌 시티즌(global citizen)’을 ‘월드 시티즌(world citizen)’ 또는 ‘코즈믹 시티즌(cosmic citizen)’과 상응하는 의미의 ‘세계시민’으로 번역해 쓴다. 탈식민주의 이론에서 중요한 위치를 차지하는 가야트리 스피박(Gayatri Spivak)은 ‘지구(globe)’라는 용어가 그 안에서 살아가는 생명들의 복합적인 다양성을 단일화하는 개념으로 쓰인다고 보면서 ‘행성(planet)’이라는 개념을 쓸 것을 제안한다. 스피박은 세계화 시대에 들어 획일화된 의미의 ‘지구(the globe)’란 우리의 컴퓨터 속에 존재할 뿐이며, 사실상 누구도 그 동질화되고 획일화된 의미의 지구에 살고 있지 않다고 지적한다. 반면 ‘행성’이라는 개념은 다양한 생명들을 획일화하지 않고, 각각의 고유한 ‘다름(alterity)’을 인정하고 다양한 개별적 생명체들의 다름을 인정하고 수용하면서 함께 공존한다는 의미가 있다며, 이 ‘행성’의 개념이 ‘지구’를 대체해야 한다고 강조한다.[13] 스피박이 분석하는바 ‘글로브’라는 개념이 가질 수 있는 획일성과 동질화의 위험성을 기억하면서 ‘세계시민’이라는 용어를 사용한다.

　코즈모폴리턴 시민으로 구성된 ‘코즈모폴리턴 공동체’는 물론 지금 우리의 현실 세계에서 경험할 수 있는 것은 아니다. 우리가 지향해야 할 ‘도래할 공동체(community-to-come)’다. 코즈모폴리턴 공동체는 어느 지역에 살든 우리가 경험하는 다양한 위기들을 ‘함께’ 나누는 ‘비영토적 공동체(non-territorial)'다. 동시에 국가적 토대가 아니라, 코즈모폴리턴 토대에 뿌리를 내린 '함께-살아감의 공동체'다. 다층적 위기를 경험하는 이 '위기의 시대'에 개인과 사회가 이러한 코즈모폴리터니즘의 정신을 더욱 적극적으로 확산해야 하는 이유다.

21세기, 코즈모폴리터니즘의 귀환

코즈모폴리터니즘이 귀환했다.
_데이비드 하비[1]

'코즈모폴리터니즘'이라는 용어는
'제국'과 '세계화'와 함께
우리 시대의 핵심어 중 하나가 되었다.
_세일라 벤하비브[2]

1. 타자에 대한
세 가지 윤리적 의미

세계화 이후 "세계가 점점 작아지고 있다" 또는 "작은 세상(small world)이다"라는 표현은 이제 당연한 현실로 인식된다. 이러한 표현은 이 세계 어느 한곳에서 살아가는 사람들, 일어나는 사건들, 기후들, 경제구조들, 문화적 현상들이 다른 곳에 살고 있는 사람들의 삶에도 지대한 영향을 준다는 사실을 암시한다. 또한 '작은 세상'이라는 메타포가 지시하는 것은 '전 지구적 상호연관성'이다. 이제 이 세계의 사람들을 이전처럼 배타적으로 구분하고 분리해낸다고 하는 것이 점점 더 어려워지기 시작했다. 현대 세계에 등장하기 시작한 이 현상은 '세계화'라고 표현하는 현대의 정황과 밀접한 관련성이 있다.

이러한 맥락에서 보자면, 세계화가 가져온 '전 지구적 상호연관성'이라는 현상의 양면성, 즉 부정적 측면과 긍정적 측면을 동시에 인지하는 것은 매우 중요하다. 세계화의 범주, 의미, 중요성 등에 대해 다양하고 복합적인 논쟁적 이슈들이 있다. 그럼에도 불구하고 기후변화의 위기, 에볼라 바이러스(Ebola virus)와 신종 코로나 바이러스(COVID 19) 같은 새로운 양태를 띤 질병들의 세계적 확산, 세계적인 경제 위기 등의 사건이 세계적으로 매우 심각한 영향을 미친다는 사실을 부인하기 어려운 시대에 들어섰다. 부정적 의미로든 긍정적 의미로든 '세계가 점점 작아지고 있다'는 사실에 대해 이제는 학문적으로만이 아니라 구체적인 삶의 영역에서 진지하게 논의하고 생각해보아야 할 시점에 이르렀다.

어느 곳에 살든 이 세계 '모든 사람들이 상호 연관되어 있다'는 인식은 코즈모폴리터니즘과 같은 담론에 새로운 시각으로 접근해야 한다는 당위성으로 이어졌다. 이러한 맥락에서, 20세기 후반부에 들어 코즈모폴리터니즘 담론은 다양한 분야에서 활발하게 논의되기 시작했다. 정치적 이론으로서 코즈모폴리터니즘은, 국적이나 인종 등에 상관없이 인간이라는 사실만으로 우리가 타자에 대해 공통의 윤리적 의무들을 지닌다고 보는 사상이다. 이러한 윤리적 근거를 가진 코즈모폴리터니즘은 다음과 같은 세 가지의 상호 연관된 도덕적이고 규범적인 방침을 지닌다.

첫째, 코즈모폴리터니즘은 인간의 개별성(singularity)을 중요한 도덕적·규범적 근거로 삼는다. 코즈모폴리터니즘에서 도덕적 관심의 가장 기본적 단위는 국가나 민족 또는 다른 형태의 공동체나 정치적 집단이 아닌 '개별 인간'이다. 이렇듯 '개별 인간'을 가장 근원적 단위로 보는 코즈모폴리턴 시각이, 그렇다고 국가나 특정 공동체 같은 지엽적 단위에 대한 의무나 책임성을 배제하는 것은 아니다. 코즈모폴리터니즘이 강조하는 것은 이 세계 '모든 곳'에 살고 있는 '모든 인간' 한 사람 한 사람의 인간으로서 가치를 존중하고 보존하는 것이 인류의 '보편적 책임'이라는 것이다.

둘째, 코즈모폴리터니즘은 우리의 책임이 모든 개별인에게 '동등하게' 적용되어야 함을 강조한다. 즉, 개별 인간들에 어떠한 근거로든 차별성을 두어서는 안 된다는 것이다. 이는 우리가 인간으로서 가져야 할 책임의 범주를 국가나 민족의 범주를 넘어 인간 보편으로 확대하는 의식이다. 지구 위에 거하는 인간이라면 누구나 인간으로서 존엄한 삶을 살 권리가 있으며, 권리를 보존할 책임이 있다. 이러한 개개인에 대한 도덕적 관심은 누구에게나 평등하게 적용되어야 하며, 생명을 지니고 살아가는 모든 인간에게 국가·종교·인종·성별에 상관없이 동일하게 적용되어야 한다는 가치가 바로 코즈모폴리터니즘의 출발점이다. 코즈모폴리터니즘이 지향하는 이러한 개별인에 대한 책임의식은, 인간이 어디에서 태어났든지 그리고 어떠한 공동체에 속해 있든지 상관없이 모든 인간 한 사람 한 사람을 평등하게 대해야 한다는 의미다.

셋째, 코즈모폴리터니즘의 범주는 보편적이다. 코즈모폴리턴 보편주의는 개별인들의 구체적인 삶의 자리에서 출발한다. 모든 인간은 '우주의 시민'으로서 '동료인간(fellow human)'이라는 의식을 가지고 그 도덕적 지위에 있어서 평등하다. 이러한 도덕적 지위는 국가, 시민권, 성별, 계층, 인종, 성적 지향 등의 범주를 넘어 모든 이들에게 적용되는 것이라는 의식으로 이어지게 된다. 그런데 여기에서 말하는 '코즈모폴리턴 보편주의'란 근대적 보편주의, 즉 백인 – 남성 – 중산층 중심의 세계관이 시간과 공간을 초월하는 규범적인 것으로 간주되는 '위로부터의 보편주의(universalism from above)'와는 그 의미가 다른 개념임을 유의할 필요가 있다.

데이비드 하비(David Harvey)는 "코즈모폴리터니즘이 귀환했다(Cosmopolitanism is back)"[3]라고 선언한다. 코즈모폴리터니즘의 '귀환'이라고 하는 이유는 코즈모폴리터니즘이 새롭게 등장한 개념이 아니라, 그 기원이 그리스 스토아학파 철학자들로부터 유래하고 있기 때문이다. 그리스 철학자에 이어 이 담론을 자신의 철학으로 끌어들인 이마누엘 칸트(Immanuel Kant)는, 한동안 잊힌 것 같았던 이 담론을 그의 철학에 적용함으로써 근대 이후 코즈모폴리터니즘 담론이 다시 주목받도록 주요한 역할을 했다. 코즈모폴리터니즘의 사상적 기원은 그리스 철학에 있다고 할 수 있다.

"당신은 어디에서 왔는가"라고 질문을 받은 디오게네스(Diogenes of Sinope)는, 당시 통상적인 대답이었던 "시노페의 시민"이라고 답하지 않는다. 그 대신 "나는 우주(cosmos)의 시민이다"라고 답한다. 누군가가 "당신은 어디에서 왔는가"라고 질문했을 때 '한국'에서 또는 '제주도'에서 왔다고 하지 않고 "나는 우주에서 왔다"고 답하는 것과 같다. 디오게네스의 이 대답이 '세계시민(cosmic citizen/world citizen)'이라는 의미의 '코즈모폴리턴(cosmopolitan[kosmopolitès])' 개념이 형성된 기원으로 알려져 있다. 이러한 자기 소속성에 대한 표현은 인간이 '어디에서 왔는가'라는 물음에 대해 자신이 태어나거나 소속된 지리적 장소만이 아니라, 모든 인간은 사실상 '우주'에서 온 존재라는 의미를 표현할 수 있음을 부각시킨다. 이처럼 인간이 두 종류의 소속성을 지닌 존재임을 명시적으로 보여주는 것은, 인간의 소속에 의한 정체성을 복합화하고 그 이해를 확장했다는 점에서 철학적 의미가 있다.

　　이러한 맥락에서 보자면 코즈모폴리터니즘을 한국어로 '세계시민주의'라고 번역하는 것은 한계가 있다. 왜냐하면 '코스모스(cosmos)'는 '세계(world/globe)'보다 훨씬 확대된 범주이기 때문이다. 이러한 번역의 한계에도 불구하고 나는 많은 사람들에게 익숙한 '세계시민주의'를 '코즈모폴리터니즘'과 병행해 쓴다. 코즈모폴리터니즘을 발음하거나 기억하기가 어려운 경우도 있을 수 있기 때문이다. 코즈모폴리터니즘은 세계보다 훨씬 더 복합적이고 확장되는 개념이기에, 세계시민주의만 쓰지 않고 이 두 개념을 병행한다.

　　그리스 철학에서 유래하고, 이마누엘 칸트에 의해 세계 평화를 위한 실천적 의미의 정치적·도덕적 담론으로 제기된 코즈모폴리터니즘이, 21세기에 들어선 지금 철학·법학·정치학·사회과학·문화학 등 여러 분야에서 중요한 통찰을 주는 담론으로 부상하게 된 배경에는 여러 요인이 있다. 특히 세계화 이후 등장하기 시작한 민족주의, 다문화주의, 이주 문제, 생태 위기, 전 지구적 정의 등 이전의 지리적 경계를 넘어 다루어야 할 복합적인 문제들이 새롭게 등장한 것이 주요한 배경이다. 세계화 이후 지리적 경계가 모호해지면서 다양한 문제들이 한 사람의 지리적 조건으로 제한될 수 없는 시대에 접어들었다. 특히 인권이나 세계 정의의 문제가 어떻게 국가적 경계를 넘어 조명되어야 하는가의 문제가 제기되기 시작하면서, 코즈모폴리터니즘이 새로운 조명을 받기 시작했다.

코즈모폴리터니즘은 민족–국가의 지리적 경계를 넘어, 지구적 정의나 세계민주주의 또는 세계시민성 등의 개념을 강조한다. 그렇기에 정치학, 경제학, 법학, 또는 이주 노동자들이나 다문화주의의 문제들과 연관된 논의들을 하는 문화학, 그리고 관습적인 의미의 정체성, 소속감 또는 시민권 등의 문제를 새로운 시각으로 조명하려는 이론가들을 통해 코즈모폴리턴 정신과 그 실천적 함의가 새롭게 주목받기 시작했다. 새로운 실천과 담론으로서의 코즈모폴리터니즘은 다양한 양상을 띤 채 조명되고 구성되어오고 있다.

신종 코로나 바이러스 사태를 통해 절실하게 경험했듯이, 현대사회가 겪는 다양한 위기는 이제 한 민족국가의 지리적 경계 안에 제한될 수 없다는 특성을 지닌다. 이전과 같이 지리적 경계를 절대적으로 그으면서 살아가는 것은 더 이상 가능하지 않게 되었다. 지리적 경계를 넘나드는 이주민들, 경제적 난민, 정치적 난민, 전쟁 난민, 국적 없는 난민, 또는 지구 온난화나 국제 테러리즘 등의 문제들은, 이전의 민족국가적 경계를 넘어 새로운 시각을 요청하고 있다. 이전에 경험하지 않았던 새로운 양상의 위기들을 넘어서려는 다양한 논의가 전개되면서, 코즈모폴리터니즘에 대한 관심이 새롭게 대두된 것은 어쩌면 자연스러운 과정인지 모른다.

이 세계 어느 지역에 살든, 모든 사람의 삶은 밀접한 연관성 속에 놓여 있다. 이러한 전 지구적 상호연관성에 대한 자각은 가까운 타자만이 아니라, 먼 타자들에 대해 어떠한 의식을 가지고 살아가야 하는가라는 물음을 우리에게 제시하며, 이러한 철학적·윤리적·사회정치적 물음에 대해 근원적으로 다시 생각하게 만든다. 상호연관성의 삶을 살아가게 된 지금 우리는 국적, 인종, 성별, 민족, 문화, 종교, 정치적 입장, 성적 지향, 장애 여부 등에 상관없이 이 세계를 함께 살아가는 다양한 모습의 타자들에게 어떠한 책임성을 가지게 되는가라는 물음과 대면하게 된 것이다. 인간의 상호연관성에 대한 인식은 그 상호 연관된 타자들에 대한 도덕적 의무와 책임성과 밀접한 연관을 맺는다. 타자에 대한 관심과 도덕적 의무가 주로 국가적 경계 안으로 제한되었던 전통적인 사고방식을 벗어나, 지구적인 상호의존성에 대한 인식에 이르게 되는 것이다. 이는 결국 인간에 대한 이해에서 다양한 차이성에도 불구하고 '인간이라는 공통성'에 대한 인식을 확장하게 했다.

국적, 시민권, 종교, 인종, 젠더, 계층, 장애 여부, 성적 지향 등은 사람들을 분리하는 데 사용되곤 한다. 그러나 이러한 외적 차이성보다 더욱 중요한 것은, 하나의 인류로서 지구 표면에 거주하며 공동 운명체적 삶을 나누는 '인간'이라는 공통성이다. 코즈모폴리터니즘은 이러한 공동 운명체라는 인식에 근거해, 타자를 향한 '나·우리'의 의무와 책임성에 대한 철학적·윤리적·정치적·종교적 근거로서 등장하게 된다.

　모든 인간 개개인들이 어느 특정 국가나 지역에만 소속된 것이 아니다. 그 지역적 경계를 넘어 '우주의 시민(cosmic citizen)'이라는 개별인의 두 가지 정체성을 부각시키는 코즈모폴리터니즘은 철학적 담론으로만이 아니라, 현대사회에서 가장 절실하게 요청되는 실천적 의미를 지닌 중요한 사상이다. 더 나아가 코즈모폴리터니즘적 가치의 구체적인 실천적 방안들을 모색하는 데 있어 코즈모폴리터니즘은 타자에 대한 연민, 사랑, 연대, 환대 등과 같은 주요한 인류의 보편 가치들을 이 공공세계에서 좀 더 복합적으로 드러내고, 나아가 구체적인 실천적 의미를 모색하는 데 중요한 기여를 할 수 있다고 나는 본다. 결국 살아감이란 '함께-살아감'을 의미하는 것이기 때문이다.

코즈모폴리터니즘의 윤리적 의미 3가지

① 개별성의 윤리: 도덕적 관심의 가장 기본 단위는 집단이 아닌 인간의 개별성
② 동등성의 윤리: 우리의 책임이 모든 개별인에게 동등하게 적용되어야 함
③ 보편성의 윤리: 도덕적 지위는 국가, 시민권, 성별, 계층, 인종, 성적 지향 등의 범주를 넘어 모든 이들에게 적용되어야 함

2. 코즈모폴리터니즘을 둘러싼 오해와 이해

21세기에 다양한 분야에서 조명되고 있는 코즈모폴리터니즘은 과연 무엇을 의미하는가. 또한 '코즈모폴리턴주의자'로 불리는 '코즈모폴리턴(cosmopolitan)'이란 누구를 지칭하는가. 어떠한 사람이 '코즈모폴리턴' 또는 '세계시민'이라고 불릴 수 있는가. 이 물음에 대한 답은 간단하지가 않다. 우선 이 개념들은 여러 분야의 학자들이나 이 용어를 사용하는 사람들 사이에서도 각기 다양한 의미로 사용되고 있다. 따라서 그 개념의 정의나 실천적 적용의 문제를 파악하기가 매우 복잡하다. 이는 현대사회의 대표적 담론들인 페미니즘, 포스트모더니즘, 포스트콜로니얼리즘과 같은 담론들이 한 가지가 아닌 무수하게 복합적인 양태로 전개되고 적용되는 것과 마찬가지이다.

코즈모폴리터니즘의 내용과 양태를 규정하는 형용사들의 종류를 보면, 코즈모폴리터니즘의 실천적 이해와 그 적용의 복합성과 다양성을 엿볼 수 있다. 코즈모폴리터니즘의 종류에는 비교적 코즈모폴리터니즘, 비판적 코즈모폴리터니즘, 문화적 코즈모폴리터니즘, 대화적 코즈모폴리터니즘, 차등적 코즈모폴리터니즘, 도덕적 코즈모폴리터니즘, 유기적 코즈모폴리터니즘, 정치적 코즈모폴리터니즘, 탈식민적 코즈모폴리터니즘, 정착된(rooted) 코즈모폴리터니즘, 상황규정적(situated) 코즈모폴리터니즘, 서발턴(subaltern) 코즈모폴리터니즘, 노동계층 코즈모폴리터니즘, 토착(vernacular) 코즈모폴리터니즘, 시장(market) 코즈모폴리터니즘 등이 있다.

'코즈모폴리턴'이라는 용어가 일반 대중들에게 알려지는 데 주요한 역할을 한 것 중의 하나는, 학자들의 이론들이 아니라 여성들을 위한 대중 잡지인 《코즈모폴리턴(Cosmopolitan)》일 것이다. 이 잡지는 1886년 미국에서 창간된 이후 현재 35개의 언어로 번역되어 110개국 이상의 나라에서 팔리고 있다.[4] 그런데 여성을 위한 잡지라는 이 《코즈모폴리턴》은 코즈모폴리터니즘에 대한 대중적 오해를 지속적으로 양산해내는 데 결정적인 역기능적 역할을 하고 있다. 이 잡지는 여성들의 패션, 성생활, 관계, 건강, 경력 등을 주제로 한 매우 선정적인 화보와 함께 '국경을 초월'해 세계의 여성들에게 다가간다는 인상을 준다.

그런데 이 잡지가 담고 있는 가치는, 코즈모폴리터니즘이 정치철학과 사회과학 분야에서 왜 부상하게 되었으며 어떠한 가치들을 이 사회정치 속에서 확산하려 하는가에 대해 왜곡된 이해를 하게 만든다. 자본주의적 상업주의와 선정주의가 만나면서, 그 잡지가 제시하는 세계는 이 현대 세계에 다시 등장하기 시작한 코즈모폴리터니즘이 지향하는 세계와 정반대편에 서 있기 때문이다. 내가 관심하는 것은 문화적 코즈모폴리터니즘이나 《코즈모폴리턴》 잡지가 차용하는 상업주의적인 선정적 코즈모폴리터니즘과 확연히 그 궤도를 달리하는, 정치적·도덕적 코즈모폴리터니즘이다. 이러한 정치적 코즈모폴리터니즘이 어떻게 21세기를 살아가는 사람들의 삶과 다양한 방식으로 연결될 수 있으며, 더 나아가 철학적·종교적 문제들과 연계되는가를 조명하는 것은 중요한 통찰을 줄 것이다.

코즈모폴리터니즘의 귀환 이후, 이 담론에 대한 각양각색의 부정적 또는 긍정적 평가들은 무엇이 코즈모폴리터니즘에 대한 왜곡된 이해인가라는 복합적 측면들을 세밀하게 드러낸다. 아리스토텔레스(Aristotle) 이후, 이론가들은 A에 대해 말하고자 할 때 사람들이 일반적으로 생각하는 A에 대한 이해가 사실상 오해라는 점을 드러내기 위해 'A는 B가 아니다'라는 형식을 종종 사용하곤 한다. 이러한 방식으로 '코즈모폴리터니즘은 ○○이다'라는 이야기의 문을 본격적으로 열기 전에, '코즈모폴리터니즘은 ○○이 아니다'에 대해 살펴보자.

무엇이 코즈모폴리터니즘이 아닌가

- 코즈모폴리터니즘은 위계적 가치관을 지향함으로써 지배하고 총체화하고 단순 보편화하는 거대 담론이 아니다.
- 코즈모폴리터니즘은 추상적인, '얼굴 없는' 보편주의 또는 단순히 '얼굴이 덧붙여진' 보편주의가 아니다.
- 코즈모폴리터니즘은 인간 개개인의 상황이 지닌 특수성의 부정이 아니다.
- 코즈모폴리터니즘은 세계에 대한 서구중심적 사유방식이 아니다.
- 코즈모폴리터니즘은 문화적 상대주의가 아니다.
- 코즈모폴리터니즘은 개인들의 사회정치적 헌신으로부터의 일탈이 아니다.

- 코즈모폴리터니즘은 권력자의 이득 강화에 공모하는 담론이 아니다.
- 코즈모폴리터니즘은 '위로부터의 세계화'의 부정적 폐해들과 연결되어 있는 담론이 아니다.
- 코즈모폴리터니즘은 문화적 차이들 사이의 권력의 편차들에 대해 무관심하면서, 그 문화적 차이를 무비판적으로 이상화·낭만화하고 칭송하는 자유주의적 다문화주의(multiculturalism) 담론이 아니다.
- 코즈모폴리터니즘은 단일화 또는 획일화를 모색하는 담론이 아니다.

무엇이 코즈모폴리터니즘인가

- 코즈모폴리터니즘은 우주적이고 거시적 범주로 적용되는 정의에 관한 것이다.
- 코즈모폴리터니즘은 권력과 지배를 탈식민화하고 탈중심화하는 것에 관한 것이다.
- 코즈모폴리터니즘은 '불가능성에의 열정'과 타자에 대한 무조건적 연민에 관한 것이다.
- 코즈모폴리터니즘은 무조건적 환대, 세계적 연대와 책임, 타자에 대한 환영, 타자에 대한 우주적 사랑에 관한 것이다.

코즈모폴리터니즘이라는 담론과 그 실천적 적용의 가능성들에 대해 관심하는 이들은 우선 코즈모폴리터니즘에 대한 일반적 오해 또는 피상적 전 이해를 넘어서는 작업부터 해야 한다. 그러고 나서 21세기의 세계가 고민하는 다양한 문제들에 대해 진지하게 반응하는 방식으로서 코즈모폴리터니즘의 심오한 의미들과 조우하는 문을 열게 되길 나는 바란다. 코즈모폴리터니즘이 지향하는 정의·책임·연대 등은 그 범주가 우주까지 확대된다는 점에서 매우 비현실적인 담론으로 보일 수도 있다. 그러나 인류의 역사는 현실성(reality)과 이상성(ideality), 가능성과 불가능성이라는 두 축의 긴장관계에서 전개되어왔다. 비현실적이고 불가능해 보이는 것 같은 그 축은, 우리가 지향해야 할 궁극적인 지점을 제시하고 있다는 점에서 다양한 분쟁과 위기 상황 속에 살아가는 우리에게 매우 중요한 관점과 지향점을 열어준다.

3. 코즈모폴리터니즘의 주제

코즈모폴리터니즘은 21세기 현대사회에서 어떠한 의미를 지니며, 어떠한 기능을 하는가. 또한 코즈모폴리터니즘을 무엇이라고 규정할 수 있는가. 이러한 물음에 대해 학자들 사이에 일치된 답은 없다. 코즈모폴리터니즘을 어떠한 정황에서 논의하고 적용하는가에 따라서 그 개념 규정과 의미가 달라지기 때문이다. 그럼에도 불구하고 코즈모폴리터니즘의 귀환 이후 새로운 각도에서 제기되기 시작한 세 가지 주요한 주제들을 살펴봄으로써, 코즈모폴리터니즘이라는 방대하고 복합적인 담론에 대한 중요한 이해를 할 수 있다.

첫째, 코즈모폴리터니즘은 이른바 '정체성의 정치학(politics of

identity)'이라고 불리는 주제에 새로운 의미를 제시하고 있다. 자신의 정체성에 대한 인간의 물음은 중요한 실존적·사회정치적 주제이다. 나는 누구이고 나의 소속성은 어떻게 생각해야 하는가의 문제는 다양한 분야에서 사람들의 중요한 관심이 되어왔다. 그런데 정체성의 문제와 관련해 사람들은 코즈모폴리터니즘이라는 용어를 부정적 방식 또는 긍정적 방식으로 상반되는 의미의 정체성을 지칭하며 사용해왔다. 예를 들어 나치와 스탈린주의자 들은 매우 부정적인 의미로 '코즈모폴리턴'이라는 표지를 유대인들에게 붙였다. 유대인들은 이 사회에서 배제되고 사라져야 하는 존재들이라는 부정적이고 냉소적인 의미로 '코즈모폴리턴'이라는 명칭을 사용한 것이다.[5] 이러한 부정적인 사용의 결과, 지금도 여전히 이 '코즈모폴리턴'이라는 정체성의 표지를 사라져야 할 악마적인 존재, 사라지거나 파괴되어야 하는 존재라는 부정적 표지로 사용하는 나라들이 있다. 이렇게 코즈모폴리턴이 부정적인 명칭으로 사용될 때 대부분의 경우는 스스로 자기 정체성을 주장하는 경우가 아니라, 한 사회에서 권력을 지닌 사람들이 타자들에게 붙이는 '강요된 정체성'의 의미를 지닌다.

이와 반대로 지엽적인 한 지역을 넘어 세계적 시각을 가지고 다양한 문화를 포용하며 사는 이들을 긍정적으로 지칭하는 데 '코즈모폴리턴'을 사용하는 경우도 있다. 스스로 주장하는 '자발적 정체성'이든 다른 이들에 의해 명명되는 것이든, 이러한 경우 '코즈모폴리턴'이라는 명칭은 매우 긍정적인 정체성의 의미로 사용되곤 한다. 이러한 의미에서 코즈모폴리터니즘은 부정적인 의미로 타자들에 의해 강요되는 '부정적 정체성', 그리고 매우 긍정적인 의미가 부여되어 형성된 '긍정적 정체성'과 연관되어왔다.

스스로 주장하는 것이든 외부에서 명명되는 것이든, '코즈모폴리턴'이라는 이름은 세계를 여행하고 다양한 문화적 삶의 방식을 포용하는 삶이 가능한 사람으로서 그 사람의 풍족한 경제적·사회문화적 위치를 직간접으로 드러내는 의미로서 작동되기도 한다. 이러한 맥락에서 보자면 코즈모폴리터니즘이 긍정적으로 구성할 수 있는 정체성은 내가 한 국가의 국민이기도 하면서 동시에 이 우주의 시민이라는 인식, 그리고 다른 모든 사람들을 평등한 동료시민으로 보는 시각에 의해 형성되는 정체성이라고 할 수 있다.

둘째, 코즈모폴리터니즘은 친구 또는 이웃이란 누구인가에 대한 근원적인 물음을 제기하는 담론이다. 다양한 의미의 정치란 '친구–적'을 규정하고 범주화하는 것으로부터 출발한다. 누가 친구이며 적인가를 규정하는 것이 정치적 전략과 방향 설정에 중요하다는 것이다. 여기에서 '친구·이웃'의 범주란 같은 민족·국적·시민권 등 자명한 듯한 객관적 조건들에 의해 설정되는 매우 단순한 것처럼 보인다. 흔히 민족, 국적, 종교, 문화, 정치적 입장, 교육적 배경 등 다양한 요소들에 의해 규정되기도 한다. 주로 자신과 동일한 조건을 공유하는 사람들을 친구의 범주로 설정하는 것이 통상적이다. 이렇게 친구의 범주를 설정하는 것은 동시에 그들의 권리, 그들에 대한 책임, 환대, 또는 정의의 적용을 설정하는 것과 연결된다. 타자가 친구 또는 적으로 이분화되면서 우리가 타자에 대해 지니는 책임감과 연대의 범주도 이분화된다.

코즈모폴리터니즘은 이러한 친구·이웃의 범주를 규정하는 기준에 대한 새로운 통찰을 제시한다. 민족, 국가, 인종, 종교 등 나와 동질적인 조건을 지닌 사람들만 친구·이웃으로 보는 것이 아니라, 상이한 조건들 속에 있어도 이 우주에 속한 시민이라는 가장 보편적인 동질성을 가지고 모든 이들을 이웃으로 간주하라는 것이다. 그 어느 조건에서도 경계를 긋지 않고 모든 이를 '동료인간'으로 보는 사상이라는 점에서 '무경계성(boundarylessness)'은 코즈모폴리터니즘의 중요한 구성 요소라고 할 수 있다.

국적과 문화가 달라도, 종교나 신념이 달라도, 젠더나 인종이 달라도, 성적 지향이나 육체적·정신적 능력이 달라도 '인간'이라는 공통성을 가지고 이 세계에 속한 '동료시민'으로서의 동질성을 인식함으로써 친구·이웃의 범주를 확장할 수 있다. 이렇게 친구·이웃의 개념과 범주를 세계로 확장하는 생각은 정치, 경제, 국가적 경계 등의 현실적 문제들 속에서 생각해볼 때 매우 비현실적인 생각으로 보인다. 그러나 이러한 경계를 넘어서는 이웃 확장에 대한 생각은 다양한 사람들에 의해 실천되고 있다. 1971년 프랑스에서 창설되고 1999년에는 노벨평화상을 탄 '국경없는 의사회(Doctors Without Borders)'가 대표적이다. 이 모임은 인종, 국적, 종교 등을 넘어 전쟁, 기아, 자연적 재난 등의 희생자들에게 도움을 줌으로써 친구·이웃의 범주를 모든 인간으로 확대한 예라고 볼 수 있다.

많은 이들이 절대적 기준처럼 생각하는 국적, 민족, 인종, 성적 지향, 정치, 종교 등의 차이로 인한 사람 간의 경계란 사실상 배타적 경계가 아니라는 사실을 코즈모폴리터니즘은 상기시키고 있다.

셋째, 코즈모폴리터니즘은 타자들에 대한 책임감, 타자들에 대한 환대, 거시적 의미의 정의와 관련된 다양한 주제들을 제시한다. 이 세계에 존재하는 모든 이들을 동료·친구·이웃으로 간주하게 될 때, 우리가 이제까지 가족이나 친구 또는 친척 등 가까운 사람에게만 적용했던 관심과 책임감의 범주를 이전처럼 적용할 수 없음을 알게 된다. 즉, 정의·환대·연민·연대의 범주가 급진적으로 확장되어야 한다는 것이다. 가까운 친구만이 아니라 먼 친구, 아는 이들만이 아니라 모르는 이들, 종교나 국적이 동일한 이들만이 아니라 상이한 이들에게까지 관심과 책임의 영역을 확장해야 한다. 이것이 '동료인간'에 대한 의무다.

물론 우리가 할 수 있는 일은 우리 각자가 지닌 한계성 때문에 늘 제한된다. 그러나 의무와 책임감은 무한하다. 이러한 의무와 책임은 개인적인 문제만이 아니다. 사회적이고 국가적이며, 또한 공적인 문제라는 인식이 필요하다. 한 개인이 할 수 있는 일들과 국가적으로 할 수 있는 일들, 또는 국제적으로 풀어야 일들이 서로 얽힌 세계 속에 우리는 살고 있기 때문이다. 코즈모폴리터니즘이 정치철학과 사회철학 분야에서 우선적으로 부상하기 시작한 이유는 바로 이렇게 인간의 문제가 개개인의 책임과 환대의 행위로만 해결될 수 있는 것이 아니라, 다양한 사회정치적 제도들과 연계되어야 하기 때문이다.

바로 이 지점에서 '코즈모폴리터니즘의 윤리'와 '코즈모폴리터니즘의 정치'라는 두 축의 거리를 이해하는 것이 중요하다. 코즈모폴리터니즘의 윤리는 책임과 의무의 현실적 가능성보다는 그 이상적 상태에 초점이 있다. 여기에서 '윤리'는 에마뉘엘 레비나스(Emmanuel Levinas)의 사상적 맥락에서 이해해야 한다. 레비나스에게서 윤리는 '타자에 대한 무한한 책임성', 즉 무조건성의 차원을 가리킨다. 반면 코즈모폴리터니즘의 정치는 그 현실적 가능성, 또한 구체적인 정황에서 가능한 '조건성의 차원'을 가리키는 데 우선적 초점이 있다고 할 수 있다. 새로운 세계에 대한 이해, 또한 새로운 관계 방식을 실현하고자 하는 여정은 이 '가능성-불가능성' 그리고 '조건성-무조건성'이라는 두 축 사이에서 씨름해야 함을 의미한다.

이러한 의미에서 보자면, 코즈모폴리터니즘의 윤리는 우리에게 '영구적인 참고'의 의미로 자리매김하게 된다. 이 두 축의 사이 공간(liminal space)이 모든 의무와 책임을 실현하는 것은 '어차피 불가능하다'는 좌절과 냉소의 공간이 되어서는 안 된다. 오히려 끊임없이 이 두 축의 거리를 좁혀나가야 한다는 열정과 희망을 지속적으로 상기시키는 공간이며, 그 이상적 세계를 이루고자 하는 우리의 과제와 책임을 재확인하는 공간의 의미를 지닌다. 나는 이 '사이 공간'에 대한 인식이 참으로 중요하다고 본다. 좀 더 나은 정의·평화·평등의 세계를 위해 일하는 이들은 이 두 축의 사이 공간에 서서 현실 세계와 이상 세계를 동시적으로 바라보며 지속적으로 씨름하는 이들이다. 이러한 이들이 결국 역사에서 변화의 씨앗을 뿌린 이들이며, 그들이 뿌린 씨앗의 열매가 주는 혜택 때문에 우리가 지금 이 자리에 있는 것이 가능하다는 점을 상기해야 한다.

4. 코즈모폴리터니즘:
이론과 실천

"실천 없는 이론은 공허하며, 이론 없는 실천은 맹목적이다." 칸트의 말이다. 칸트의 이 말은 이론과 실천을 이분법적으로 보고, 이론 또는 실천 중 한 가지가 더 중요하다고 보는 이해가 지닌 한계와 위험성을 명확하게 짚는다. 실천적 연계 없는 '공허한 이론', 또는 복합적인 이론적 조명이 부재한 '맹목적 실천'의 함정에 빠지지 않도록 지속적인 비판적 성찰이 필요한 이유다. 코즈모폴리터니즘 사상은 이 현실 세계에서 구체적인 변화를 모색하는 데 요청되는 이론적 토대와 실천적 정황을 복합적으로 보여준다.

코즈모폴리터니즘은 이 세계 곳곳에서 크고 작은 변혁운동과 실천을 지속적으로 만들어가기 위한 이론적 지표를 제공하는 '실천 있는 이론' 그리고 '이론 있는 실천'의 가능성을 보여준다. 코즈모폴리터니즘은 거창한 집단이 아니라 개인으로부터 시작되는 것이며, 누구도 대체할 수 없는 개별적이고 고유한 얼굴을 지닌 한 사람 한 사람에 대한 연민과 배려의 시선을 나 자신뿐만 아니라 타자에 대해서도 가지라는 주장이다. 더 나아가 이 세계에 존재하는 한 사람 한 사람의 '얼굴'을 국적, 인종, 성별, 계층, 종교 등에 의해 기계적으로 범주화되는 통계적 숫자나 복수적 집합체로서가 아니라, 한 사람 한 사람을 소중하고 존귀한 '동료인간의 얼굴'로서 받아들이라는 '존재론적 상상력'을 활성화시킨다. 이러한 의미에서 코즈모폴리터니즘은 새로운 세계를 위한 변혁에 기여하는 중요한 이론인 동시에 실천이고 운동이라고 할 수 있다.

하나의 이론은 다양한 방식으로 기능할 수 있다. 따라서 이론 자체가 아니라 그 특정한 이론을 어떠한 목적으로 쓰는지가 좀 더 중요하다. 들뢰즈(Gilles Deleuze)와의 대담에서 미셸 푸코(Michel Foucault)는 "이론은 실천이다"[6]라고 분명하게 역설한다. 또한 호미 바바(Homi Bhabha), 에드워드 사이드(Edward Said)와 함께 포스트콜로니얼리즘 이론의 '삼위일체' 중 한 사람으로 일컬어지는 가야트리 스피박은 독특한 방식으로 '세계(world)'라는 명사를 동사화한 '세계를 만들어감(worlding)'이라는 개념을 도입한다. 그러면서 "이론을 창출하는 것은 새로운 세계를 어느 특정한 방식으로 표상하고 만들어감으로써(worlding the world) 사실상 매우 중요한 실천을 창출하는 것"이라고 말한다.[7]

이론·실천의 문제에 대한 이들의 관점은 이 두 축을 이분법적으로 보는 일반적인 이해들의 한계를 넘어설 수 있는 중요한 통찰을 제시한다. 연장을 써서 무엇인가를 창조적으로 만들거나 또는 반대로 파괴할 수도 있듯이, 어떤 특정한 이론이 파괴적으로 쓰일 수도 있고 창조적으로 쓰일 수도 있다는 사실을 주지하는 것은 좀 더 나은 세계를 꿈꾸며 그 세계를 위해 다양한 자리에서 씨름하고 헌신하는 이들이 기억해야 할 매우 중요한 점이다. 이러한 맥락에서 보자면 니체(Friedrich Nietzsche)의 초인 사상이 히틀러(Adolf Hitler)와 나치에 의해 독일 민족의 우월성을 절대화하고 유대인과 같은 타민족을 하위 존재로 규정하는 사상을 정당화하는 기제로서 파괴적으로 차용되었듯이, 코즈모폴리터니즘이 서구적·엘리트적·제국주의적 멘탈리티를 정당화하는 것으로 쓰일 위험성은 언제나 있다. 이는 현대의 주요 담론들로 일컬어지는 페미니즘, 포스트모더니즘, 포스트콜로니얼리즘 등의 경우도 마찬가지이다.

이렇게 이론과 실천운동을 이분법적으로 보는 이들이 여전히 다수라는 사실은 지금 우리의 현실에서도 다양한 현장에서 빈번하게 접할 수 있다. 이러한 이분법적 시각이 작동하는 것은 현장의 복합성과 다양성에 대해 인식하지 않았기 때문이다. 즉, 현장에 대한 단일한 시각이 문제가 되는 것이다. 현장은 하나의 얼굴만 있는 것이 아니다. 수많은 층으로 세

분화되어 작동되는 매우 복합적인 것이다. 자신·타자·세계에 대한 한 사람의 인식 변화를 불러오는 이론이 만들어지고 가르쳐지는 공간도, 이 현실에 없어선 안 되는 중요한 '실천과 운동의 현장'이다. 강의실 안이든 밖이든 한 사람의 인식 변화가 일어나는 곳은 광의의 의미에서 '현장'이며, 새로운 변화를 가져오는 가능성을 품고 있는 '운동'이다.

이러한 맥락에서 들뢰즈가 역설하듯 "이론은 연장상자"와 같다. 또한 푸코의 주장처럼 "이론은 실천"이다. 따라서 '좋은 이론은 좋은 운동'이라고 할 수 있다. '좋은 이론'을 통해 자신의 인식론적 시각이 변화하고, 그 변화 속에서 타인들을 설득해 그 변혁운동의 열정을 나누게 함으로써 비로소 진정한 '실천·운동'이 가능하게 된다고 나는 본다.

여기에서 '좋은 이론'과 '나쁜 이론'이라는 매우 단순한 듯한 구분은 잠정적인 구분이며, 무엇이 어떤 특정한 이론을 '좋은' 또는 '나쁜' 이론으로 만드는가의 문제는 좀 더 복합적인 논의를 필요로 한다. 그러나 간결하게 말하자면 '좋은 이론'이란 이 세계에 정의·평등·평화에 대한 인식과 그 실천을 첨예화하고 확산하는 데 도움이 되는 이론이다. 반면 '나쁜 이론'은 다양한 담론적 기제들을 통해 무수한 타자들을 양산해내고, 그들을 그럴듯한 근거로 열등하게 간주하는 인식론적 체제를 정당화하면서, 그들에 대한 배타와 정죄를 자연적인 것으로 만드는 이론이라고 나는 규정한다. 이론과 실천의 긴장관계 또는 각각의 현대사회에서 그 적절성과 의미에 대해 논의할 때, 우리가 끊임없이 비판적으로 점검해야 할 물음들은 다음과 같다.

- 무엇이 과연 진정한 운동이며 실천인가?

- 누가 그 운동·실천의 범주와 내용, 그리고 방향을 규정하는가?

- 어느 특정한 이론은 구체적인 정황에서 어떠한 기능을 하는가?

- 특정한 이론은 누구의 이익을 증진시키려 하는가?

- 그 이론은 어떠한 가치와 인식을 확산하고 있는가?

이러한 물음들에 대해 지속적으로 비판적 성찰을 함으로써 이론 또는 운동의 무비판적 당위성이 도전받기도 하고, 그 의미성과 적절성이 다양한 각도에서 조명되기도 한다. 이론 없는 운동·실천은 '왜'와 '무엇'에 대한 설득력 있는 답변을 제시하지 못한다. 반대로 구체적인 실천적 현실에 뿌리내리지 않은 메마르고 추상적인 이론들은 '어떻게' 라는 다양한 상황들 속에서 그 진정성을 상실한다. 즉, 이론과 실천은 각기 상반된 축이 아니라, 서로 밀고 당기는 두 사람의 '춤추기'처럼 기능하며 분리될 수 없는, 분리되어서는 안 되는 관계 속에 있다.

만약 코즈모폴리터니즘이라는 이론이 효과적인 '연장'처럼 누군가를 통해 특정한 상황에서 그 기능을 잘 발휘하게 된다면, 그 이론은 지금 현실 세계(reality)나 또는 반대로 순진한 이상 세계(ideality) 안에 갇히는 것이 아니다. 오히려 그 두 축의 한가운데에 서서 새로운 세계에 대한 우리의 열정과 구체적인 작은 실천들을 불러일으키도록 기능할 것이다. 더 나아가 한 민족국가, 지리적 경계, 성별, 인종, 종교, 장애, 성적 지향 등의 경계를 넘어서는 정의·평등·평화의 세계에 대한 지속적인

'낮꿈(daydream)'을 꾸게 하는 중요한 인식론적 기제가 될 것이다.

21세기에 새로운 조명을 받고 있는 담론으로서의 코즈모폴리터니즘은 '나는 누구인가' 그리고 '나는 어떠한 방식으로 타자와의 관계 속에 있는가'와 같은 근원적인 물음을 새로운 방식으로 조명하게 하고, 재개념화하게 한다. 그런 과정에서 지금 세계에서 벌어지는 다양한 문제들과 '나' 주변의 무수한 타자의 '얼굴'들을 새로운 시선으로 보는 데 중요한 단서를 제공할 수 있는 담론이 될 것이다.

코즈모폴리터니즘에 대한 관심은 지구화·전쟁·폭력·테러·생태 위기·난민 문제·가난·기아 등 무수한 문제가 산재한 21세기에, 주변부에서 살아가는 사람들과 '함께–살아감'을 나누고자 그들을 동료인간으로 보는 시선으로부터 출발한다. 그 시선은 한 사람의 인종, 국적, 성별, 종교, 성적 지향, 장애 등 다양한 종류의 사회적·문화적·정치적 경계들을 넘어 모든 사람을 고귀한 존재로 바라보는 것이다. 더 나아가 그 개별인들의 존재론적 평등성과 존엄성을 전적으로 긍정하는 연민과 따스함을 지닌 '코즈모폴리턴 시선(cosmopolitan gaze)'이라고 할 수 있다. 이러한 '코즈모폴리턴·우주적 시선'을 지니는 것이 코즈모폴리터니즘과 조우하기 위한 첫 문을 여는 것이라고 할 수 있다.

3장

코즈모폴리터니즘의 특성과 가치

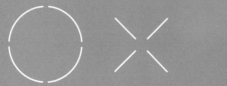

코즈모폴리턴 관점은 … 개인이 도덕적 가치의
가장 궁극적인 단위라는 입장을 지닌다.
_코커 탄[1]

1. 코즈모폴리턴 정체성

1) 정체성의 정치학: 긍정, 차이, 혼종성

코즈모폴리터니즘은 정체성의 물음, 즉 '인간은 누구인가'로부터 시작한다. '나' 그리고 '우리'는 어떻게 규정될 수 있는가? 나-너 또는 우리-그들의 경계는 과연 어디에서부터 시작되고, 어디에서 끝나는 것인가? 이러한 물음은 다양한 담론과 운동에서 제기되어왔다.

내가 이러한 정체성의 물음과 대면하게 된 것은 오래전 독일에서다. 한국이라는 익숙한 공간을 떠나 공부하러 간 독일에서 나는 내 의지와 상관없이 처음으로 '외국인'이라는 범주 속에 넣어졌다. 내가 태어난 한국을 떠나니 내게 '외국인'이라는 표지가 붙여졌고, 그 표지는 나의 우선적인 사회문화적 정체성을 구성하기 시작했다. 외국인으로 사는 사람들에게 무수히 던져지는 "당신은 어디에서 왔는가"라는 물음에 나는 "한국에서 왔다"는 동일한 답을 반복해야 했다. '아시아인·한국인'이라는 나의 인종이 이 세계 내에서 무엇을 의미하는가에 대해 처음으로 인식하기 시작했다.

그때까지 '나는 누구인가'라는 물음은 내게 실존적 물음이기만 했었다. 그런데 이제 이 물음이 사회적·문화적·정치적 영역으로까지 확장되는 것임을 처음으로 경험하기 시작한 것이다. 그런데 당시로서는 이러한 낯선 경험을 표현할 언어가 내게 없었다. 나의 사회문화적 경험을 되돌아보고 그 경험의 정체에 대해 표현할 수 있는 언어와 만나기 시작한 것은 독일에서 미국으로 건너와 공부하게 되면서였다. 한 사람의 정체성에 대한 물음이란 존재론적인 철학적 물음이기만 한 것이 아니라, 다양한 사회적·문화적·정치적 권력구조와 맞닿아 있다는 것을 처음으로 공부하게 되었다. 나는 비로소 내 삶의 여정을 재조명하며 '외국인'으로서 나의 경험을 표현하고 분석할 수 있는 언어들과 만나기 시작했다. 코즈모폴리터니즘은 '나는 누구인가'의 물음이 사실상 '너는 누구인가'의 물음과 깊숙이 연결되어 있다는 것을 인식하게 한다. 이 세계 내의 현존(Dasein)이란 결국 사회정치적 의미의 '함께-존재(Mitsein/being-with)'라는 인식이다.

철학적이기만 하던 이러한 존재함의 의미가, 구체적인 사회정치적 영역으로까지 확장되고 구체화되어야 한다는 인식은 코즈모폴리터니즘 담론과 조우하면서 더욱 분명해지기 시작했다. 그렇다면 코즈모폴리턴 정체성이란 무엇을 의미하는가. 이 물음에 대한 답을 모색하기 위해서는 '정체성의 정치학'의 다양한 형태를 우선 조명하는 것이 필요하다. 정체성의 정치학은 세 종류의 정체성에 기반해 전개되어왔다고 할 수 있는데, 첫째로 긍정의 정체성(identity of affirmation), 둘째로 차이의 정체성(identity of difference), 셋째로 혼종성의 정체성(identity of hybridity)이다.

인간이 누구인가라는 정체성에 대한 물음은 새로운 것이 아니다. 이 주제는 철학·심리학·사회학 등 다양한 분야에서 오랫동안 다루어온 주제이기도 하다. 그러나 1960년대 이후 사회 곳곳에서 부상하기 시작한 정체성의 정치학은 정체성의 물음에 대한 새로운 장을 열었다는 점에서 현대사회의 문제들을 다양하게 조명하는 데 중요한 주제로 자리매김하기 시작했다. 정체성의 정치학은 사회에서 주변화된 사람들의 경험을 정치화하는 데 매우 중요한 역할을 했다.

정체성의 정치학은 특정한 집단에 속한 사람들이 그 집단에 속하지 않은 사람들과는 다른 특별한 정치적 입장들이 있다는 전제로부터 출발한다. 즉, 그 집단의 이름으로 그들이 누구인가에 대해 구성하는 행위를 일컫는다. 정체성의 정치학은 성별, 인종, 사회적 계층, 종교, 성적 지향 등에 따라 자신의 소속성을 고정시키면서, 자신들의 경험이 지닌 정치적 의미와 입장, 그리고 새로운 변화에의 사회-문화-정치적 요구를 담고 있다.

정체성의 정치학은 두 가지 독특성이 있다. 첫째, 이제까지 연구 대상으로만 간주되어왔던 사회의 소외된 집단이 '발화 객체(spoken object)'가 아니라, 스스로에 대해 주체적으로 자신의 정체성을 규정하는 '발화 주체(speaking subject)'로서 사회정치적 자리매김을 했다는 점이다. 따라서 '나는 누구인가'라는 정체성이 지배 집단에 의해 '사회로부터 부여된 정체성'이 아닌 '자기 스스로 구성하는 정체성'으로 전이된다.

내가 누구인가를 스스로 규정하는 것이 아니라 사회가 규정할 때, 그 정체성은 종종 억압적인 기능을 한다. '여자는 이렇다' 또는 '흑인은 저렇다', '어머니란 이래야 한다' 등은 사회적으로 부여된 정체성이다. 이는 종종 사회적 편견과 고정관념에 의해서 구성된다. 반면 스스로 구성하는 정체성은 외부에서 규정하는 것의 억압적 요소들로부터 벗어나, 인간 주체로서 나의 정체성을 주체적으로 구성하는 것이다. 이렇게 주체적으로 구성하는 정체성의 정치학은 여성운동, 민권운동, 성적 지향과 연결된 다양한 사회변혁운동에서 우선적으로 제시되는 담론이며, 구체적인 실천적 지표를 구성하는 사회정치적 행위가 되어왔다.

그런데 여기서 주목할 점이 있다. 한 사회에서 중심부에 속한 사람들은 이렇듯 '나는 누구인가'라는 사회적 정체성에 대해 질문하지 않는다는 것이다. 예를 들어 이성애자는 자신의 성 정체성을 고민하면서 '나는 누구인가'라고 질문하지 않는다. 성소수자만이 정체성의 질문을 한다. 남성은 자신의 젠더 정체성에 대해 '나는 누구인가'라는 자기 물음을 하지 않는다. 여성만이 젠더 정체성의 질문을 한다. 즉, 남성·이성애자·비장애인 등 사회적으로 중심에 있는 사람들은 자신의 정체성에 대한 물음을 하지 않는다. 그들은 '발화의 주체'로 살아온 사람들이기 때문이다.

나-너 그리고 우리-그들은 누구인가라는 개인적 또는 집단적 정체성의 물음은 이제 개별적인 실존적 물음의 차원을 넘어 사회적·문화적·정치적 공간으로 확장된다. 사회변혁을 촉구하는 여타의 운동들은 두 가지 핵심적 요소들, 즉 '대변(representation)'과 '권력'의 문제들과 맞닿아 있다. 그리고 정체성의 정치학은 정치적·문화적·이념적·종교적 공간에서 새로운 사회집단들의 권리 확보와 그들을 위한 정의를 모색하려는 다양한 투쟁의 담론적 전거가 되어왔다.

여성운동이 사회적으로 등장하기 이전까지는 '여성은 누구인가'라는 물음에 대해 말과 글로 여성의 정체성을 규정한 것은 남성들이었다. 즉, 하나의 집단으로서 여성은 남성에 의해 묘사되고 규정되는 '발화 객체'에 머물렀을 뿐 스스로 자신이 누구인가에 대해 목소리를 드러내는 '발화 주체'로 존재하지 않았다. 또한 미국 사회에서 흑인들은 언제나 주류 백인들에 의해 묘사될 뿐 스스로 자신들을 규정하지 못했다. 그러나 흑인 민권운동이 등장하면서 흑인들은 '발화 객체'로부터 '발화 주체'로서 자리매김하기 시작했다. 이렇듯 성별, 인종, 계층, 성적 지향 또는 장애 여부에 따라 사회적 주변인들로 살아왔던 사람들이 비로소 자신의 목소리로 자신이 누구인가라는 정체성에 대해 목소리를 내기 시작한 것이다. 이러한 정체성의 정치학은 중심부에 속한 이들이 아닌 주변부에 속한 이들에 의해 공적 공간에서 제기되기 시작한 것이다. 그러므로 정체성의 정치학이 등장하게 된 것은 다양한 사회변혁운동과 맞물려 있다고 할 수 있다.

둘째, 더 나아가 주변화된 집단의 '정체성의 정치학'은 다른 주변
화된 집단 간의 연대를 결성함으로써 주류 집단의 지배에 대한 '대항 헤
게모니적 담론'으로 기능하게 된다. 새로운 자기긍정의 공간을 창출시
키는 역할을 한 것이다. 성별, 인종, 종족, 성적 지향, 국적, 문화 등과
같이 한 사람이나 집단의 '집단적 정체성(collective identity)'을 이루는 요소
들은 대변, 재현, 위치성, 정통성, 권력, 정체성 등의 문제들과 매우 복
합적으로 얽혀 있다. 한 사람의 정체성을 구성한다는 것은 이 세계에서
그 사람의 실존적 의미를 형성해가는 과정이기도 하다. 인간은 삶의 의
미를 개인적으로 만들어갈 뿐 아니라, 소속된 집단 속에서 자신이 누구
인가에 대한 자기 이해를 중심으로 만들어가기 때문이다.

이러한 상황에서, 주변화된 사람들의 '정체성의 정치학'은 자신들
과 주류 집단의 상이성을 강조하고, 이제까지 부정적으로 간주되어온
그 상이성을 긍정적인 것으로 돌려서 자신들의 고유한 정체성을 형성하
는 전거로 삼게 된다. 예를 들어 흑인 해방운동에서는 열등하고 추한 것
으로 간주되었던 흑인성의 아름다움에 대해 강조한다. 여성 해방운동에
서는 월경·임신·출산과 같이 전통적으로 부정적으로 간주되어온 여성
의 생물학적 기능들을 '생명을 창출하는 힘'으로서 긍정적으로 전환시
킨다. 이러한 과정에서 여성 해방운동은 여성의 생물학적 기능들을 여
성의 정체성 문제와 연결시키는 시도들을 해왔다.

남성이나 백인처럼 사회적 중심부에 속한 사람들은 '나는 누구인

가'라는 물음과 대면할 필요가 없다. 반면 주변부에 속한 이들은 언제나 자신들에 대한 부정적 이미지들이 자연적인 것으로 간주되는 사회 속에서 살아왔다. 그러면서 그 부정적인 정체성을 넘어서는 '긍정의 정체성'을 형성하려는 강한 필요를 느끼게 되는 것이다. 그렇기에 정체성의 정치학은 첫 번째 유형인 '긍정의 정체성'으로 시작되었다가, 점차 오히려 중심부에 속한 사람들과 인간으로의 '유사성'이 아닌 집단적 '상이성'을 더 강조하게 된다. 그리고 그 상이성을 부정의 공간이 아닌 긍정의 힘으로 전환하려는 '차이의 정체성'을 강조하게 된다. 이것이 정체성의 정치학의 두 번째 유형이라고 할 수 있다. 그런데 이렇듯 주류 집단과의 차이에 근거한 '차이의 정치학(politics of difference)'은 다음과 같은 세 가지 한계를 지니게 된다.

첫째, 이러한 차이의 정치학에 근거한 '차이의 정체성'은 여전히 '나·우리' 그리고 '너·그들'이라는 이원론적 사유방식을 넘어서지 못하고 재생산하면서 이 두 축 사이의 무수히 겹치는 영역들에 대해 외면하는 결과를 낳는다. 여성은 여성이기만 한 것이 아니라 백인, 흑인, 아시아인일 수도 있다. 또한 성소수자이면서 각기 다른 인종과 계층 또는 장애에 속한 사람일 수도 있다. 즉, 이렇게 교차성(intersectionality)의 문제를 이 차이의 정체성은 간과하게 되는 것이다. 둘째, 이러한 '차이의 정체성'은 나·우리 속에 변하지 않는 어떤 본질이 있다는 생물학적 본질주의, 인종적 본질주의, 문화적 본질주의, 성적 본질주의와 같은 '본질주의적 자아' 이해에 근거한다.

본질주의적 자아 이해란 자아에 불변하는 어떠한 본질이 있다고 보는 것이다. 즉, 여성은 여성만의 불변의 특성, 흑인은 흑인만의 불변의 특성, 아시아인은 아시아인만의 불변의 특성이 있다고 믿는 것이다. 이러한 본질주의(essentialism)는 근대적 주체 이해의 산물이다. 근대적 주체의식의 한계는 한 인간 속에 있는 무수하게 복합적인 복수적(plural) 측면들을 외면하고, 한두 가지 요소들에 한 개인이나 집단의 정체성을 고정시키고 마는 '폐쇄적인 고정 정체성'을 구성한다는 것이다. 그 결과, 담론적으로 구성된 '담론적 정체성'과 실제 매일 매일의 구체적 현실 속에서 살아가는 사람으로서의 '실제적 정체성' 간 거리를 점점 더 벌어지게 한다. 그러니까 담론으로 구성된 '아시아인' 또는 '여성'이라는 나의 정체성(담론적 정체성)은, 다양한 요소를 지닌 실제 모습의 나(실제적 정체성)와 커다란 거리가 있다는 것이다.

셋째, 이러한 차이의 정치학은 다른 집단과의 차이성을 강조하지만, 정작 같은 집단 안에서 서로의 차이성을 간과한다. 여성 해방운동이나 흑인 해방운동에서 정체성의 정치학은 '여성들 간' 또는 '흑인들 간'의 차이들을 간과하고 동질 집단으로 규정한다는 한계를 지니게 된다. 즉, '여성들' 또는 '흑인들'은 성별이나 인종에 따른 '동질 집단'이기만 한 것이 아니다. 사회적 계층, 교육 배경, 종교, 성적 지향 등 무수한 요소들에 의해 각기 다른 현실 속에서 살아간다. 이 점은 차이의 정치학이 지닌 결정적 한계로 비판받는다. 포스트모던 주체의식에 기반한 포스트모던 정체성의 정치학이 등장하기 시작한 것은 이렇듯 초기 해방운동들의 한계들을 넘어 다양한 변혁운동 주체들의 연대성을 구성하고 정치적 세력으로 자리매김하기 위한 노력이라고 할 수 있다.[2]

정체성의 정치학 담론에서 등장한 두 종류, 즉 '긍정의 정체성의 정치학' 그리고 '차이의 정체성의 정치학'은 각기 다른 의미로 주변인들에 대한 전통적인 부정적 의미를 넘어 긍정적 이미지를 부각시켰다는 점에서 중요한 기여를 했다. 주변인들이 '피해자 의식(victim consciousness)'으로부터 벗어나 '변화의 주체자 의식(agent consciousness)'을 가지게 함으로써 그들의 결속력을 강화했다. 그럼에도 불구하고 두 종류의 정체성의 정치학은 한계를 지닌다. 그 한계를 넘어서는 시도로서 세 번째 종류의 정체성의 정치학이라고 할 수 있는 것은 '혼종성의 정체성의 정치학'이다.

'혼종성(hybridity)의 정체성'은 긍정의 정체성과 차이의 정체성이 지니는 한계인 고정된, 본질주의적 정체성 구성과 근원적으로 다르다. 이러한 혼종성의 개념은 호미 바바를 비롯해서, 클리퍼드 기어츠(Cliford Greetz)나 스튜어트 홀(Stuart Hall)과 같은 이론가들에 의해 대중화되었다.[3] 그렇다고 해서 '혼종성의 정체성'이 여러 가지가 합쳐졌다는 의미의 '혼종성' 그 자체를 찬양하는 것은 아니다.

혼종성의 정체성의 정치학이 지닌 의미는 우리를 고정된 틀로부터 해방시킨다. 무엇보다 중요한 의미는 한 사람의 정체성이란 단순한 한 가지가 될 수 없다는 것이다. 다양한 방식으로 형성 중(becoming)에 있다는 개방성의 정체성(open identity)을 강조하기 때문이다. 우리 각자를 구성하는 다양한 요소들의 혼종성을 보게 될 때, 고정된 것이 아니라 움직이는 정체성, 다양한 요소가 상호 연결되어 있는 정체성에 대해 인식하게 된다. 인간은 젠더, 인종, 성적 지향 등 다양한 표지를 공유한다 해도, 각자가 독특성을 지닌 존재다. 긍정의 정체성이나 차이의 정체성의 경우에서처럼, 한 사람의 개별성을 간과하면서 구성하는 정체성이란 결국 해방의 기능보다는 제약과 억압의 구조로 기능할 위험성이 있다. 한 사람이 지닌 다층적인 결을 보지 않고, 몇 가지 특성으로 요약해버리게 되기 때문이다. 이러한 '혼종성의 정체성'은 동질성(sameness)이 아닌 다름(alterity)을 정체성 구성의 토대로 삼는다. 따라서 동질성에 의거한 정치적 연대가 아니라, 다름을 수용하는 '다름의 연대'의 근거가 될 수 있다.

2) 코즈모폴리턴 정체성: 세계시민이란 누구인가

그렇다면 '코즈모폴리턴 정체성'이란 어떤 것인가. 또한 세 종류의 정체성의 정치학, 즉 긍정의 정체성, 차이의 정체성, 혼종성의 정체성과 어떻게 다른가. 코즈모폴리턴 정체성이 지닌 측면을 간략하게 표현하자면 첫째, 본질주의적 자아 개념을 탈중심화하면서 구성되는 포스트모던 정체성을 수용한다는 것이다. 이 점에서 코즈모폴리턴 정체성은 긍정의 정체성이나 차이의 정체성의 정치학을 넘어 혼종성의 정체성의 방향과 맞는다.

둘째, 혼종성의 정체성과 같은 포스트모던적 정체성에 머무는 것이 아니라, '코즈모폴리턴 관점'을 차용하며 그 정체성의 변혁적 가능성을 확장한다. 포스트모던 정체성은 근대적 주체 이해에 근거한 고정된 본질주의적 자아 이해의 한계를 넘어서고자 한다. 자아 속에 있는 다층적이고 복합적인 모습들, 그리고 인종, 성별, 성적 지향 등 인간의 다층적 요소들이 겹치기도 하고 서로 만나기도 하는 교차성과 혼종성을 강조한다. 이러한 포스트모던 정체성의 정치학에도 한계가 있다. '초국가적(transnational)' 또는 '지구적(global) 관점'의 결여이다.

셋째, 코즈모폴리턴 정체성은 '함께-살아감'의 철학을 중요한 방향성으로 삼는다. 혼종성의 정체성이 고유한 존재로서 모든 인간의 개별성(singularity)을 중요하게 여기고, 그 개별성의 인간은 단일한 존재가 아니라 무수한 결을 지닌 복수적 존재로서 복수성(plurality)이 중요하게 여겨진다는 점은 코즈모폴리터니즘 사상과 맞닿아 있다. 그럼에도 불구하고 이러한 포스트모던적 혼종성의 정체성은 인간 실존이란 '함께 실존(co-existence)'이라는 점, 그리고 살아감이란 언제나 타자와 '함께-살아감(living-with)'이라는 차원을 담아내지 못한다.

이 점에서 코즈모폴리턴 정체성은, 혼종성의 정체성보다 더욱 복합적인 '함께-살아감'의 세계를 위한 사회정치적 개혁의 가능성을 구체적으로 담아내고 있다.

　　지리정치적인 경계들과 그 경계들이 양산하는 한계와 딜레마를 넘어서는 인간의 정체성을 형성하려는 의지는, 한 사람을 구성하는 여러 특수한 요소들을 끌어안는 동시에 이 세계 곳곳에서 살아가는 사람들과의 연계성을 전제하며 정체성을 형성하려는 의지다. 세계시민으로서 코즈모폴리턴 정체성은 포스트모던 정체성의 요소들을 포용하는 동시에 상이한 문화, 지리정치적 경계, 다양한 가치에 대한 개방성과 포용성의 가능성을 확대하는 시각을 제시한다. 그리고 더 나아가 다양한 사회개혁운동에서 연대의 중요성을 부각시킨다는 점에 그 독특성이 있다. 현대사회를 분석할 때는 다양한 측면들을 보아야 한다. 현대사회에서 고려해야 하는 '분석적 축'이라고 할 수 있는 것들은 성별, 인종, 종족, 계층, 성적 지향, 장애, 시민권, 국적, 종교 등이다. 코즈모폴리턴 정체성은 이러한 것들의 경계가 고정된 것으로 고착될 때 간과하는 탈경계적 공간들, 그러한 분석적 축들의 교차성, 그러한 경계들을 넘어 형성해야 하는 연대성, 다

자아 이해의 유형 3가지

① 근대적 자아: 본질주의적 자아
② 포스트모던 자아: 탈본질주의, 혼종성, 교차성의 자아
③ 코즈모폴리턴 자아: 탈본질주의, 혼종성, 교차성, 초국가성, 우주적 자아

양한 요소들의 혼종성, 전 지구적 정의에의 관심을 강조한다.

그렇다면 '세계시민'이라는 '코즈모폴리턴'은 구체적으로 누구인가. 코즈모폴리턴 정체성에 대한 이해에서 가장 흔한 오해가 있다. 세계시민이란 다양한 나라의 문화를 원하는 때에 언제나 접할 수 있는 경제적 특권을 누리는 엘리트로서, 정치적 문제에는 무관심한 탈정치적인 사람이라고 보는 것이다. 내가 주목하고 강조하는 '코즈모폴리턴 정체성'은 이렇듯 다양한 지역을 오가며 문화적 특권을 향유하면서 스스로 '세계시민'이라고 규정하는 사람에 초점을 둔 것이 아니다. 내가 관심하는 코즈모폴리턴은 코즈모폴리터니즘이 담고 있는 사상을 적극적으로 수용하는 사람이다. 코즈모폴리턴은 인종, 성별, 국적, 종교 등으로 구분되는 나와 너, 또는 우리와 그들의 경계를 넘어서는 정의·연대·책임성의 윤리를 실천하려 하는 사람이다.

이러한 코즈모폴리턴은 나와 너의 관계를 통상적인 의미에서처럼 대립적이거나 상충적인 관계로 보지 않는다. 세계시민으로 번역되곤 하는 코즈모폴리턴을 직역하면 '우주적 시민'이다. 우주적 시민은 다른 인간을 동료적 관계로 보는 시선과 개방성을 지닌 사람을 지칭한다. 인종이나 국적이 달라도 결국 우리 모두는 '동료인간'이라는 의식을 지닌 사람이다. 따라서 세계시민 또는 우주적 시민을, 다양한 나라의 문화 스타일을 사치스럽게 즐기는 삶의 스타일을 지닌 '문화적 코즈모폴리턴'으로만 이해해서는 안 된다. 문화적 코즈모폴리터니즘은 코즈모폴리터니즘의 일부일 수는 있다. 그러나 코즈모폴리터니즘 전체는 아니다.

이러한 맥락에서 코즈모폴리턴 정체성, 즉 세계시민의 정체성이 지닌 핵심적 특성을 요약해보자. 세계시민이란 첫째로 성별, 인종, 문화, 장애, 성적 지향, 국적, 종교 등에 의해서만 규정되는 고정적 정체성을 넘어 '지구적 관점'을 강조한다. 둘째로 다양성과 상이성 또는 다름에 대한 전적인 개방성과 지속적 예민성을 지닌 사람이다. 한국어로는 그 뜻이 분명하게 드러나지 않지만, 영어에서 '상이성'은 '디퍼런스(difference)'와 '알터리티(alterity)'라는 두 용어로 생각할 수 있다. 한국어로 번역하면 이 두 용어가 유사한 것 같지만, 근원적으로는 다른 함의를 지닌다. '디퍼런스'란 언제나 '무엇과 다르다(different from)'라는 비교의 대상을 전제로 하는 개념이다. 실제 상황에서 단어를 써봐야만 그 뜻을 알 수 있는 개념이다. 그런데 이 상이성·디퍼런스의 인식적 한계는 이처럼 비교를 전제로 한다는 것이다.

종종 사람들은 '비교하는 주체'와 '비교되는 객체'의 권력 차이를 간과하면서 단순히 상이성을 찬양하곤 한다. 예를 들어 인간과 동물의 상이성을 말할 때 그 상이성을 규정하기 위해서는 비교 기준을 설정해야 한다. 누가 그 기준을 설정하는가? 당연히 인간이다. 한 사회에서 백인과 흑인의 상이성을 규정할 때, 그 비교 기준은 백인이 설정한다. 백인이 지식 생산의 주체가 되는 권력의 자리에 있기 때문이다. 즉, 비교 기준을 설정하는 것은 언제나 권력의 자리에 있는 사람이다. 상이성·디퍼런스와는 달리, '다름'으로 번역되곤 하는 '알터리티'는 이러한 비교를 전제하지 않는다. 각기 그 자체로서의 존재를 그대로 인정하고 받아들이는 상태에서의 '다름'을 의미한다.

　셋째로 나와 너 또는 우리와 그들의 불가피한 상호연관성을 보면서 자신의 정체성이 특정 나라에만 소속되지 않았다고 보는 사람이다. 이들은 이 우주, 세계에 속한 사람으로 자신을 이해한다. 진정한 세계시민, 우주적 시민, 즉 코즈모폴리턴이란 나와 당신이 이 우주에 속한 '동료인간'이라는 정체성을 가지고, 서로를 경계 짓는 다양한 경계들을 넘어 '경계를 넘는 이'로 살아가는 사람이다. 또한 다양한 타자들에 대한 연민의 시선과 함께 정치사회문화적 주변인들과 연대하며 그들에 대한 책임의식을 가지고 살아가는 이들이다. 이들이 바로 진정한 코즈모폴리턴 정체성을 지닌 이들이라고 할 수 있다.

코즈모폴리턴 정체성: 세계시민이란 누구인가?

① 고정된 단일 정체성을 넘어서서 '지구적 관점'을 지닌 사람
② 다양성과 상이성에 대한 전적인 개방성과 지속적 예민성을 지닌 사람
③ 나-너 또는 우리-그들의 불가피한 상호연관성을 보면서 자신을 특정 나라에만
　소속된 것이 아니라 우주·세계에 속한 존재로 이해하는 사람

---

2. 코즈모폴리터니즘에 대한 다양한 관점: 부정적 이해와 긍정적 이해

코즈모폴리터니즘이나 코즈모폴리턴에 대한 다양한 이해를 보면, 코즈모폴리터니즘은 단수가 아닌 복수로서 생각해야 한다. 긍정적인 이해만이 아니라 부정적인 이해가 공존해왔기 때문이다. 우선 코즈모폴리터니즘이나 코즈모폴리턴에 대한 몇 가지 부정적 이해와 사용에 대해 살펴보자. 나치는 코즈모폴리턴을 "계획된 대량학살의 모든 희생자들"로 규정해 '사형선고'와 유사어로 사용하기도 했다.[4] 또한 코즈모폴리턴을 부정적 의미의 "기독교인들, 귀족들, 상인들, 유대인들, 동성애자들, 지식인들"을 지칭하는 것으로 사용하기도 했다.[5]

또 다른 관점에서 코즈모폴리터니즘에 대한 부정적이고 회의적인 비판도 있다. 대체적으로 코즈모폴리턴들은 다문화주의를 찬양하면서 이 나라 저 나라를 옮겨 다니며 살 수 있는 경제적 능력을 갖추고 사치스러운 생활을 하는, 특권 계층의 사람들이라는 비판적이고 냉소적인 이해에 근거한다. 코즈모폴리턴들은 탈정치적이며 특정 지역에서 아무런 사회정치적 헌신도 하지 않는 이들이라고 여기는 것이다.

안토니오 그람시(Antonio Gramsci)도 코즈모폴리턴에 대해 회의적 입장을 보이는 사상가다. 그는 코즈모폴리터니즘을 "문화적으로 지극히 제약되어 있고, 끔찍할 정도로 무관심하며, 가톨릭교회의 왜곡된 보편적 에큐메니즘(ecumenism)이며, 제국주의와 연계되어 있고, 뿌리 없고 지식화된 경영 계층"으로 이해했다.[6] 그람시의 이러한 부정적 관점에서 보면 '코즈모폴리턴'이란 자유롭게 부유하는 지식인으로서, "생명 없는 제국주의적 이탈"의 의미로 규정된다.[7]

프란츠 파농(Franz Fanon) 역시 코즈모폴리터니즘을 부정적으로 평가하는 사상가 중 한 명이다. 강력한 민족주의가 절실했던 식민주의적 상황에서 활동했던 파농의 특별한 배경을 고려해보면, 코즈모폴리터니즘에 대한 그의 부정적 이해가 어떠한 우려에서 기인하는지 볼 수 있다. 파농은 민족적 연약함이란 "중산층들의 지성적 게으름, 영적 빈곤, 그리고 코즈모폴리턴 영향의 결과"라고 하면서, 그러한 코즈모폴리턴 영향은 민족이 하나가 되어 역사를 만들어가야 하는 민족적 소명에 방해가 된다고 역설한다.[8]

그런데 유의해야 할 점이 있다. 코즈모폴리터니즘에 대한 파농의 이러한 부정적 이해는 코즈모폴리터니즘에 관한 지극히 제한적인 이해에 근거해 있다. 파농은 코즈모폴리터니즘을 탈정치적이고, 자신들의 구체적인 역사적·정치적 정황에 무관심한 중산층의 사치스러운 삶의 스타일로만 이해하고 있기 때문이다. 결과적으로 코즈모폴리터니즘에 대한 파농의 부정적이고 왜곡된 이해는 코즈모폴리터니즘이 지향하는 세계와 그 세계를 위한 치열하고 구체적인 현실 참여의 측면들을 보지 못하는 지극히 제한된 이해에서 기인한다.

여기에서 민족주의와 코즈모폴리터니즘, 또는 특수성과 보편성의 두 축은 상극적인 것이 아니라는 점을 인지할 필요가 있다. 이 두 축은 상극적인 것이라기보다는 긴장관계에 있다. 따라서 이 두 축은 서로를 포용할 수 있다. 이러한 맥락에서 코즈모폴리터니즘을 매우 긍정적으로 이해하고 적극적으로 해방운동에 반영한 사람은 듀보이스(W. E. B. Du Bois)이다. 듀보이스는 하버드대학교에서 박사학위를 받은 최초의 흑인 역사학자이며 사회학자다. 또한 미국 내 유색인종의 지위 향상에 지대한 공헌을 하고 인종차별주의에 대항하며 민권운동에서 선구자 역할을 한 평화운동가다. 듀보이스는 자신의 정체성을 "범아프리카주의자이며 동시에 코즈모폴리턴"이라고 규정한다. 그리고 범아프리카주의자이며 코즈모폴리턴이라는 특수성과 보편성의 정체성 사이에 아무런 모순을 느끼지 않는다고 한다.

듀보이스의 이러한 코즈모폴리터니즘은 후에 유엔의 창립에도 기여했다. 그는 '세계시민'이라는 개념을 차용하면서 "우리의 행성은 하나의 장소이며, 발전에서의 급진적인 관계성"에 대한 자신의 생각을 밝힌다. 그는 나라들의 경계를 넘어 세계시민으로서 책임성을 수행하는 "초민족적 공동체"에 대한 비전, 즉 코즈모폴리턴 비전을 지닌 이론가이며 행동가였다.[9] 그의 범아프리카주의는 폐쇄적인 민족주의가 아니다. 민족국가라는 특수한 경계들을 끌어안는 동시에 그것을 넘어서는 코즈모폴리터니즘을 포용했다.

여기에서 주목할 것은, 민족주의나 애국주의에는 각기 다른 두 가지 형태, 즉 '폐쇄적 민족주의·애국주의'와 '개방적 민족주의·애국주의'가 있다는 것이다. 대체로 개방적 애국주의는 다음과 같은 의미가 있다. 첫째로 자신이 속한 나라에 대한 각별한 애착, 둘째로 그 나라와 자신을 일체화시키는 감정, 셋째로 나라의 안녕에 대한 특별한 관심, 넷째로 나라의 선(善)을 증진시키기 위해 희생할 의지를 가지는 것이다.[10] 이러한 종류의 애국주의와 민족주의는 그 개방적 태도를 유지하는 한 코즈모폴리터니즘과 대립적인 관계에 놓일 필요가 없다. 듀보이스의 경우에서 볼 수 있는 것처럼, 개방적 민족주의는 민족의 의미를 중요한 출발점으로 받아들이면서 그 경계 안에만 머무는 것이 아니다. 오히려 그 민족적 경계를 넘어 경계를 확장해 이 세계의 모든 사람들을 한 민족으로 보는 확장된 '세계시민'으로서의 의미를 실현하려 한다.

그러나 '폐쇄적 민족주의·애국주의'란 본질적으로 '폐쇄적인 경계 긋기'에 관한 것이라는 점에서 '경계 넘어서기'의 철학인 코즈모폴리터니즘과 양립하기 어렵다.[11] 폐쇄적이고 극단적인 형태의 민족주의나 애국주의는 다음과 같은 특성을 지닌다. 첫째로 자신이 속한 나라의 우월성에 대한 신념, 둘째로 다른 나라를 지배하려는 욕구, 셋째로 자신의 나라에 대한 배타적인 관심, 넷째로 자신의 나라가 이루려는 목적을 추구하는 데 아무런 제재의 필요를 느끼지 못하는 태도, 다섯째로 자신의 나라가 시행하는 군사정책을 자동적으로 지지하는 등의 태도다.[12] 다른 나라나 문화에 대한 배타적 우월성을 지니는 이러한 폐쇄적 민족주의와 애국주의는 모든 인간을 평등한 개별적 존재로 보는 코즈모폴리터니즘의 인간 이해와 병행이 불가능하다.

3. 코즈모폴리터니즘의 주요 특성

1) 거시적 상호의존성의 원리

지구화 이후 새롭게 부상하기 시작한 코즈모폴리터니즘의 특성은, 코즈모폴리터니즘을 어떠한 정황에 연계하고 어떠한 관점에서 조명하는가에 따라 각기 다른 측면들이 제시될 수 있다. 내가 관심하는 코즈모폴리터니즘은 도덕적·정치적·종교적 실천에서 어떠한 함의를 지니는 가 하는 점이다. 이러한 나의 관점에서 코즈모폴리터니즘의 주요 특성에 대해 살펴보고자 한다.

첫째, 코즈모폴리터즘의 중요한 특성은 모든 생명들의 거시적 상호의존성의 원리이다. 이렇듯 거시적 상호의존성의 원리에 근거한 지구 공동체를 향해, 코즈모폴리턴 정신을 수용하는 이들은 구체적인 현실 속에서 이를 다양한 사회정치적 정황들에 접목하기 위해 여러 시도를 한다. 그런데 이러한 거시적 상호의존성은 전통적인 의미의 '공동체주의(communitarianism)'와 같은 것이 아니다. 물론 코즈모폴리터즘은 '우주적 공동체(cosmic community)'를 강조한다는 점에서 또 다른 종류의 공동체주의라고 볼 수도 있다. 그러나 코즈모폴리터니즘이 지향하는 '우주적 공동체'는 '공동체' 개념이 가질 수 있는 '포괄의 원(circle of inclusion)'을 최대한으로 확장한 다층적이고 복합적인 의미를 지닌다.

이러한 맥락에서 전통적인 '공동체주의'와 코즈모폴리터니즘이 모색하는 '우주적 공동체' 개념 사이에는 결정적 차이가 있음을 인지할 필요가 있다. 전통적인 공동체주의는 특정한 동질성들에 의해 구성된 공동체라는 '집단성(collectivity)'을 윤리적 가치의 중요한 근원으로 본다. 반면 코즈모폴리터즘의 우주적 공동체는 인간의 '개체성(individuality)'을 도덕적 가치의 근원으로 삼는다.[13] 따라서 전통적인 공동체주의는 정의·권리·환대에 대한 요구와 적용이 성별, 인종, 민족, 국적, 성적 지향 등 특정 범주에 의해 형성된 '공동체 집단'에 우선적으로 제한된다. 즉, 집단적 동질성을 공유하는 범주의 사람들에게만 주로 관심한다는 것이다.

반면 코즈모폴리터즘은 성별, 인종, 성적 지향, 민족, 종교 등의 다양한 범주를 '필연성'이 아닌 '우연성'으로 본다. 즉, 그러한 조건들이 어떤 근원적인 우월성 또는 열등성을 나타내는 것이 아니라 우연적인 조건이라는 것이다. 예를 들어 내가 인도네시아에 태어났다면 이슬람교도가 될 가능성이 크고, 유럽이나 미국에서 태어났다면 기독교인이 될 가능성이 크다. 이러한 '우연성'은 여타의 다른 조건들에도 적용될 수 있다. 그렇기에 특정 범주를 배타적인 것이나 우열의 관계가 아닌 '우연히 주어진 것'으로 간주하는 것이다. 권리와 정의의 적용을 이렇듯 집단적 범주를 넘어 개별인들을 향해 확산하고자 하는 것이 바로 코즈모폴리터니즘이 공동체주의와 근원적으로 다른 것이다.

즉, 민족국가 또는 다양한 정체성의 표지로만 인간을 규정하는 것을 넘어, 포괄의 원을 확장해 인간을 '우주시민·세계시민'이라고 보는 것이다. 이러한 코즈모폴리턴 인식론적 근거는, 개별인들이 태어난 조건들과 연관된 성별, 인종, 국적, 성적 지향 등의 요소들은 필연성이 아닌 우연성의 산물이며, 그러한 우연적 조건들은 인간으로서 권리 향유와 정의의 적용 여부를 차별 짓는 요소가 아니라는 관점에 있다. 이런 맥락에서 보자면 전통적인 의미의 공동체주의와 그 출발점이 다른 코즈모폴리턴 공동체란, 동질성을 공유하는 사람들만이 아니라 모든 다양한 사람들로 구성된 도덕적 공동체를 지향한다. 이러한 코즈모폴리턴 공동체의 근거는 생명들의 상호의존성에 그 뿌리를 두고 있다.

울리히 벡은 코즈모폴리터니즘이 담고 있는 상호연관성의 원리들이 이 세계 공동체의 상호의존성에 대한 의식을 향상시켜주며, '내부자─외부자', '우리─그들', '국내적─국제적' 사이의 이분법적 경계들을 넘어서도록 요청한다고 강조한다. 더 나아가 "지역주의 없는 코즈모폴리터니즘은 공허하고, 코즈모폴리터니즘 없는 지역주의는 맹목적"이라고 지적한다.[14] 즉, 코즈모폴리터니즘은 사람들이 속해 있는 다양한 '소속성'(그것이 국가든 성별이든 인종이든 종교든)을 부정하는 것이 아니다. 오히려 특정한 소속성을 끌어안으면서도 그 지역적이고 특수한 소속성 안에 제한되지 않고 넘어서는 시각을 요청하는 것이다. 예를 들어 우리가 지리적으로 태어난 곳에 의해 규정되는 '특정한 소속성', 그리고 태양 아래 있는 인간으로서 '우주적 소속성'은 늘 대립적으로 상충하는 것이 아니라, 그 두 종류의 소속성을 동시에 끌어안도록 요청하는 것이다.

2) 우주적 환대와 책임성의 원리

둘째, 코즈모폴리터니즘의 두 번째 중요한 특성은 '우주적 환대와 책임성의 원리'이다. 그런데 이 환대나 책임성이라는 개념은 어찌 보면 매우 상투적인 것으로 보이기도 한다. 너무나 많은 사람들이 그 복합적인 의미나 딜레마를 고려하지 않고 낭만적이거나 매우 추상적인 의미에서 그 개념들을 차용하기 때문이다. 환대와 책임성의 개념에서 우리가 우선적으로 생각해보아야 할 점들은 이 둘의 적용 범주, 그리고 구체적인 현실에서의 함의에 관한 것이다. 비판적으로 생각해보아야 할 커다란 물음은 다음과 같은 두 가지다.

첫째, 우리는 '누구에게' 환대를 실천하고 '누구까지' 책임을 져야 할까. 둘째, 21세기 고도의 자본주의 사회에서 타자에게 환대를 베풀고 책임을 진다는 것은 구체적으로 무엇을 의미하는 것인가. 또한 개인적으로 사적인 환대를 베풀고 책임을 지는 일, 그리고 공적·제도적·국가적 차원에서 먼 타자(distant other), 이방인, 외국인, 난민 등의 타자들에게 환대를 베풀고 책임을 지는 것 사이에 생길 수 있는 긴장과 갈등은 어떻게 풀어나가야 하는가. 이러한 방향의 두 가지 물음은 물론 누구도 쉬운 답을 제시할 수 없는 매우 복합적이고 어려운 것이다. 그러나 '환대와 책임'이라는 인간의 보편적 가치가 단순히 낭만적 구호나 추상적 제안만으로는 그 유의미성이 실천적 영역에서 실현되지 않는다는 사실을 인식하는 것은 매우 중요하다.

코즈모폴리턴 사상이 지향하는 것은 사람들의 태어난 장소나 소속된 국가와 같은 영토적 경계를 넘어서는 타자를 향한 환대와 책임성이다. 즉, 타자를 향한 환대와 책임성은 지구 위에 거하는 '모든' 사람들에게 적용되어야 한다는 것이다. 토마스 아퀴나스(Thomas Aquinas)는 모든 사람들에게 적용되어야 하는 그의 자연법 사상을 통해 이러한 스토아주의 코즈모폴리터니즘을 재구성한다. 아퀴나스는 모든 사람들이 신에 의해 창조된 신의 자녀라는 점, 따라서 자연법은 신의 의지의 창출이라는 점을 강조하면서 사실상 스토아주의 코즈모폴리터니즘 사상을 그

의 자연법 사상 속에서 구현하고자 했다.[15]

칸트는 그의 '영구적 평화' 개념을 통해, 모든 개별인들의 인간으로서의 존엄성과 권리가 인정되고 그들에 대한 평등하고 정의로운 대우가 보장되기 위한 '보편적 책임성과 우주적 환대의 원리'가 실천될 때 비로소 인류에게 영구적인 평화가 가능하다고 역설한다. 여기에서 에마뉘엘 레비나스가 강조하는 인간의 '얼굴'의 중요성은 이러한 개별인의 유일성과 존엄성, 그리고 인간에 대한 환대와 책임의 문제를 잘 연결시켜준다. 이러한 맥락에서 보자면 "종교란 책임성이며, 책임성이 배제된 종교란 아무것도 아니다"[16]라고 본 자크 데리다의 종교 이해는 현대사회를 살아가는 우리에게 시사하는 바가 크다.

3) 초경계성의 원리

셋째, 코즈모폴리터니즘의 또 다른 특성은 '초경계성(trans-boundaryness)의 원리'다. 이 '초경계성'이란 개념은 코즈모폴리턴 사상에서 매우 중요한 의미를 지닌다. 우리가 '자연적'이라고 생각하는 무수한 경계들은, 인간의 상호의존성과 모든 개개인의 존엄성과 생명에의 권리를 유린하고 박탈하는 것 역시 '자연적'인 것으로 생각하게 만든다. 성별, 인종, 국적, 종교, 성적 지향, 사회적 계층, 교육 배경, 가족 배경 등에 따라 우리는 어떤 특정한 사람들의 가치나 권리를 '자연적'인 것처럼 위계화하곤 한다.

2014년 4월 19일 자 《뉴욕타임스》에는 참으로 처절한 기사가 실렸다. 세계 곳곳의 무수한 교회들이 예수의 부활을 찬양하던 부활절 아침에, 열두 살 소녀가 보호소의 화장실에서 샤워커튼을 거는 막대에 목을 매달아 자살했다는 뉴스였다. 도대체 열두 살 아이가 왜 자살이라는 극단적인 절망적 몸짓으로 자신의 짧고 짧은 생을 마감하겠다는 결심을 실행에 옮겼을까. 그 마음 아픈 기사가 세계 곳곳의 기독교회들이 축하 예식을 벌이던 예수의 부활 사건과 겹치면서 나의 시선을 강하게 끌었다. 남미의 에콰도르에 살던 노에미(Noemi Alvarez Quillay)라는 이름의 그 소녀는 뉴욕으로 불법 이주한 부모에게 가기 위해 함께 살던 조부모의 집을 떠났다. 그녀는 작은 가방 하나만 달랑 들고서 1만 킬로미터 넘는 곳에 있는 뉴욕시에 도달하기 위한 여정을 시작했다. 조부모 집을 떠난 후 5주 동안 그녀는 자신의 이주를 위해 부모가 돈을 지불했던 불법 이주 중개인들을 포함한 낯모르는 사람들과 함께했다.

노에미와 불법 이주 중개인은 멕시코에서 경찰에 체포되었고, 노에미는 아동보호소로 보내졌다. 검사의 심문을 받은 후 그녀는 슬픔을 가눌 수 없는 것 같이 울었다고 한다. 어린 소녀 노에미는 부끄럼 많고 공부하기를 좋아했다고 한다. 낯선 사람들과 6000킬로미터 이상을 여행하다가 부모에게 도달하기까지 4000킬로미터를 남겨놓고 붙잡힌 후, 심문을 당한 아이 사람이 사흘 후 자신의 삶을 스스로 마감한 것이다. 그 아이 사람이 자살한 아동보호소의 이름은 아이러니컬하게도 '희망의 집'이라고 한다. 무엇이 그 아이 사람을 그렇게 만든 것일까. 그녀의 마음속 깊이 강하게 새겨졌을 깊은 절망감과 슬픔을 그 누구도 그려낼 수 없다. 그러나 그녀의 자살은 사실상 우리에게 커다랗고 무거운 과제를 던져주고 있다.

지금도 도처에 이러한 '노에미'들이 우리를 절실한 눈빛으로 바라보고 있을 것이다. 국가적 '경계' 때문에 일어나는 이러한 사건들은 점차 증가하고 있다. 미국으로 불법 이주한 부모와 만나기 위해 남미에서 이렇게 어린아이들이 혼자서 먼 길을 떠나는 사례가 2011년에는 6560건이었는데, 이후 1년에 6만 건이 되었다. 노에미가 자살한 3월 11일 주간에만 멕시코 경계를 넘으려던 370명의 어린아이들이 붙잡혔는데, 그중 절반 이상이 혼자 여행하던 아이들이었다.[17]

이러한 '노에미'들은 도처에 있다. 그들은 '나·우리'의 아이들이며, '나·우리'가 염려하고 보살펴주어야 하는 이들이라는 인식이 어떻게 확산될 수 있는가. 참으로 중요하고 긴급한 현대사회의 과제가 아닐 수 없다. 우리의 현실 세계에서 이러한 국경의 문제를 완전하게 해결할 수 있는 방안을 찾기란 참으로 불가능한 것으로 보인다. 그러나 문제를 문제로 인식하는 것과 문제와 딜레마를 전혀 인식하지 못하는 것에는 커다란 차이가 있다. 생존을 위해 목숨을 담보하면서까지 국경을 넘어야 하는 어린이들과 어른들이 이 세계 곳곳에 있다는 사실을 접하면서 그들을 '나·우리'로 보는 시각이 있을 때, 자신이 처한 상황에서 크고 작은 다양한 해결 방안들을 모색하려는 지속적인 의지가 생긴다. 그리고 그러한 의지를 지닌 정치가나 지도자를 지지하게 된다. 불가능하다고 생각되는 과제들이 가능성의 영역으로, 소리 없이 작은 부분으로 전이하는 경우들이 점점 많아지는 것. 이것이 이 세계의 진정한 평화를 위해 내딛어야 하는 중요한 한 걸음이다.

코즈모폴리터니즘의 '초경계성의 원리'는 이러한 국가적 경계 등 다양한 경계 긋기가 지닌 문제들을 해결할 방안을 모색하는 데 중요한 역할을 한다. 동시에 '초경계성의 원리'는 우리가 다양한 근거들에 의해 절대적이라고 생각하곤 하는 '나·우리'와 '너·그들' 사이의 경계가 절대적인 것이 아닌 상대적인 것이라는 사실을 인식하게 한다. 우리가 그러한 경계들을 뛰어넘어 '너·그들'을 동료인간과 이웃으로 보는 시각을 형성하게 된다면, 구체적인 사회정치적 제도들을 모색하기 위해 좀 더 많은 사람들이 방관자가 아닌 변화의 적극적 주체로서 역할을 하는 데 기여하게 될 것이다.

4) 초정체성의 정치학

넷째, 코즈모폴리터니즘은 '초정체성(trans-identity)의 정치학'이다. 정체성의 정치학은 성별, 인종, 계층, 성적 지향 등에 의해 다양하게 집단화되어 시민으로서의 권리와 정의를 위한 사회변혁을 요구하는 사람들에게 매우 중요한 정치적 전거가 되어왔다. 사회, 정치, 문화, 종교 등 다양한 삶의 영역에서 주변화되고 배제되는 경험을 해온 사람들은 이제까지 부정적으로 간주되어온 자신의 정체성을 긍정적 힘으로 전환시킨다. 정체성의 정치학은 이렇듯 새로이 구성된 긍정적 이미지를 기존 담론의 틀을 깨는 근거로 삼으며 1960년 이후 사회변혁운동에서 중요한 전거가 되어왔다. 그런데 그 중요한 의미와 기여에도 불구하고 이러한 초기의 정체성의 정치학이 지닌 한계가 점차 드러나기 시작한다. 그중 하나는 각 집단 간 상호 교차점 또는 집단 간 경계를 넘어서는 연대성을 형성하고 연합체를 구성하는 문제에 어려움이 있다는 것이었다.

예를 들어 흑인 여성은 '흑인'이라는 인종적 연대를 할지 '여성'이라는 젠더 정체성을 택하는 연대를 할지, 탈식민주의 시대의 제3세계 여성들은 종종 '민족'인지 '젠더'인지 양자택일하도록 요구받는 상황 속에 놓이는 경험들을 하기 시작한다. 동일한 인종이라 해도 사람들은 그 안에서 성별, 계층, 종교, 성적 지향, 장애 등에 따라 다양한 차이들을 지니고 있다. 그리고 그러한 '차이(difference)'들은 '차별(discrimination)'을 정당화하는 근거로 쓰이곤 한다. 이러한 상황에서 같은 민족이라도 그 속에서 차별과 억압을 경험하는 사람들과 함께 좀 더 정의롭고 평등한 세계를 이루어나가기 위해, 코즈모폴리턴 '초정체성의 정치학'이 주요한 대안적 정치학으로 제시되고 있다.

그런데 여기에서 유의할 것은 '초정체성'의 개념이 개개인의 특별한 정체성을 무시하거나, 거대 담론으로서 정체성이라는 깃발 아래 특정한 정황에서 요청되는 개별 인간의 특수한 정체성 문제를 간과하는 것이 아니라는 점이다. '초정체성'이란 개개인의 특수한 정체성을 부정하거나 거부하는 것이 아니다. 즉, '반정체성(anti-identity)'이 아니다. 오히려 그 특수 정체성을 포용하면서도 그 자리에만 제한되어 머물지 않고 그 정체성의 원을 점점 확장하는 것이다. 외면적으로는 법적 평등이

┌───
│ **코즈모폴리터니즘의 주요 특성 4가지**
│
│ ① 거시적 상호의존성의 원리
│ ② 우주적 환대와 책임성의 원리
│ ③ 초경계성의 원리
│ ④ 초정체성의 정치학
└───

보장된 듯한 현대사회에서 벌어지는 주변화 또는 억압의 상황이란 이전 시대보다 훨씬 더 복잡하게 얽혀 있으며, 다양한 딜레마와 연계되어 있다. 그렇기 때문에 현대사회의 복합적인 구조를 개혁하기 위해 요청되는 것은 각기 다른 '정체성'들의 분화된 개별적 존재만이 아니라, 그 분화된 것을 넘어서는 다양한 변화의 연합운동들이다.

4. 코즈모폴리터니즘의 주요 가치

코즈모폴리터니즘이 담고 있는 가치들은 참으로 복합적이고 다양하다. 이러한 복합적인 가치들을 간략하게 살펴보자. 첫째, 코즈모폴리터니즘은 맹목적 애국주의나 폐쇄적 민족주의를 비판하면서 '개방적 민족주의'를 지향한다. 코즈모폴리터니즘에 대한 가장 커다란 의문점으로 간주되는 것은 애국주의나 민족주의와의 관계다. 많은 사람들은 코즈모폴리터니즘이 그들에게 중요한 애국주의 또는 민족주의와 병립할 수 없는 것으로 생각한다. 그러나 이러한 이해는 코즈모폴리터니즘에 대한 오해다.

코즈모폴리터니즘은 민족주의를 무조건적으로 반대하는 것이 아니다. 코즈모폴리터니즘이 비판하는 민족주의는 자기 국가의 이득에만 집착하고, 자기 국가를 넘어서는 '지구 공동체'의 이득과 미래를 고려하지 않는 맹목적 민족주의 또는 배타적 애국주의다. 코즈모폴리터니즘이 수용하는 개방적 민족주의·애국주의는 한 민족이나 국가에 대한 특별하고 우선적인 애정과 관심을 인정하는 동시에, 그러한 민족적 관심이 지구 공동체에 대한 배려를 배제하지 않는 것이다.

둘째, 코즈모폴리터니즘이 담고 있는 주요한 가치는 '인간의 권리' 개념과 범주의 확장이다. 흔히 인권은 전통적으로 일정한 민족국가나 사회정치적으로 구분된 집단에 소속된 사람들에게만 적용되곤 한다. 그런데 국가나 사회에 소속되지 않은 이들은 어떻게 인간으로서의 권리를 주장할 수 있는가라는 문제가 심각한 현실적 문제로 대두하기 시작한다. 인권이라는 개념은 도처에서 사용되므로 매우 일상화된 개념이지만 실제로는 매우 복합적인 개념이다. '인간의 권리'라는 인권 개념은 다음과 같은 두 가지 커다란 주제를 내포한다.

첫째로 '인간'의 범주를 어떻게 규정할 것인가, 둘째로 '권리'의 범주와 적용을 어떻게 설정한 것인가 하는 점이다. 그런데 이러한 복잡한 논의와 연관되어 전제해야 할 것은, 누군가가 '권리'를 주장한다는 것은 그 권리를 실행할 책임과 의무를 지닌 사람이 필요하다는 점이다. 그래서 그 권리 주장을 받아들여야 하는 의무를 지닌 사람이 그 의무를 이행하지 않는 것은 정의롭지 못한 결과로 이어진다. 따라서 인권의 문제란 의무와 책임, 그리고 정의의 문제와 불가피하게 연결되어 있다.

예를 들어 부유한 나라 또는 개인이, 가난한 나라나 개인에게 보조를 해준다고 가정해보자. 그러한 보조를 '자선(charity)'의 개념으로 이해할 때는, '시혜자 - 수혜자'사이에 도덕적 위계 구조가 형성된다. 즉, 시혜자나 기부자는 구제를 '베푸는 사람'의 위치에 서게 된다. 반면 수혜자는 누군가의 자선을 수동적으로 받는 시혜의 대상자로서 '구걸자'의 위치로 규정된다. 이러한 관계에서는 기부자와 수혜자 사이에 윤리적 평등성이 유지되지 않는다. 결과적으로 '물적 불평등'은 결국 '윤리적 불평등'으로 연결된다. 부를 지닌 나라나 개인은 시혜를 베푸는 위치에 서게 됨으로써 도덕적 우월성을 지니게 되고, 그 시혜의 수혜국이나 개인은 타자의 도움을 수동적으로 구걸하게 됨으로써 도덕적 열등성을 지닌 존재가 된다.

그러나 이러한 '시혜자 - 수혜자'의 문제를 다른 각도에서 보면 전혀 다른 이야기가 형성될 수 있다. 즉, 국가 간 물적 불균형의 문제를 이 지구 공동체에 거하는 한 '가족'의 의미로 보면 다른 이야기가 된다. 이 두 나라가 '가족'이라면, 부를 향유하는 국가는 그렇지 못한 국가와의 물적 불균형을 극복해 좀 더 평등한 지구 공동체를 꾸려나갈 책임과 의무를 작동시킬 것이다. 가난한 나라들은 자신들의 물적 필요를 요청할 수 있는 '권리'를 지닌다고 볼 수 있다. 이렇게 될 때 '시혜자와 수혜자' 사이의 도덕적 불평등은 존재하지 않으며, 양쪽이 도덕성과 평등성을 유지하는 평등한 관계가 된다. 그래서 물적으로 가난한 것이 도덕적 열등성을 의미하는 것은 아니며, 부를 향유했다고 해서 도덕적 우월성을 확보하는 것이 아니다.

이 세계 어느 한 지역의 물질적 자원과 부는, 결국 다른 지역에서 되풀이되는 빈곤과 복합적으로 상호 연계되어 있다. 예를 들어 이른바 개발도상국 또는 제3세계의 노동력과 자원에 대한 착취가 없으면, 지금 이 세계의 극도의 물질적 불균형은 훨씬 더 극소화된다. 이처럼 이 세계의 극심한 빈부 차이를 권리 – 책임 – 정의의 틀에 놓고, 21세기의 산재한 다양한 문제들을 접근하면서, 코즈모폴리터니즘의 이상을 실현하려는 다양한 노력들이 등장하고 있다.

셋째, 코즈모폴리터니즘적 시각은 '지구적 정의(global justice)'의 가치를 담고 있다. 지구적 정의란, 정의가 행사되는 범주가 인종·국적·종교·민족 등과 상관없이 이 지구 위에 거하는 모든 사람이어야 한다는 의미의 개념이다. 지구적 정의는 이 세계의 다양한 재난들, 즉 극심한 빈곤이나 질병 등은 자연적인 것이 아니라, 인간이 만들어낸 것이라는 인식을 전제로 한다. 따라서 인간이 지구 위에서 향유하는 자연환경과 물적 자원 등의 공평한 분배, 인권의 보장과 확산, 사회정의를 위한 지구적 연대성의 확산이 요청된다고 보는 것이다. 이러한 지구적 정의 개념은 21세기 들어 더욱 심각해지는 이주민들, 난민들, 망명자들의 인권 확보와 그들에 대한 책임을 정의의 문제와 연결하는 데 이론적 근거를 제시하고 있다.

넷째, 코즈모폴리터니즘은 세계의 '영구적 평화'를 주요한 가치로 지향한다. 이 세계의 진정한 영구적 평화를 모색하기 위한 가장 중요한 출발점은 한 사람 또는 한 국가가 국적이나 종교 등이 다른 타자들을 포용하는 것이다. 더 나아가 인간으로서 그들의 권리가 최대한 보장되도록 책임과 의무를 받아들이고, 개인 간 또는 국가 간에 정의롭고 올바른 관계를 지속적으로 유지하기 위한 정의에의 감수성이 요청된다. 칸트가 강조하는 '영구적 평화' 개념은 세계 곳곳에서 진행되는 전쟁과 폭력의 현실 속에서 인류가 지향해야 할 매우 절실한 가치이다. 특히 갖가지 분쟁과 폭력, 질병과 빈곤으로 고통당하는 무수한 사람들이 나·우리의 가족이며 동료라는 의식이 사회정치적으로 확산될 때, 이 세계의 진정한 평화가 비로소 가능해질 것이기 때문이다.

다섯째, 코즈모폴리터니즘은 '지구적 공동체'를 추구한다. 지구적 공동체라는 개념이 지나치게 추상적이고 유토피아적이라고 생각하는 이들이 있을 것이다. 그러나 이미 적십자 운동이나 '국경없는 의사회' 같은 단체는 국가적 경계를 넘어 세계 곳곳의 가난·질병·전쟁·문맹 등의 문제를 개선하기 위해 활발히 활동하고 있다. 이들처럼 국가적 또는 지리적 경계를 넘어 무수한 '타자들'을 향한 돌봄과 책임성을 실천하려는 정신은 코즈모폴리턴 이상을 잘 반영하고 있다.

여기서 '공동체' 개념을 비판적으로 조명할 필요가 있다. '공동체'라는 개념은 매우 일상적으로 쓰이기 때문에 오히려 그 중요한 의미를 간과하는 경우가 많기 때문이다. '공동체'라는 개념은 동일한 성별, 인종, 종교, 국가, 문화, 학교, 지역 등 '동질성'을 공유하는 사람들의 '동질성의 공동체(community of sameness)'를 의미하는 경우가 대부분이다. 이러한 동질성을 공유하지 못하는 사람들은 어떠한 공동체에 소속될 수 있을까 하는 문제는 별로 논의되지 않는다.

코즈모폴리터니즘은 이러한 '동질성의 공동체'가 아닌 '다름의 공동체(community of alterity)'를 지향한다. 이 다름의 공동체는 공동체 구성원들끼리 공유하는 동질성이 아니라 서로 다름을 포용한다. 동시에 공동체의 개개인이 인간으로서 삶을 영위할 수 있는 조건들을 요구할 권리를 지켜내고, 그 개개인들을 향한 책임을 수행하는 이들의 공동체다. 다름의 공동체와 달리, 동질성의 공동체는 '우리-그들' 사이에 분명한 포용이나 배제의 선을 긋도록 전제됨으로써 배타성의 가능성을 언제나 담고 있다. 즉, '우리'끼리는 서로에 대해 배려하고 연대하고 책임을 나누지만, '우리'와 동질적 집단이 아닌 '그들'에 대해서는 이러한 연대와 책임을 나누는 대상으로 전혀 생각하지 않는 것이다.

그러나 코즈모폴리턴이 지향하는 '지구적 공동체'라는 메타포가 전달하려는 메시지는, '우리'라는 포용의 원(cirele of inclusion)을 설정할 때 그 원을 민족국가나 특정한 이익집단의 경계를 넘어 지구로까지 넓혀야 한다는 가치이다. 이러한 맥락에서 볼 때 '공동체'라는 개념은 그 담론과 실천의 영역에서 단지 낭만적인 구호가 아니라, 포용과 배제라는 매우 정치적인 행위가 요청되는 복합적인 것이다.

코즈모폴리터니즘이 추구하는 가치 5가지

① 개방적 민족주의·애국주의 지향
② 인간의 권리 개념과 범주의 확장
③ 지구적 정의 모색
④ 세계의 영구적 평화 지향
⑤ 지구적 공동체 추구

4장

스토이주의 코즈모폴리터니즘

우리 인간은 모든 다른 사람들을 동료시민으로,
같은 지역 주민들로 생각해야 한다.
_제노[1]

우리 모두는 발처럼, 손처럼, 눈꺼풀처럼, 상하 치아처럼 함께 일하기 위해 이 세계로 왔다.
… 서로를 대항해서 일하는 것은 자연을 거스르는 것이다.
_마르쿠스 아우렐리우스[2]

지역주의를 배제한 코즈모폴리터니즘은 무의미하고,
코즈모폴리터니즘을 배제한 지역주의는 맹목적이다.
_울리히 벡[3]

1. 코즈모폴리터니즘의
역사적 분기점

코즈모폴리터니즘에 대한 관심이 다각도로 높아지고 있다. 코즈모폴리터니즘은 민족국가라는 영토적 경계를 넘어서는 '탈영토적 공동체'에 대한 이상을 담은 사상이다. 코즈모폴리터니즘에 대한 이러한 관심과 더불어 우려도 있다. 코즈모폴리터니즘에 대한 우려란, 코즈모폴리터니즘이 한 개인이 속한 가족, 지역, 국가 등을 모두 무가치한 것으로 보는 것은 아닌가 하는 점이다. 이러한 우려는 한 사람이 가진 정체성의 범위와 그 기능의 문제와 관련이 있다. 견유학파(Cynics)와 스토아주의 철학에서 발전된 코즈모폴리터니즘의 철학적 사유 구조는 인간으로 하여금 자신의 정체성과 소속에 대해서 근원적으로 새로운 인식과 성찰을 하도록 요청한다. 스토아주의 코즈모폴리터니즘은 인간이 지닌 소속에 대해 심오한 통찰을 제시한다.

　　인간은 두 가지 '소속성'을 가지고 태어난다. 하나는 태어난 곳에 의해 규정되는 '지역적 소속성'이고, 다른 하나는 지리적 영토와 상관없이 모든 인간이 우주에 속한 시민이라는 '우주적 소속성'이다. 두 가지 소속성을 인지할 때 인간은 다양한 방식으로 자신의 정체성을 규정할 수 있게 된다. 곧 자신의 인종, 성별, 종교, 정치적 입장, 성적 지향, 직업, 국가, 집단, 지역 등에 따라 자신이 세계 내에서 어떠한 존재인지를 스스로 규정하는 정체성을 형성하는 것이다.

　　그렇다면 '코즈모폴리턴 정체성'이란 과연 무엇인가. 대립적 이원론에 길들여진 우리의 사유방식은 언제나 'A 아니면 B'라는 공식에 익숙하다. 그리고 이 이분법적 사유방식을 비판하는 이들은 '양자 모두(both-and)' 사유방식을 칭송하면서 그것을 '양자택일(either-or)' 사유방식의 한계를 넘어설 수 있는 대안으로 제시하곤 한다. 그러나 'A 아니면 B(either A or B)'라는 사유방식의 대안이 'A와 B 모두(both A and B)'라고 보는 것 역시 여전히 문제가 있다. '양자택일'이 아닌 '양자 모두'라는 대안 제시가 문제가 되는 이유는 다음과 같다.

　　첫째, 이 공식은 여전히 A와 B가 각기 선명하게 분리되어 존재할 수 있다는 전제로부터 출발한다. 즉, A와 B의 얽히고설킨 상호연관성을 보지 못하게 한다. 둘째, 이 대안의 제시는 '양자택일' 또는 '양자 모두'라는 여전히 다른 양태의 대립적 이원론의 사유방식을 무비판적으로 재생산한다. 이러한 맥락에서 볼 때, '코즈모폴리턴 정체성'을 모색하는 것은 단지 'A와 B, 두 가지 모두'라는 공식을 통해서가 아니다. 그것은 A와 B가 각기 선명하게 선을 그을 수 있는 개별적 축이 아닌, 서로 얽히고설킨 실타래처럼 존재한다는 것, 즉 A와 B의 근원적인 상호연관성과 분리불가성을 인식하는 데서 시작할 수 있다.

한 인간이 우주에 속했다는 것은 개별자인 자신이 의식하든 못하든 거부할 수 없는 사실이다. 이는 어느 특정한 나라, 지역, 집단 등에 속해 있다는 사실과 대립적으로 존재하지 않는다. 물론 구체적인 삶 속에서 한 개별인은 자신과 상충하는 이해관계, 어느 특정한 사람들에 대한 관심·환대·이득의 우선성을 부여하는 문제 등 다양한 딜레마와 마주하게 된다. 하지만 그렇다고 해서 인간의 다층적 정체성의 조건들을 근원적으로 외면하거나 부정해서는 안 된다. 이러한 맥락에서 세네카(Lucius Annaeus Seneca)는 다음과 같이 호소한다.

> 이 세상에 두 가지 종류의 공동체가 있다는 것을 받아들입시다.
> 하나는 신들과 모든 인간을 끌어안는 진정으로 위대한 공동체이고,
> 또 다른 하나는 우리가 출생한 곳에 의해 규정된 공동체입니다.[4]

따라서 인간의 소속성과 연계된 정체성은 두 가지 복합적인 층으로 이루어져 있다. 첫째는 자신이 출생한 지리적 장소에 의해 규정되는 '미시적 정체성'이고, 둘째는 그 지리적이고 영토적인 경계를 홀연히

넘어 우주라는 공간에 소속된 탈영토적인 '거시적 정체성'이다.

코즈모폴리터니즘의 철학적 기원과 역사적 전개 방향을 규정하는 데는 여러 관점이 있다. 《위험사회》의 저자 울리히 벡은 코즈모폴리터니즘의 왜곡된 양태를 '독재적(despotic) 코즈모폴리터니즘'으로, 본래적 코즈모폴리터니즘을 '해방적(emancipatory) 코즈모폴리터니즘'으로 명명한다. 그리고 해방적 코즈모폴리터니즘을 다시 세 부분, 즉 '고대 코즈모폴리터니즘'(스토아주의), '계몽주의 코즈모폴리터니즘'(이마누엘 칸트), '근대 코즈모폴리터니즘'(카를 야스퍼스, 한나 아렌트)으로 나눈다.[5] 그러나 이와 달리 네 부분, 즉 '제노의 시기', '칸트의 시기', '아렌트의 시기', '누스바움의 시기'로 나누는 학자도 있다.[6]

나는 다음의 세 가지 측면에서 코즈모폴리터니즘을 조명하고자 한다. 첫째, 인간 각자가 지닌 대체 불가능하고 유일한 존엄성에 대한 인식으로부터 출발하는 '개별성의 윤리(ethics of singularity)'를 수용하면서 모든 인간의 급진적 평등성을 강조하는 것이다. 둘째, 사적 공간에서만이 아니라 정치와 같은 공적 영역에서도 모든 인간이 서로 인정하고 수

해방적 코즈모폴리터니즘의 역사적 출현

① 고대 코즈모폴리터니즘(스토아주의)
② 계몽주의 코즈모폴리터니즘(이마누엘 칸트)
③ 근대 코즈모폴리터니즘(카를 야스퍼스, 한나 아렌트)

① '개별성의 윤리'에 근거한 모든 인간의 급진적 평등성
② 사적 공간과 공적 영역에서 모든 인간에 대한 인정과 포용
③ 정의와 인권의 적용 범주의 전 지구적 확장

용하는 것이다. 셋째, 정의와 인권의 적용 범주가 점점 더 확장되는 것이다. 스토아주의 코즈모폴리터니즘은 이 세 가지 측면을 지닌 코즈모폴리턴 사상의 뿌리가 된다는 점에서 중요한 의미가 있다.

2. 스토아주의 코즈모폴리터니즘:
우주적 시민의식과 존재론적 평등성

서양에서 코즈모폴리터니즘 담론의 철학적 기원은 그리스 철학으로 거슬러 올라간다. 이 담론은 견유학파인 시노페의 디오게네스로부터 시작했고, 스토아학파인 제노(Zeno of Citium)가 이를 더욱 발전시켰다. 소크라테스(Socrates)가 디오게네스보다 먼저 이 개념을 썼다고 주장하는 학자도 있다. 소크라테스는 "어디서 왔는가?"라는 물음에 통상적인 답인 '아테네'에서 왔다고 하지 않고 '세계·우주'에서 왔다고 답

했기 때문이다.[7] 그렇지만 일반적으로는 디오게네스가 이 개념을 최초로 썼다고 알려져 있다.

디오게네스는 "당신은 어디서 왔는가?"라는 물음에 "나는 우주의 시민(I am a citizen of cosmos[kosmopolites])"[8]이라고 답했다. '코즈모폴리턴' 개념은 바로 여기서부터 시작되었다. 견유학파의 대표적 인물이자 '거리의 철학자'로 알려진 디오게네스는 자신을 "집 없는 망명자, 매일 먹을 빵을 구걸해야 하는 방랑자"라고 일컬었다.[9] 실제로 그는 매일 양식을 구걸해서 먹었고, 길거리에 노숙하며 살았다. 노숙인으로, 망명자로, 사회 주변인으로 살았던 디오게네스가 영토에 제한된 소속성이 실상은 본질적인 것이 아님을 갈파했다는 것은 그리 놀라운 일이 아니다. 디오게네스와 같은 견유학파 철학자들은 매우 중요하면서도 새로운 사상들을 확산시켰다.

여기서 '견유(犬儒)'라는 말은 물론 그 철학자들 스스로 명명한 것이 아니라 이들의 삶이 '개와 같다'는 의미에서 냉소적으로 붙여진 이름이다. '견유학파'라는 이름의 연유와 의미에 대해서는 여러 가지 설이 있지만, 다음의 네 가지 이유가 사실에 가장 근접해 보인다. 첫째, 그들은 길에서 먹고 자며 성생활을 하는 등 개처럼 주변 상황에 개의치 않는 철저한 '무관심의 삶'을 살았다. 둘째, 그들은 개처럼 '수치심이 없는 삶'을 살았다. 셋째, 개가 자신의 집을 잘 지키는 것처럼, 이들은 자신들의 철학을 굳세게 지켜냈다. 넷째, 개가 자신의 적과 친구를 구분해 차별하는 것처럼, 이들 역시 자신들의 철학에 동조하는 자들에게는 친절했지만

그렇지 않은 자들은 적으로 몰아세우며 개처럼 짖어 쫓아냈다.[10]

견유학파의 대표적 철학자인 디오게네스는 인간이 구성한 기존의 현실구조를 뛰어넘어 자연이 담고 있는 가치대로 살려고 노력했다. 또한 사회문화적 관습이 확산시키는 왜곡된 가치들을 날카롭게 비판했다. 또한 사회적 지위나 위치에 따라 특정한 사람을 존중하는 관습을 철저히 거부했다.

알렉산더 대왕이 "무엇이든 내게 원하는 것을 구하라"고 했을 때 디오게네스는 "햇빛을 가리지 마시오"라고 응답했다. 이 이야기는 디오게네스의 가치관을 잘 보여준다.[11] 여기서 유의해야 할 사항은 디오게네스나 다른 그리스 철학자들이 말한 '우주의 시민'이란 개념이, 요즘 우리가 말하는 '코즈모폴리턴' 개념과 다를 수 있다는 것이다. 현대 세계에서 코즈모폴리턴으로 흔히 연상되는 사람을 지칭하지 않았고, 지리정치적 맥락에서 문자적인 의미의 '우주적 시민성'을 지칭하지도 않았다. 당시 아테네의 '시민'의 범주에는 여성, 노예, 외국인들이 철저히 배제되었다는 사실만 보아도, 그리스 철학자들이 생각한 '세계시민'이라는 개념이 사회적·정치적·문화적 제한성을 담고 있음을 알 수 있다.[12]

따라서 디오게네스를 코즈모폴리터니즘 사상의 창시자로 보는 것은 한계가 있다. 그의 '코즈모폴리턴' 개념은, 모든 사람이 코스모스에 속한 시민권(cosmic citizenship)을 지니며 평등과 정의에 기반한 '우주적 공동체'임을 전제하고 출발한 것은 아니기 때문이다. 그러나 국가와 같은 지리적 경계를 넘어 '코스모스'라는 새롭게 확장된 소속의 가능성을 보였다는 점에서, 디오게네스의 자기 이해가 코즈모폴리턴 사상의 문을 여는 데는 기여했다고 볼 수 있다.

학자들은 그리스 철학자들에 의한 '코즈모폴리턴' 개념을 세 가지 영어로 번역해 쓰고 있다. 첫째로 세계시민(citizen of the world/ global citizen), 둘째로 코스모스의 시민(citizen of the cosmos), 셋째로 우주의 시민(citizen of the universe)이다. 이 중 가장 대중적인 표현은 '세계시민'인데, 나는 '코스모스의 시민'이라는 표현이 가장 적절하다고 본다. 4세기 그리스에서 '코스모스(cosmos)'는 '우주(universe)'에 가득 찬 온전한 힘을 담고 있는 공간으로 이해되었기 때문이다. 경계를 초월하는 공간이라는 의미에서 '코스모스의 시민'은 코즈모폴리터니즘의 정신을 가장 잘 드러내준다.[13] 이런 맥락에서 보자면 '코스모스'는 세계나 우주보다 더 확장된 공간을 의미한다고 볼 수 있다.

디오게네스는 '인간들의 세계(world)'인 폴리스(polis)가 자신의 소속을 규정하는 기본 단위일 뿐 아니라 인간을 포함한 모든 종류의 생명체를 담고 있는 공간이라고 봤다. 여기에 '코스모스'라는 개념을 사용했다는 점은 시사하는 바가 크다. 시대적 인식의 차이가 있다 해도, 그리스 철학자들의 '우주의 시민'이라는 은유적 표현은 이 우주에 존재하는 모든 이를 동료시민으로, 공동 거주자로, 이웃으로, 친구나 친척으로 대하는 이상적 평등 세계에 대한 비전을 제시한다는 점에서 매우 중요하다. 나아가 자신의 소속성을 국가보다 더 커다란 공동체로서의 '코스모스'로 확장한 그리스 철학자들의 사유는, 모든 인간이 우주에 속한 '동료인간'이라는 사실을 바탕으로 한 '존재론적 가족관계'의 인식론적 근거를 마련해준다.

존재론적인 평등적 시각에서 보자면, 사회정치적으로 구분된 인종, 성별, 시민권, 국적, 종교 등 무수한 조건이 인간의 가치를 규정하는 것은 아니라고 결론 내릴 수 있다. 그뿐만 아니라 이 관점은 모든 인간에게 정의나 공평이 평등하게 적용되어야 한다는 논리로도 귀결된다. 동시에 인간이나 다른 모든 생명체에 대한 '보살핌의 당위성'이 지닌 정당성을 찾게 한다. 동시에 이러한 인식은 모든 인간이 자신의 직접적인 공동체 공간에서뿐 아니라, 그것을 넘어 다른 인간들에 대해 도덕적 의무가 있다는 주장으로까지 이어진다. 이런 '코즈모폴리턴 이상'은 그리스 철학만이 아니라 히브리 사상이나 도교 철학 등 다양한 문화에서도 그 흔적을 찾아볼 수 있다.

스토아주의 철학의 창시자로 알려져 있는 제노는 디오게네스의 '우주적 시민성'을 좀 더 적극적인 양태로 발전시킨 철학자로 알려져 있다. 디오게네스의 사상에 영향을 받은 제노는 "하나의 법 아래 있는 우주적 도시"라는 '코즈모폴리턴 유토피아'를 제창함으로써 스토아주의 코즈모폴리터니즘의 기초를 놓았다. 제노는 코즈모폴리턴 유토피아에 대한 꿈을 다음과 같이 펼친다.

우리 인간은 모든 다른 사람들을 동료시민으로, 같은 지역 주민들로 생각해야 한다. 그리고 한 무리의 가축들이 함께 풀을 뜯어 먹으며 공동의 방식에 의해 함께 양육되어야 하는 것처럼, 모든 인간이 함께 어울려 살아가는 삶에 질서를 유지하는 하나의 길이 있어야 한다.[14]

제노의 말은 현대의 정치철학자들이 제시하는 코즈모폴리턴 정의 또는 지구적 정의로서 세계의 모습을 재현하는 듯하다. 또한 제노가 꿈꾸던 모든 인간의 평등 공동체인 '코즈모폴리턴 유토피아'는 그 어떤 차별이나 배제도 넘어서는 정의로운 세계에 대한 비전을 제시한다. 제노는 전통적인 정치적 경계를 넘어 모든 인간이 우주에 속하는 동료시민이자 같은 거주민으로서 공동의 사랑을 나누는 새로운 세계에 대한 이상을 공유하며, 함께 이 세계를 이루어나가기 위한 보편적인 법 아래 모든 인간을 끌어안을 수 있는 정치적 체계에 대한 이상을 제시한다. 새로운 세계에 대한 급진적인 사고를 한 만큼 그가 여성과 남성이 동일한 옷을 입자고 제안하면서 당시의 사회 관습에 매우 비판적이었던 것은 놀라운 일이 아니다.[15] 그의 코즈모폴리턴적 정신과 유토피아적 비전은 도덕적 보편주의와 자연법 사상에 기초를 놓았다고 할 수 있다.[16]

견유학파와 제노의 사상은 키케로(Marcus Cicero), 세네카(Seneca), 아우렐리우스(Marcus Aurelius) 등을 통해 좀 더 구체적으로 전개된다. 로마의 스토아주의 철학자 세네카도 인간이 지녀야 할 두 가지 소속성에 대해 피력함으로써 코즈모폴리턴 정신의 핵심을 철학적으로 구성했다.

세계에는 두 가지 연방국가가 있다고 생각하자. 하나는 이 지구의 어느 특정한 경계에 의해서가 아니라 태양에 의해 우리의 시민성이 묶이는, 그리고 신들과 인간들을 모두 포용하는 방대하고 진정한 의미의 공동 국가이며, 또 다른 하나는 출생의 우연성에 의해 규정되는 국가다.[17]

여기서 세네카는 '태양에 의한 시민권'과 '출생에 의한 시민권'이라는 '이중 시민권'에 대해 말한다. 이중 시민권 개념은 인간의 소속성에 대한 지평을 급진적으로 확대한다. 이중 시민권, 이중 소속성이 가능하다는 것은 코즈모폴리턴 시민성과 민족국가적 시민성이 상충하거나 대립적 관계로만 존재하지는 않음을 강조한다는 점에서 매우 중요하다. 동시에 그는 어느 한 지역에서의 출생을 '필연적'이 아닌 '우연적'이라고 제시함으로써 한 사람이 출생 기원에 의해 선천적인 특권을 누리게 되는 것에 대해 근본적으로 비판하고 있다. 이로써 배타적인 민족국가에만 집착하는 우리의 의식 속에 상호공존이 가능한 두 가지 '연방국가'의 비전을 제시한다. 아우렐리우스는 우주를 '공화국(Commonwealth)'으로, 온 인류를 위한 '공동 도시(Common City)'로 표상함으로써 코즈모폴리턴 사상을 강조한다.

스토아주의 코즈모폴리터니즘에서의 이중 시민권

① 태양에 의한 시민권
② 출생에 의한 시민권

만약 마음(mind)이 우리 모두에게 있는 것이라면, 우리를 합리적인 존재로 만드는 이성도 모든 인간에게 있는 것이다. … 이러한 조건이라면 법 역시 모두에게 공동적인 것이며, 우리는 모두 같은 시민들이다. 그렇다면 우리 인간 모두는 하나의 법 아래 있는 존재가 되는 것이고, 또한 이 우주는 하나의 커다란 공화국과 같은 것이다. … 이 공동 도시로부터 우리의 마음 자체, 이성과 법에 대한 감각이 연유되는 것이 아니라면, 다른 어떤 것에 의해서인가?[18]

아우렐리우스는 우주의 동료시민으로서 "우리 모두는 발처럼, 손처럼, 눈꺼풀처럼, 상하 치아처럼 함께 일하기 위해 이 세계로 왔다"고 하면서 "서로를 대항해서 일하는 것은 자연을 거스르는 것이다"라고 강조한다.[19] 아우렐리우스의 코즈모폴리턴 패러다임은 지구와 하늘을 우리의 집으로 그리고 있다. 그러나 한 사람이 직계가족이나 지역 공동체에 품는 각별하고 특별한 감정의 연결을 부정하진 않는다. 스토아주의 코즈모폴리터니즘을 이해하는 데 중요한 것은, 이것이 거대한 세계-국가에 대한 구체적인 제안이 아니라 "사회생활을 하는 데 전략적인 가치가 있는" 우주시민의 이상에 대한 것이라는 점이다.[20]

따라서 표면적으로 보면, 코즈모폴리터니즘이 제시하는 이상은 민족국가에 기반을 둔 시민성보다 코스모스에 속한 시민성을 강조하는 것이어서 반(反)민족주의로 보일 수 있다. 이 같은 이해 방식은 사물을 대립적인 이분법적 시각으로 보는 데 익숙해서 코즈모폴리터니즘 또는 민족주의 중에 하나를 택해야 한다는 사고방식에서 연유한다. 그러나 코즈모폴리터니즘은 이분법적 사유방식을 훌쩍 뛰어넘어, 복잡한 현실에 산재해 있는 다양한 방식의 연대성과 책임성의 문제를 좀 더 정의로운 세계를 만들기 위한 시각으로 바라본다. 이를 통해 우리의 인식론적 변화를 요청하는 것이다. 따라서 코즈모폴리터니즘은 민족주의와 양립 가능하지만, 나치즘이나 파시즘 같은 왜곡된 형태의 폐쇄적 민족주의와는 양립할 수 없다. 코즈모폴리턴 이상은 이분법적 사유방식의 끊임없는 해체 없이는 불가능하다.

앞에서 간략하게 살펴본 바와 같이 스토아주의 코즈모폴리터니즘은 오랜 세월을 거치면서 철학자에 따라 고유한 특성을 띠며 다양하게 발전해왔다. 따라서 그 다양성을 묶어 몇 가지로 요약하는 데는 무리가 있다. 복합적인 다양성이 있다는 것을 염두에 두고서 큰 주제들만 찾아보자면, 세 가지 중요한 주제로 요약할 수 있다.

첫째, 스토아주의자들은 인간을 '이성적 능력을 보유한 존재'로 보았고, 이를 모든 인간의 도덕적 가치의 근거로 삼았다. 인간의 보편적 특성은, 인간들 사이의 교제나 우주적 공동체에 대한 요청의 가장 근본적인 틀로 간주되었다. 인간은 누구나 이성적 능력을 보유한 존재라는 인간 이해는 스토아주의의 도덕적·정치적 공동체에 대한 이상을 지역적 경계를 넘어 우주로까지 확장시킨다. 인간의 이성과 합리성을 보편적 공동성으로 본 스토아주의 코즈모폴리터니즘은 후에 칸트의 코즈모폴리터니즘 사상과도 연계된다.

둘째, 스토아주의 코즈모폴리터니즘은 모든 인간이 두 종류의 공동체에 속한 존재임을 강조한다. 하나는 자신의 출생지에 따라 결정되는 '지역 공동체', 다른 하나는 모든 인간이 속해 있는 보편적 '인류 공동체'다. 세네카는 하나의 태양 아래 함께 살아가는 운명을 지닌 '인류 공동체'야말로 진정으로 위대한 것이라고 주장한다. 이러한 주장을 볼 때, 코즈모폴리터니즘이 인간의 지역성을 간과한다고 주장한 윌 킴리카(Will Kymlicka)는 민족국가의 범주를 벗어난 '코즈모폴리턴 시민권'의 개념이 제도적으로 실현 불가능하다는 것을 강조하면서 코즈모폴리터니즘에 대해 매우 비판적인 입장에 서 있다. 그런데 이러한 킴리카의 비판은 '지역성(locality)'을 포용하는 코즈모폴리터니즘의 주요 측면에 대한 이해를 간과했다는 점에서 설득력을 잃는다.[21] 세네카는 물론 현대의 코즈모폴리턴주의자들도 지역성을 포기하는 것이 아니다. 오히려 두 가지 공동체를 의식하는 것이 좀 더 중요하다고 강조한다.

그런데 우리는 여기서 코즈모폴리터니즘이 단순한 지역적 소속감만을 강조하는 '공동체주의' 입장과는 다르다는 것을 인식할 필요가 있다. 코즈모폴리턴 사상은 한 개별 인간이 '출생의 사건'에 의한 공동체에 소속되었을 뿐 아니라 '인류라는 종족'의 공동체에 소속되었다는, 즉 코스모스에 소속된 존재라는 의식도 늘 지녀야 한다고 강조한다. 또한 이러한 의식을 가지고 자신의 민족국가적 영토 안에 있는 사람들뿐 아니라, 그 경계를 넘어 '인류'에 대한 도덕적 책임과 정치적 의무를 다할 것을 주장한다. 이러한 코즈모폴리턴 정신은 '국경없는 의사회'를 비롯한 다양한 구호 단체들을 통해 실현되고 있다.

셋째, 스토아주의 코즈모폴리터니즘은 인간의 이성이 우주적인 '자연법(natural law)'과 조화를 이루어야 한다고 본다. 또한 진정한 법은 자연과 일치하는 올바른 이성이고, 보편적으로 적용할 수 있으며, 변하지 않는 영원한 것이라고 받아들였다. 이런 맥락에서 스토아주의 코즈모폴리터니즘은 현대 코즈모폴리터니즘의 정치적 논의에 중요한 근거를 제공하고 있다.

스토아주의는 로마제국의 기독교화 이후 막을 내렸다. 그러나 스토아주의 사상은 이후 기독교의 철학적·신학적 구성에 지대한 영향을 미쳤다. 성 아우구스티누스(Sanctus Aurelius Augustinus), 토마스 아퀴나스, 마르틴 루터(Martin Luther) 등의 사상도 스토아주의 코즈모폴리터니즘으로부터 영향을 받았다. 그들이 주장한 인간의 보편적 존엄성, 모든 인간의 평화로운 공존, 자연법 사상은 스토아주의 코즈모폴리터니즘의 영향임을 부정하기 어렵다. 예를 들어 신토마스주의 사상가인 바르톨로메 데 라스 카사스(Bartolome de las Casas)는 자연법에 관한 유대-기독교적 입장을 확장해서 미국 원주민들을 차별하는 법에 반대했고, 그들에게도 평등한 자연법적 권리가 있음을 다음과 같이 강력하게 호소했다.

> 세계의 모든 사람은 인간이며, 이들은 모두 합리적·이성적 능력이 있는 존재다. 이 사실만이 그들을 규정할 수 있는 유일한 잣대다. … 그러므로 인종과 상관없이 모든 인류는 하나다.[22]

라스 살라망카 학파(School of Salamanca)의 창시자이자 최초로 '사람들의 권리(the rights of peoples)'라는 개념을 제시한 철학자로서 근대로의 이행에 주요한 초석을 놓은 프란시스코 데 비토리아(Francisco de Vitoria), 그리고 카사스 같은 학자들에 따르면, 인간이 만든 실정법이 어떤 특정 그룹의 인간들에 대한 폭력과 말살을 정당화한다면 이는 신이 내려준 '자연법'을 거스르는 것이며, 따라서 신의 의지에 반대하고 대항하는 것으로 간주된다. 서구에서 모든 인간이 지닌 자연권(natural rights)에 대한 주장은 유대-기독교적 이해로부터 기인했다. 그런데 기독교 사상가들의 사상적 자취를 더듬어 올라가보면, 그들 이전에 스토아주의 사상과 같은 철학적 사유들에서 영향받았음을 감지할 수 있다.

프란시스코 데 비토리아도 다음과 같은 사상을 피력함으로써 스토아주의 코즈모폴리터니즘을 반영하고 있다. 첫째, 모든 인간은 이성적 능력을 보유한 합리적 창조물이다. 따라서 모든 인간에게는 동일하게 적용되는 '보편적 법'이 있어야 한다. 둘째, 인간이 만든 실정법이 정당한지 판가름하려면 '보편법'에 끊임없이 견주어보아야 한다. 셋째, 모든 인간이 신에 의해 창조된 인간으로서 이성적 능력을 지녔다는 사실은 모든 인간이 사실상 공동 운명을 지닌 존재임을 말한다. 넷째, 공동 운명을 지닌 존재라는 사실을 근거로 이제 모든 사람에게 적용되는 보편법에 따라 운영되는 정치 공동체를 건설해야 한다.[23] 이들의 존재론적 평등성을 반영하는 '우주적 공동체'에 대한 이상은 '코즈모폴리턴 유토피아'의 비전을 강하게 담고 있다.

3. 코즈모폴리턴 유토피아:
급진적인 존재론적 평등 세계에의 갈망

▶   21세기를 살아가는 우리가 고대 그리스의 코즈모폴리터니즘을 그
    대로 수용해 실천적 영역에서 구체적 담론을 형성하는 데는 분명
한 한계가 있다. 또한 고대 그리스인들의 '코스모스·우주' 개념도 현대
인들이 생각하는 개념과 상당한 차이가 있다. 그러나 견유학파라든지
제노와 같은 거주 외국인(metic), 사회 주변인, 권력 없는 이에 의해 모든
인간의 보편성과 보편적 평등에 대한 개념이 제기되기 시작했다는 점에
서 스토아주의 코즈모폴리터니즘이 시사하는 바는 매우 크다. 물론 고
대의 코즈모폴리턴 사상은, 온 세계를 하나의 법 아래 두려는 알렉산더
대왕 같은 통치자가 제국 형성의 정치 야망을 정당화하는 데 차용되기
도 한다.

    이 같은 역사적 사례에서 쉽게 볼 수 있듯이, 어떤 특정한 사상이
구체적인 정황 속에서 형성되고 적용될 때 그 의미와 기능은 각기 다른
결과를 가져오곤 한다. 따라서 특정 사상이나 이론에 대한 유의미성이
나 무의미성, 또는 적절성과 부적절성은 구체적인 정황에 근거해 분석
되고 평가되어야 한다. 예를 들어 망치를 이용해 타자에게 폭력을 가한
사람이 있다고 해서, 그것이 망치 자체의 무용론을 제기할 만한 근거가
될 수는 없다. 마찬가지로 코즈모폴리터니즘 사상이 제국주의적 야망을

정당화하는 데 쓰일 수 있다고 해서, 지구상에 거주하는 모든 인간이 평등하고 존엄하다는 인식과 그들 모두가 인간으로서 평등과 권리를 향유할 수 있어야 한다고 보는 코즈모폴리터니즘의 본질적 의미까지 부정해서는 안 된다.

토머스 모어(Thomas More)가 1516년에 쓴 소설 《유토피아》를 통해 만들어진 '유토피아' 개념은, 문자적으로는 이 세상에 '존재하지 않는 장소(U-topia, no place)'를 의미한다. 그러나 유토피아에 대한 개념을 좀 더 복합적으로 분석해보면 단순히 '불가능성'만을 지칭하는 것이 아님을 알 수 있다. 카를 만하임(Karl Mannheim)은 유토피아적 사상의 다양한 양태와 기능을 복합적으로 분석하려고 시도한 최초의 인물로, 유토피아란 "현실을 초월하는 동시에 현존하는 기존 질서의 틀을 넘어서고자 하는" 사유방식이라고 규정한다.[24]

그런데 만하임은 단순히 기존의 현실구조를 넘어서려는 사유방식 모두를 '유토피아적'이라고 규정할 수는 없다고 분명히 말한다. 즉, 기존의 현실을 뛰어넘어 새로운 세계를 지향하는 '혁명적 가능성'을 제시해야 유토피아적 기능을 한다고 말할 수 있다는 것이다. 따라서 만하임은 근대의 유토피아적 사유는 토머스 모어가 아닌 토마스 뮌처(Thomas Münzer)의 재세례파(Anabaptist) 운동으로부터 시작한다고 본다.[25] 여기서 만하임이 제시하는 두 가지 유형의 유토피아, 즉 '절대적으로 불가능한 유토피아'와 '상대적으로 불가능한 유토피아'는 주요한 통찰을 준다. 현재의 사회구조에서는 불가능한 사유가 기존의 현실이 바뀔 때에는 가능성으로 전환될 수 있는 유토피아가 있다는 것이다. 유토피아적 사유는 기존의 현실이 안고 있는 다양한 문제를 넘어서는 새로운 세계에 대한 비전과 열정을 지속시키며, 구체적인 변혁의 가능성을 연다. 따라서 만하임은 유토피아적 사유가 단지 부질없는 꿈이 아닌 새로운 변혁적 사유방식이라는 점을 강조한다.

유토피아에 대한 이해에서 보자면, 스토아주의의 코즈모폴리턴 유토피아는 기존의 세계가 변할 수 없는 절대적 현실이 아님을 상기시킨다. 나아가 모든 인간이 국가적·지리적 경계를 넘어 한 시민·가족·친척·동료로서 대우하고 대우받는 세계에 대한 갈망을 제시한다. 울리히 벡이 강조하는 '코즈모폴리턴 감정이입(cosmopolitan empathy)'[26]이 개인들 사이에서, 그리고 다양한 집단들과 국가들 사이에서 조금씩 싹트기 시작한다면, 우리 세계는 지금보다 훨씬 진보된 정의·평화·평등의 세계로 한 걸음 더 내디디며 '포용의 원'을 확장할 수 있을 것이다.

5장

칸트주의 코즈모폴리터니즘

코즈모폴리턴 권리라는 사상은 사실상 단지 환상적이거나
과도한 생각이 아니다. … 오직 이 조건 아래서만 우리 인류는 영구적 평화를 향해
지속적으로 전진하고 있다고 말할 수 있다.
_이마누엘 칸트[1]

모든 인간을 결코 '수단'으로 대우하지 않고 언제나 '목적'으로 대해야 하는 것,
그것은 반드시 지켜야 할 도덕적 정언명령이다.
_이마누엘 칸트[2]

1. 세계의 영구적 평화:
'목적의 나라'를 향하여

인류의 역사는 우리가 지금 살고 있는 세계보다 더 나은 세계, 지금과는 다른 세계를 꿈꾸는 사람들에 의해 포용과 정의의 원을 확장해왔다. 코즈모폴리터니즘을 포괄적으로 이해하기 위해서는 이전에 존재하지 않은 세계를 꿈꾸고 구체적으로 그림을 그려보는 '시적 상상력'이 부단히 요구된다. 만약 이 세계의 모든 이들이 국적, 인종, 성별, 언어, 성적 지향, 종교 등의 차이와 상관없이 친척·친구·동료·가족과 같은 마음으로 지낸다면 우리 앞에 어떠한 세계가 펼쳐질까. 이 지구상에 함께 거주하고 있는 '인간'이라는 사실 하나만으로 한 사람 한 사람의 가치와 존엄성, 그리고 그들의 권리와 자유가 평등하게 보장된다면 우리는 어떠한 세계에서 살게 될까. 자신이나 타자를 포함해 그 누구도 '수단(means)'이 아닌 '목적(ends)' 그 자체로 간주되고 대우받는 세계는 어떠한 세계일까.

이러한 세계를 '목적의 나라(Reich der Zwecke, Kingdom of Ends)'라고 명명하면서 새로운 상상을 한 사람이 있다. 그는 '목적의 나라'라는 새로운 세계의 비전을 제시하며 18세기에 처음으로 국제적 문제에 대한 관심을 촉발시켰다. 또한 상호의존적이고 연관된 사회에 대한 구상을 바탕으로 이 세계의 영구적 평화를 위해 우리가 갖추어야 할 조건들을 구체적으로 제시했다. 그는 바로 이마누엘 칸트다.

여기에서 영어로 표현되는 '왕국(Kingdom)'이라는 용어에는 한계가 있다. 남성중심적인 동시에, '왕'과 '신하'를 전제하는 위계주의적인 요소를 그대로 담고 있기 때문이다. 물론 'Kingdom'을 '왕국'이라고 하지 않고 '나라'라고 번역해 '목적의 나라'라고 하면, 한국어 표현에서는 차이가 없다. 그러나 이 글에서는 '왕족의 나라'를 뜻하는 킹덤(Kingdom) 대신 '친족의 나라'를 뜻하는 킨덤(Kindom)을 사용해 '목적의 나라(Kindom of Ends)'라고 변형해 표기한다. '친족(kinship)'이라는 용어 역시 가부장제 사회에서는 그 남성중심성을 피해 갈 수 없다. 그러나 적어도 '왕'이라는 직접적인 남성중심성을 넘어 좀 더 수평적인 관계의 친족세계를 지향하는 가능성이 있다는 점에서, '왕국'보다는 훨씬 구제 가능성이 있는 용어라 생각된다.

칸트의 '목적의 나라'의 핵심은, 자기 자신이나 타자를 '수단'이 아니라 '목적'으로 대해야 한다는 것이다. 칸트는 그의 '목적의 나라'를 통해 인간의 정치적 현실에서는 참으로 성취하기 불가능해 보이는 윤리적 이상을 제시한다. 이 '목적의 나라'의 이상은 우리의 구체적인 현실에서 다양한 종류의 크고 작은 '목적의 공동체'를 이루기 위한 지속적인 참조로서 의미가 있다. 더 나아가 목적의 나라는 '코즈모폴리턴 권리'와 맥을 같이하는 의미로서 '보편적 시민사회'를 뜻한다.[3] 우리가 현재 직면한 난민, 망명자, 이주 노동자, 미등록 이주자 문제들과 같은 지정학적인 정황에 대해 어떻게 접근해야 하는가라는 해방적인 잠재성을 제공할 수 있는 것이다.

칸트의 목적의 나라라는 새로운 세계에 대한 이상에 따르면, 이 지구 위에 거하는 모든 인간들은 이 코스모스에 속한 '동료시민'이다. 따라서 목적의 나라는 인간이 자유롭고 평등하며 상호의존적이고 합리적인 존재로서, '수단'이 아닌 '목적'으로 서로를 대해야 한다는 원리에 근거한다.[4] 이렇듯 모든 인간을 수단이 아닌 목적으로 대해야 하는 것을 두고, 인간 개개인이 본래적으로 그러한 가치를 지니고 있기 때문인지 아니면 칸트에게 중요한 요소였던 합리성을 지닌 존재이기 때문인지는 논쟁적 이슈가 되지 않는다고 나는 본다.

근대주의가 빠진 오류처럼, 한 인간에게 본질적 가치가 있는지 없는지를 판단하는 객관적 기준을 인간 이성의 합리성에 둔다면 문제가 있다. 정신적 또는 육체적으로 여러 한계를 지닌 사람들의 인간으로서 존엄성과 가치를 폄하할 위험에 빠질 수 있다. 한 인간이 지닌 얼굴 그 자체만으로, 생명을 지닌 존재라는 그 사실 하나만으로 모든 인간의 존 엄성이 인정되고 그 권리가 보장되는 세계가 바로 진정한 의미의 '목적 의 나라'가 되어야 한다. 코즈모폴리터니즘 사상을 잘 드러내는 원리가 타자들에 대한 개방성과 포용의 윤리인데, 칸트의 '목적의 나라' 개념 은 이러한 원리들을 전개하는 데 중요한 전거를 제시한다.

'타자들에 대한 개방성과 포용의 윤리'라는 두 가지 코즈모폴리턴 원리는 코즈모폴리터니즘 사상에서 매우 중요하다. 특히 스토아주의 철 학 이후 코즈모폴리터니즘을 윤리적·정치적 영역 속에 구체적으로 접 목시킨 이마누엘 칸트의 철학에서 이 원리는 좀 더 분명하게 예시된다. 칸트는 1784년에 발표한 글 〈코즈모폴리턴 관점에서 본 보편적 역사를 위한 사상〉에서, 인류라는 종족을 위한 가장 큰 문제는 정의를 보편적 으로 관장할 수 있는 시민사회를 성취하는 일이라고 역설했다.[5] 또한 1795년에 나온 글 〈영구적 평화〉에서는 이 세계에 평화가 영구적으로 정착하는 데 필요한 세 가지 목표, 즉 세계시민의식, 환대에 대한 보편 적 의무, 지구 위에 거주하는 모든 사람들의 평화와 인간의 존엄성을 제

영구적 평화를 위한 목표 3가지

① 세계시민의식
② 환대에 대한 보편적 의무
③ 지구 위에 거주하는 모든 사람의 평화와 인간의 존엄성

시했다.[6] 칸트의 코즈모폴리턴 사상은 현대에 이르러서도 다양한 분야에서 현대 문제들과 접목되면서 논의되고 있다.

칸트는 '목적의 나라' 개념을 통해 정치적 현실에서 구체적으로 실현되기 어려운 윤리적 이상을 지향하고 있다. 그런데 이러한 현실 속에 '실현 불가능성'의 측면이 있다고 해서, 모든 인간을 수단이 아닌 목적 그 자체로 대하라는 윤리적 정언명령의 의미와 중요성이 감소되는 것은 아니다. 오히려 윤리적 정언명령을 통해 우리는 아직 오지 않은 새로운 미래 세계의 공동체를 끊임없이 '기억'하게 된다. 기억이란 지나간 과거만이 아니다. 앞으로 다가올 새로운 세계를 끊임없이 기억해야한다. 미래에 대한 지속적인 기억을 통해 우리는 지금의 세계를 좀 더나은 곳으로 만들고자 하는 변혁에의 열정을 지켜낼 수 있다.

'목적의 나라'라는 윤리적 이상의 기억은, '나'와 '너'의 근원적인 상호연관성에 대한 이해를 강화함으로써 새로운 의미의 '우리 됨(we-ness)'을 증진시키는 데 주요한 기여를 한다. '목적의 나라'라는 이상적 공동체에 대한 이상은 우리의 구체적인 현실 속에서 지속적으로 참고해야 하는 의미를 지니고 있다. 동시에 '우주적 시민사회'의 참모습에 대한 비전을 기억하게 함으로써, 좀 더 나은 세계를 위해 지금의 현실을 개혁하려는 의지와 열정을 유지하게 한다.

칸트는 〈영구적 평화〉에서 '왕과 같은 사람들(kingly people)'이라는 새로운 개념을 소개한다. 칸트의 '왕과 같은 사람들'은 "평등의 법에 의해 자신들 스스로 지배하는" 이들이다.[7] 즉, '왕과 같은 사람들'은 특별한 교육을 받았거나 왕족의 배경을 가져서가 아니라, 그들이 정의를 실천하는 방식에 의해 그렇지 않은 사람들로부터 그들의 독특성이 구분되는 사람들이다. 물론 앞서 논의한 바와 같이, '왕과 같은(kingly)'이라는 메타포는 여전히 남성중심성과 신분적인 위계주의적 가치를 근원적으로 담고 있다. 이처럼 용어의 한계가 있지만, 내용 자체는 매우 중요하다. 평등과 정의에 입각해 스스로를 통치할 수 있는 사람들이야말로 진정한 '왕과 같은 사람들'이라고 했던 칸트의 주장은, 지구 위에 거한다는 사실 하나만으로도 모든 사람들이 인간으로서 권리와 존엄성을 존중받고 존중하는 정의와 평등의 세계야말로 진정한 평화가 가능한 곳임을 보여준다.

칸트의 '목적의 나라'

① 모든 사람을 '수단'이 아닌 '목적' 그 자체로 간주하고 대우하는 세계를 의미
② 지구 위에 거하는 모든 인간은 코스모스에 속한 '동료시민'이라는 인간 이해에 뿌리를 둠
③ 모든 인간이 자유롭고 평등하며 상호의존적이고 합리적인 존재로서 서로를 '목적'으로 대하는 세계를 지향

2. 코즈모폴리턴 정의와 권리:
정치적 실천을 위한 도덕적 나침판

칸트는 프랑스혁명 이전과 이후 12년에 걸쳐 다음의 글 네 편을 통해 코즈모폴리터니즘에 관한 사상을 전개했다. 〈코즈모폴리턴 관점에서 본 보편적 역사를 위한 사상〉(1784)을 시작으로, 〈"이것은 이론적으로는 진실이지만 실제 현실에 적용하지 못한다"는 통상적인 말에 관하여〉(1793), 〈영구적 평화: 철학적 스케치〉(1795년 초판, 1796년 개정판), 〈권리론에 관한 서론〉(1797)은 칸트의 코즈모폴리터니즘 사상을 다각도로 조명하는 중요한 글들이다.[8] 이후 다양한 학자들이 칸트의 코즈모폴리턴 정의와 권리를 차용하고 발전시켜왔다. 현대의 많은 학자와 이론가가 차용하는 코즈모폴리터니즘은, 모든 인간에게 선천적으로 부여된 인간으로서의 존엄성과 평등성 사상에 근거한다. 21세기 현대사회에서 코즈모폴리터니즘은 보편적인 인간의 권리 개념과 연계될 수 있는 인식론적 근거를 마련해주고 있다.

칸트의 '목적의 나라'에 대한 이상과, 세계의 '영구적 평화'를 위한 코즈모폴리턴 조건이 있다. 첫째로 모든 인간이 자유에 대한 자연권을 지니며, 둘째로 그 자유를 실현하고 보존하기 위한 책임성을 지닌다는 것이다. 칸트는 '영구적 평화'라는 개념에서 코즈모폴리턴 가치를 주장한다. 코즈모폴리턴 가치는 모든 개별인의 평등성을 보존하고 확장하는 동시에 특정 지역 공동체의 경계들을 넘어서는 정의에 대한 보편적 의무를 담고 있다. 내가 차용하는 코즈모폴리터니즘은 이러한 칸트의 코즈모폴리턴 권리 개념과 맞닿아 있다. 칸트는 〈영구적 평화〉에서 코즈모폴리턴 권리와 보편적 환대의 의미에 대해 다음과 같이 서술한다.

> 지구의 모든 사람은 각기 다른 차원으로 이 우주적 공동체에 들어왔다. 그리고 이 세계의 어느 '한 곳(one place)'에서 권리의 침해가 일어났을 때 그것은 '모든 곳(everywhere)'에서 느껴진다. 코즈모폴리턴 권리라는 사상은 사실상 단지 환상적이거나 과도한 생각이 아니다. 그것은 정치적이고 국제적인 권리에 관한 불문율이 인류의 보편적인 권리로 변혁되도록 보완하는 데 필요한 것이다. 오직 이 조건 아래서만 우리 인류는 영구적 평화를 향해 지속적으로 전진하고 있다고 말할 수 있다.[9]

칸트는 '지구상에 거주하는 모든 사람들'의 삶이 지닌 상호연관성을 강조한다. 이러한 상호연관성에 근거해 코즈모폴리턴 권리 사상을 현실에서 실현하는 것이 중요함을 역설한다. 그런데 칸트는 〈영구적 평화〉에서 매우 중요한 지점도 제시한다. 그것은 타자에 대한 존중이 어떤 '자선'에 의해 이루어지는 것이 아니라, 인간의 당연한 '권리'로서 이루어져야 한다는 점이다. 여기서 '자선'과 '권리'의 차이를 생각해보자. 자선은 물론 중요하다. 그런데 자선에는 한계가 있다. 자선에는 시혜자와 수혜자 사이에 윤리적 위계(ethical hierarchy)가 설정된다. 자선의 시혜자는 수혜자보다 우월한 위치에 자리한다. 그리고 무엇보다도 자선 행위에는 '왜'라는 근원적인 물음이 부재한다.

반면 정의에 대한 관심은, 표면적으로는 자선 행위와 동일한 행위여도 지금의 현상에 대한 '왜'에 대한 물음으로부터 시작한다. 어느 특정한 사람이나 그룹에 대한 존중이 부재한 상황에서 인간으로서의 권리가 지켜지지 않는 현실에 대해 '왜'라고 물음으로써 근원적인 문제제기를 하는 것이다. 그런데 타자에 대한 존중이 인간으로서 상대방의 당연한 '권리'라고 생각할 때, 그 존중을 하는 사람과 받는 사람 사이에는 그 어떤 윤리적 위계도 설정되지 않는다. 타자에 대한 존중이 자선을 베푸는 것이 아니라, 그 타자들이 인간으로서 지닌 권리라는 인식이 중요한 이유다.

칸트의 코즈모폴리턴 환대나 권리 사상의 기본적인 이해는, 모든 인간은 자신이 가고 싶어 하는 지역에 갈 수 있어야 하며, 그들은 적대가 아닌 환대를 받을 권리가 있다는 것이다. 이러한 코즈모폴리턴 환대 사상은 이 지구 위에 거하는 어느 인간도 다른 인간보다 더 커다란 권리를 지니지 않는다는 인간 이해에 근거한다. 즉, 코즈모폴리턴 환대 개념은 모든 인간의 '존재론적 평등성'에 뿌리를 내리고 있다. 칸트는 이러한 코즈모폴리턴 권리와 환대야말로 나라들 간의 영구적 평화를 이루기 위한 중요한 조건이라고 본다.

이러한 의미에서 칸트는 코즈모폴리터니즘이말로 인류가 발전시킬 수 있는 모든 본래적 역량들을 담고 있는 모체이며, 인류의 업적을 평가

하는 가장 중요한 최고의 척도가 된다고 강조한다. 칸트는 이러한 코즈모폴리터니즘 사상을 통해서 시민사회를 구성하는 모든 나라가 생각해야 할 세 가지 원리, 즉 한 사회의 모든 구성원을 위한 인간으로서 '자유의 원리', 모든 사람이 국민으로서 하나의 공동의 법에 의존하는 '의존성의 원리', 시민으로서 모든 사람의 '법적 평등성의 원리'를 제시한다.[10]

칸트의 코즈모폴리터니즘은 다음과 같은 마르쿠스 아우렐리우스의 코즈모폴리턴 사상과 같은 맥락에 서 있다.

> 한 인간이 이곳에 살든 저곳에 살든 그것은 아무런 차이가 없다.
> 그 사람이 어디에 살든지, 그 사람은 세계의 시민으로서 살아가는 것이다.[11]

아우렐리우스에 따르면, 한 인간이 인류 공동체에 속하는 한 지리적으로 어디에 사는가의 차이는 본질적인 것이 아니다. 칸트의 코즈모폴리터니즘은 이러한 가장 기본적인 인간 평등 원리로부터 출발한다. 이 확장된 인류 공동체의 일원으로서, 그리고 이 세계의 평등한 시민으

코즈모폴리턴 사상에 근거한 사회의 구성 원리 3가지

① 자유의 원리: 구성원들을 위한 인간의 자유
② 의존성의 원리: 모든 국민이 공동의 법에 의존하는 것
③ 법적 평등성의 원리: 모든 시민의 평등성

로서 모든 인간에게 보편적 정의(universal justice)가 보장되고 자유와 권리가 주어져야 한다. 타자에 대한 이러한 인식은 단지 낭만적인 의미가 아니다. 매우 구체적인 사회정치적 의미에서 적용해야 하는 것이다. 그렇게 될 때 코즈모폴리터니즘은 모든 인간의 존재론적 평등성에 대한 적극적인 사회정치적 실현 가능성을 지닌 사상으로 기능한다.

칸트의 코즈모폴리터니즘의 주요한 기본적 전제는 다음과 같이 세 가지로 요약될 수 있다. 첫째, 인간 개개인은 궁극적인 도덕적 관심의 단위를 대변한다. 그리고 인간이 지닌 역량은 보편적 정의의 조건 안에서만 비로소 온전히 발전될 수 있다. 둘째, 보편적 정의를 달성하는 것은 구성원의 국적이나 지엽적인 정치적 소속 또는 출생지와 상관없다. 오직 인간이라는 사실 하나에 근거한 코즈모폴리턴 시민사회의 좀 더 광범위한 구성을 필요로 한다. 셋째, 코즈모폴리턴 법의 유일한 관심은, 보편적 정의의 모체를 확립하고 코즈모폴리턴 법을 제정하는 기본적인 규범적 원리들을 형성하는 데 있다.

칸트의 코즈모폴리터니즘이 지닌 주요한 의미는, 칸트 시대에 부상하던 민족주의를 넘어 계몽주의의 가장 중요한 전통인 적극적 의미의 보편주의(universalism)를 확산하려 했다는 점이다. 칸트로부터 촉발된 '코즈모폴리턴 권리' 개념은 서양에서 발전되어온 '인권'과 '우주시민권(cosmic citizenship)'에 관심을 둔다. 지구화 이후 이러한 칸트의 코즈모폴리턴 정의와 권리의 개념은 다양한 학자들에게 다시 주목받기 시작했다. 코즈모폴리터니즘이 현대사회가 직면한 이주민들, 이주 노동자들, 난민들, 국적 없는 이들, 망명자들 등의 문제를 다루는 데 주요한 지침을 제시하고 있기 때문이다. 따라서 개별 국가들의 지리적 경계를 넘어 발생하는 현대의 다양한 이슈를 해결할 방안을 모색하는 데 코즈모폴리터니즘은 중요한 '도덕적 나침판'의 의미가 있다고 할 수 있다.

여러 분야의 전문가들이 예측한 바에 따르면,[12] 현재 우리가 경험하는 다양한 차원의 세계정치적 또는 세계경제적 불평등과 불의의 정도는 50~100년 전의 세계가 경험한 것보다 훨씬 심각하며, 그 불평등의 문제는 미래에 더욱 심각해질 것이다. 지식의 증가가 인류의 진보를 이루는 데 필수적이라고 보았던 존 로크(John Locke)나 볼테르(Voltaire) 같은 계몽주의 철학자들과 달리, 칸트는 지식의 증가 자체가 인류의 진보를 자동적으로 가져오지는 않는다고 보았다. 오히려 그 지식이 적절한 목적을 이루는 데 쓰일 때만 인류에게 중요한 구속적 의미가 되고, 힘을 부여하는 의미가 될 것임을 강조했다.[13] 인간이 가진 지식 자체가 아니라, 그 지식이 어떻게 쓰이고 어떤 목적을 이루는 데 기여하는지로만 그 지식의 적절성을 말할 수 있다는 것이다.

이러한 맥락에서 볼 때, 칸트는 비록 지금 우리가 쓰는 의미의 '세계화'라는 용어를 쓰지는 않았지만, 세계화의 정황에 대해 중요한 통찰을 제시한다. 즉, 그는 이미 세계가 점차적으로 긴밀한 상호연관성의 방식으로 구성될 것이라는 점, 그리고 결국은 '코즈모폴리턴 정황'을 만들어가게 될 것임을 역설한 것이다. 코즈모폴리터니즘이라는 '지식'이 어떤 목적을 이루는 데 쓰일 가능성을 보는 것은 매우 중요하다. 오늘날과 같은 세계에서 평화를 영구적으로 보존하려면 한 나라의 배타적인 민족주의가 아니라, 이 지구 위에 거하는 모든 이들의 존엄성·정의·권리를 존중하고 지켜내는 코즈모폴리턴적 삶의 방식이 요청된다.

그런데 이러한 지구적 상호연관성에 대한 칸트의 강조에는 특이한 점이 있다. 상호연관성의 강조를 세계화의 경험이라는 경험주의적 근거에 의존하지 않고, 상호연관성을 '자연의 의도' 또는 '섭리'로까지 본 점이다. 물론 칸트의 '자연의 의도'에 대한 개념은 지나치게 기계적인 것이라는 비판을 받기도 한다. 그러나 세계화 시대에 우리가 경험하는 상호의존적 상황은, 그것이 긍정적이든 부정적이든 더 이상 회피할 수 없는 인식이다. 다양한 불의와 불평등의 문제, 인권 유린과 기아 문제, 기후변화가 가져오는 심각한 문제 앞에서 어떻게 정의와 인권, 평등과 평화를 확산하고 강화시킬 수 있는가라는 과제와 당면한 21세기의 우리들에게 칸트의 상호의존성 강조는 시사하는 바가 크다.

칸트가 제시하고 지향한 이상적 세계와 인간에 대한 이해는 물론 현실 세계와 커다란 거리가 존재한다. 그러나 칸트가 제시하는 코즈모폴리턴 권리와 정의의 개념은, 어느 특정한 개인이나 국가에 의해 자행되는 인권 유린의 현실에서 국가 간 경계를 초월한 인도주의적 개입을 정당화할 수 있는 주요한 전거를 제시해준다. 칸트의 코즈모폴리턴 권리는 모든 개별인이 세계의 시민으로서 권리를 지닌다는 원리에 의해 형성된다. 그리고 이러한 인간으로서의 권리는 국가의 실정법 '위에(above)', 그 실정법을 '넘어(beyond)' 존재한다. 이러한 맥락에서 칸트는 "코즈모폴리턴 권리는 보편적 환대의 조건으로 제한되어야 하며", "그 누구도 이 지구의 다른 사람보다 더 큰 권리를 지니지 않는다"고 강조한다.[14]

칸트의 코즈모폴리터니즘은, 칸트가 당시 부상하던 민족—국가주의에 대항하며 계몽주의 전통의 보편주의를 인류를 향한 권리와 환대의 정신으로 만들었다는 점에서 의미가 있다. 근대의 보편주의가 구체적인 인간의 정황을 반영하지 않는 단지 '추상적인 이상'일 뿐이라는 비판과 한계성을 넘어, 칸트는 국가의 주권과 민족주의가 계몽주의의 보편주의 이상과 조화를 이루도록 하는 가히 혁명적인 시도를 했다고 볼 수 있다.[15]

여기에서 과연 '권리'가 무엇인가는 자명하지 않다. 매우 복잡한 개념이다. 권리는 시대나 구체적인 역사적 정황에 따라 매우 다르게 이해되고 적용되었기 때문이다. 예를 들어 16~17세기 서구에서 인간의 권리에 대해 사람들이 논의할 때, 그것은 기독교인들과 연계되어 이해되었다. 반면 18세기에는 국가의 시민권과 연계되어 논의되었다. 이러한 권리 개념이 '인류'라는 보편적 장에서 논의되기 시작한 것은 제2차 세계대전 이후부터다.[16] 코즈모폴리턴 권리는 서구가 '추상적인 보편주의' 개념과 함께 정당화해온 식민주의 역사를 망각하지 않으면서, 추상적이 아닌 개별적인 인간 한 사람 한 사람으로부터 출발하는 '인간의 권리'와 '우주적 시민권'이라는 두 가지 중요한 가치를 함께 부각시킨다.

또한 21세기에 코즈모폴리턴 권리를 논의하면서 우리가 분명히 기억해야 하는 것은, 스토아주의나 칸트주의 코즈모폴리터니즘이 현시대에 우리가 중요한 분석적 틀로 수용하는 젠더, 인종, 섹슈얼리티 문제를 포괄적으로 포용하는 의미의 복합적 코즈모폴리터니즘으로 등장했던 것은 아니라는 점이다. 그러나 '모든' 이들에게 적용되어야 할 보편적 환대와 코즈모폴리턴 권리에 대한 이상은, 현대사회가 대면하는 다양한 권리 문제들을 해결하는 데 원리적으로 주요한 단서를 마련해주고 있다.

3. 칸트와 함께
칸트를 넘어서 사유하기

인류의 역사에 등장한 이른바 위대한 사상가들의 삶과 다양한 측면들을 파헤쳐가다 보면, 거의 예외 없이 그들의 '어두운 이면'들과 만나곤 한다. 예를 들어 인류 역사에 등장한 무수한 사상가들의 남성

중심성과 여성혐오 사상은 이제 놀라운 일이 아니다. 칸트 역시 예외는 아니었다. 칸트는 인간의 합리성을 인간을 구성하는 가장 중요한 핵심적 특성으로 생각했다. 그런데 여성은 그러한 인간으로서의 규범적 특성인 합리성을 보유한 존재가 아니라고 생각했다. 이러한 칸트의 남성 중심적 사유방식은 이미 많이 알려져 있다. 그래서 내가 칸트의 글들을 다양하게 접하며 마주해야 했던 심각한 딜레마 중 하나는, 오히려 별로 알려지지 않았던 그의 인종적 편견과 차별적 사유방식이었다.

코즈모폴리턴 권리라는 개념을 설파했던 위대한 사상적 사유 이면에, 그러한 '위대성'과 상충하는 또 다른 사상적 줄기와 마주했을 때 느끼게 된 실망의 무게는 더욱 무겁다. 어쩌면 우리 속에 '순수성'에 대한 욕구가 강하게 자리 잡고 있어서인지도 모른다. 그런데 인간의 이러한 '순수성에 대한 욕구'가 부정적으로 작동되는 경우는 많다. 예를 들어 게르만 민족의 '순수성'을 지켜내려 했던 나치가 그랬고, 인종차별과 같은 다양한 차별주의의 근저에는 이러한 '순수성에의 욕구'가 자리 잡아왔다. 이러한 '순수성'을 이유로 나치는 물론 남아프리카의 인종차별 정부에서, 그리고 1967년 이전의 미국에서도 각기 다른 인종 간의 결혼은 불법화되었다. 다른 인종 간 결혼금지법의 이면에는 주류에 속한 사람들이 자신들의 '순수성'을 외부의 '오염'으로부터 지켜내겠다는 '순수성에 대한 욕구'가 강력하게 자리 잡고 있다.

그런데 우리 역시 대부분 이러한 순수성에 대한 갈망을 내면화하고 있다. 그래서 누군가에 대해 '완전한 순수성'을 기대하고 그 기대를 작동시키곤 한다. 칸트와 같은 사상가의 상충적인 사유방식과 대면할 때도 이러한 순수성에 대한 욕구와 기대가 작동한다. 칸트는 그의 코즈모폴리턴 정의·환대·권리와 같은 중요한 사상을 통해서 세계의 영구적 평화에 대한 염원을 사회정치적으로 구체화하려는 다양한 노력의 근거를 제시했다. 세계를 좀 더 나은 곳으로 만드는 철학적 비전과 인식론적 토대를 제시했다는 점에서 이는 매우 중요한 기여다. 그런데 그 칸트는 지독한 인종적 편견이 있었다. 이 지독한 패러독스를 어떻게 이해해야 하는가.

아프리카의 철학자 이매뉴얼 에제(Emmanuel C. Eze)는 흄(David Hume), 칸트, 헤겔(Georg Hegel)과 같은 18세기 서양 철학자들의 인종에 관한 의식이 담긴 글들을 면밀히 분석했다. 에제의 이러한 분석에 따르면, 이들 철학자가 의식적 또는 무의식적으로 지닌 '백인유럽중심주의'는 유럽의 식민주의를 정당화하는 데 사용되어왔다.[17] 칸트는 '흑인(Negroes)'과 '백인(Whites)'을 가장 기본적인 인종으로 전제했다. 그리고 인류의 인종을 백인종, 흑인종, 황인종(몽골족 또는 칼무키안[Kalmuckian] 인종), 힌두인종의 네 가지 범주로 나누었다. 또한 인종들을 그들이 태어난 지리적 조건들과 연결시키는 '인간 지리학(human geography)'을 구성했다.

칸트의 인간 지리학에 따르면, 습기 차고 더운 지역은 동물들이 성장하는 데 좋은 조건이지만 인간이 살기에는 좋지 않다. 이러한 지리적 조건들 속에서 살아가는 인간은 동물처럼 강하고 육체적인 노동에만 적합할 뿐이다. 습기 차고 더운 지역에서 인간이 살게 되면 모든 흑인들처럼 지독한 냄새가 나고, 게으르며, 지적 능력이 결여되기 때문에 노예제도와 같은 제도들을 통해 왕의 통치를 받아야 한다고 보았다.[18] 나아가 칸트는 가장 완벽하고 이상적인 인종을 독일인이라고 주장했다. 독일인이야말로 숭고함과 아름다움을 조화롭게 겸비한 인종이라는 것이다.[19] 칸트의 이러한 독일인종 우월주의는 독일 민족에 대한 나치의 맹목적 찬사와 유사한 입장을 드러낸다. 칸트는 다음과 같이 주장하기도 했다.

> 더운 나라에서는 인간의 모든 측면들이 조숙하지만, 그 열기로 인해 완벽에 이르는 성숙을 이룰 수 없다. 인류의 가장 위대한 완벽성은 백인종에게서 이루어진다. 황인 인디언들은 미약한 재능만을 지니고 있다. 니그로는 그 황인 인디언들보다 한참 밑이며, 인종들 중 가장 밑바닥에는 아메리칸 원주민들이 있다.[20]

칸트의 '인간 지리학'은 인종을 그들의 지리적 자연조건과 연결시킨다. 그리고 이러한 인간 지리학은 칸트가 지닌 인종적 편견의 이론적 근거가 되었다. 칸트의 이러한 인종적 편견은 '모든' 인간을 끌어안는 자신의 코즈모폴리턴 사상과 존재론적으로 상충하는 결정적 오점을 남겼다. 칸트의 '인간 지리학' 논지는 인간만이 아니라 동물에게도 적용된다. 칸트에 따르면 "유럽으로부터 아프리카로 가져온 모든 개들은 점점 멍청해지고 뻔뻔스러워지며 계속 비슷한 새끼들을 생산하게 된다."[21] 칸트는 이렇게 자신의 '인간 지리학'을 '동물 지리학'으로까지 확장한다. 이러한 칸트의 논지에 따르면 '지리는 운명이다'라는 논지로 이어질 수밖에 없다.

칸트의 제자였던 요한 헤더(Johann Gottfried von Heder)는 그의 책《인류역사 철학에 대한 생각》에서 칸트가 피부색을 근거로 인종을 분리한 것을 비판했다. 헤더에 따르면 각 문화는 그 자체로 독특한 미와 가치가 있다. 그렇기에 어떠한 특정 문화가 다른 문화보다 우월하거나 열등한 것으로 간주되어서는 안 된다. 이러한 이해에 근거해 헤더는 칸트의 문화적 편견에 대해서도 문제제기를 한다. 칸트는 이후 헤더의 책에 대한 논평에서 헤더에게 반론을 제기한다. 이 '칸트-헤더 논쟁'은 18세기 독일 지성사에서 가장 생동적인 공적·지성적 논쟁이었다는 평가를 받기도 한다.[22]

학자들은 인간 지리학에 대한 칸트의 주장이 '새로운 것'이나 특별히 '지리적인 것'도 아니며, 그 형식과 내용에서 몽테스키외(C. Montesquieu)의 주장과 거의 일치한다고 간주한다.[23] 지리학에 대한 칸트의 열정은 1763~1764년에 칸트의 강의를 기록한 한 학생의 강의 노트에서 발견할 수 있다. 칸트는 자연 지리학(physical geography)이 "발견되지 않은 미개인들을 발견하게 하는 도덕의 스승, 정치 지리학의 도구, 자연 역사의 요약이며, 이론 물리학으로 가는 열쇠, 신학으로 가는 열쇠, 깨달음을 주는 만족을 가져온다"[24]고 생각했다.

칸트는 일생 동안, 자신이 태어나서 자라고 일했던 쾨니히스베르크(Königsberg)를 떠나 여행해본 적이 없다. 그런데도 지리학에 상당한 흥미를 가지고 있었음에 틀림없다. 칸트는 대학에서 72개 종류의 과목을 가르쳤다. 그중 논리학은 54번, 형이상학은 49번, 지리학은 48번, 도덕 철학은 28번, 인류학은 24번, 이론 물리학은 20번 가르쳤다. 대학에서 강의 과목 수를 줄이려 할 때도 칸트는 지리학 과목을 포기하지 않았다. 칸트는 쾨니히스베르크대학에서 1756년에 처음 지리학을 가르치기 시작한 이후 1797년 은퇴할 때까지 40여 년간 지리학을 가르쳤다.[25]

칸트가 개설해 강의한 과목들을 보면, 인종과 그것의 생물학적·지리학적·문화적 연계성에 대한 칸트의 관심은 다른 철학적 이슈들만큼이나 상당히 진지한 것으로 보인다. 칸트는 자연에 대한 연구인 지리학, 그리고 인간에 대한 연구인 인류학이 세계에 대한 지식 체계의 주요 측면을 이룬다고 보았다. 그리고 이 두 분야는 학교를 위해서만이 아니라 삶 자체를 위해 매우 유용하다고 보았다.[26] 당시 그의 지리학 과목에서는 공식적인 교과서조차 없었다. 따라서 그 과목은 '관례적인 통제'의 대상에서 제외되는 예외적 경우가 되기도 했다. 교육부 장관은 이 예외적 경우를 허용한 이유로 "칸트 교수의 자연 지리학 과목이 이미 널리 알려져 있고, 또한 아직 이 주제에 대한 적절한 교재가 없다는 것도 잘 알려진 사실이기에" 이 과목에 대한 관례적인 검증은 하지 않을 것임을 밝히는 결정을 공식 발표하기도 했다.[27]

칸트는 적절한 교재가 없음에도 지리학 과목을 그렇게 오랫동안 강의했다. 이 사실을 보면 지리학에 대한 칸트의 열정은 대단했던 것 같다. 그런데 철학자들은 '지리학'에 대한 칸트의 열정을 그다지 달가워

하지는 않았던 것 같다. 칸트를 연구하는 학자들 중 칸트가 지리학에 부여한 의미들에 대해 관심을 두는 이들이 별로 없었다. 특히 그의 자연 지리학과 연계된 인종 문제에 대해 언급하는 철학자들을 발견하기란 쉽지 않다. 오히려 지리학자들은 지리학에 대한 칸트의 관심을 인정한다. 반면 철학자들은 지리학에 대한 칸트의 이해가 부적절하다고 보면서 별로 관심을 두지 않는 듯하다. 칸트의 다른 저서들이 대부분 오래전에 영어로 번역된 반면 그의 책《자연 지리학(Physical Geography)》은 부분적으로만 번역되어 있을 뿐, 최근까지 책 전체가 번역되지 않았다는 사실은 시사하는 바가 크다. 이 책은 2012년이 되어서야 비로소 전체가 영어로 번역되었다.[28]

　칸트의 철학적 인간학을 주요하게 생각하는 하이데거(Martin Heidegger)나 푸코와 같은 학자들도, 칸트의 인종 문제는 언급하지 않는다. 하다못해《칸트 사전》에도 '인종(race)'이라는 표제어가 없다.[29] 칸트를 학위논문의 주제로 다룬 미셸 푸코도 칸트의 인종적 편견 문제에 대해서는 언급하지 않는다. 푸코가 칸트의 인종 문제에 대해 의도적으로 생략했는지, 아니면 알지 못했는지는 알 수 없다. 그런데 이러한 '생략' 또는 '의도적 무지'는 푸코만이 아니라, 칸트를 다룬 전문서들에도 나타난다. 예를 들어 서른여섯 장으로 구성된《칸트 컴패니언》에도 칸트의 인종 문제나 인간 지리학을 다루는 장은 하나도 없다. 또한 영국의 케임브리지대학교 출판사에서 나온 칸트 전문서인《칸트와 근대철학 케임브리지 컴패니언》도 열여덟 장으로 구성된 720쪽의 방대한 책이지

만, 칸트의 인종 문제를 다루는 장은 없다.[30]

　　한편 칸트는 세계의 영구적 평화를 위한 '도덕적 나침판'으로서 코즈모폴리터니즘을 새로운 사회정치적 구상으로 제시했다. 그러나 다른 한편으로는 백인, 특히 독일인을 가장 우월한 인종으로, 흑인을 열등한 인종이라고 주장했다. 이러한 칸트의 인간 지리학과 코즈모폴리터니즘은 양립 불가능한 것으로 보이기도 한다. 일련의 학자들은 칸트의 백인유럽중심주의를 칸트의 코즈모폴리터니즘에 대한 비판의 근거로 삼는다. 그리고 코즈모폴리터니즘을 "서구의 권력을 이상화하고 비서구적 타자들을 인류의 적 그 자체로 만들기 위한 의도를 감춘 가면"이라고도 비판한다.[31] 이러한 정황만 보자면, 인종과 그 인종에 연계된 지리적 조건을 둘러싼 칸트의 지식은 개인적·제도적 차원에서 벌어지는 인종차별을 '자연적인 것'으로 보게 한다. 결과적으로 인종차별주의를 자연화하고 영속화하고 확산시킬 수도 있다. 이러한 칸트의 인종차별적 관점을 접하는 이들은 그의 코즈모폴리턴 사상을 어떻게 생각해야 하는가에 대해 고민하지 않을 수 없다.

　　여기서 우리가 생각해야 할 것이 있다. 인간은 그 자신 속에 다양한 상충적 요소들을 담고 있다는 사실이다. 그리고 인간에 대한 복합적 이해는 한 개인만이 아니라 그가 속한 시대적 정황 속에서도 읽혀야 한다는 것이다. 역사 속에는 지독한 여성혐오와 여성열등 사상을 지닌 '위대한' 사상가가 많다. 또한 인종차별에 대해서는 매우 진보적인 사유를 하면서 성차별을 정당화하는 진보적 인권운동가도 있다. 반대로 성차별만을 가장 주요한 의제로 보면서 인종차별이나 서구중심적 사유 방식의 문제는 보지 못하는 페미니스트도 많다. 자신들 속에 상이한 인식론적 사각지대를 가지고 상충적인 인식 체계를 지닌 이들은 무수하게 많다는 것이다. 따라서 중요한 것은 그들의 이론이 어떤 유효성을 지닌 분석적 도구로 쓰일 수 있는가를 판가름하는 일이다. 즉, 그 이론이 무엇에 기여하며, 동시에 무엇이 한계인지 복합적으로 조명하면서 유용한 것을 차용할 필요가 있다.

칸트의 사상적 패러독스는, 이미 16세기부터 서서히 형성되기 시작한 추상적 보편주의의 문제와 한계를 드러내는 것이라고 할 수 있다. 사람들의 구체적인 일상적 삶에 깊게 뿌리내리지 않은 '위로부터의 보편주의'가 근대의 거대 담론으로서 한계를 드러내는 것과 유사한 맥락이다. 결국 문화적·인종적 편견을 지닌 칸트의 코즈모폴리터니즘의 의미를 현대 세계의 구체적 정황에 적용하기 위해서는 새로운 접근 방식이 요청된다. 바로 '칸트와 함께 칸트를 넘어서(thinking with Kant against Kant)'이다. 이 접근 방식은 칸트의 코즈모폴리터니즘 사상을 수용하는 동시에, 그의 인종차별주의적 사유방식을 예리하게 비판하는 것을 가능하게 한다.

칸트는 개인적으로 인종차별주의자가 아니었을 수도 있다. 그러나 인종에 대한 그의 편견적 이론은, 여전히 인종차별적 의식을 정당화하는 것으로 사용될 수 있는 근거를 제시한다는 점에서 위험하다. 이러한 정황에서 '칸트와 함께 칸트를 넘어서'라는 접근 방식은 매우 중요하다. 칸트와 '함께' 칸트의 코즈모폴리턴 사상을 생각하는 동시에, 칸트의 백인유럽중심주의를 '넘어서' 코즈모폴리터니즘을 더욱더 복합화할 필요가 있다. 이를 위해 탈식민주의적 사유방식의 비판성과 코즈모폴리터니즘의 역사적 분기점을 끊임없이 새롭게 만들어가야 한다는 과제에 대한 책임성이 무엇보다도 요청된다.

칸트주의 코즈모폴리터니즘의 중요한 유산을 거시적 정황에서 보자면 '환대에의 보편적 권리(the right to universial hospitality)', '인류에 대한 범죄(crime against humanity)', '권리를 가질 권리(the right to have rights)'라고 할 수 있다. 이러한 칸트주의 코즈모폴리터니즘은, 소속된 국가가 없는 사람들에게도 권리가 주어져야 한다는 '권리를 가질 권리' 개념을 구성한 한나 아렌트(Hannah Arendt)와 카를 야스퍼스(Karl Jaspers)의 코즈모폴리턴 사상이 확장되는 데 인식론적 토대를 마련하기도 했다. 칸트의 여러 한계에도 불구하고, 칸트의 코즈모폴리터니즘은 이렇듯 중요한 유산을 남겼다. 그 유산을 21세기를 살아가는 우리가 구체적인 현실 세계를 좀 더 나은 세계로 만드는 데 사용하는 것이 중요하다.

칸트주의 코즈모폴리터니즘의 유산 3가지

① 환대에의 보편적 권리
② 인류에 대한 범죄
③ 권리를 가질 권리

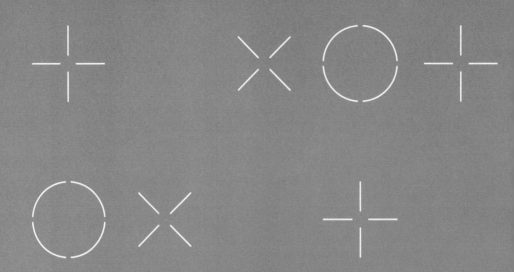

6장

코즈모폴리턴 정의와 정치

무관심은 '인류에 대한 범죄'의 시작이다.
_자크 데리다[1]

1. '동료인간' 의식과
제노사이드

만약 이 세계 곳곳에 사는 사람들이 자신과 국적이나 피부색이 다른 사람들을 '동료인간(fellow human)'으로 또는 '동료시민(fellow citizen)'으로 생각하고 대한다면, 이 세계는 어떻게 될까. 갖가지 분쟁과 폭력이 멈추지 않는 지금의 현실 세계와는 참으로 다를 것이다. 또한 타자가 다양한 종류의 억압을 경험하게 될 때, 그들의 고통과 억압에 반응하는 나·우리의 자세도 다를 것이다. 그 억압이 나·우리와 상관없이 존재하는 여성에 대한 억압, 흑인에 대한 억압, 이슬람교도에 대한 억압, 유대인에 대한 억압, 장애인에 대한 억압, 성소수자에 대한 억압, 난민이나 미등록 이주자에 대한 억압만이 아니라, '인류에 대한 억압'이라고 느낄 수 있게 된다. 그러한 다양한 종류의 억압이란 결국 내가 포함된 인간으로서의 존재에 대한 억압이며 혐오이기 때문이다. 내가 타자를 어떠한 존재로 보는가에 따라서, 나 아닌 다른 사람에게 벌어지는 일에 대한 나의 태도는 달라지게 된다.

모든 사람이 동료인간이라는 의식을 가지게 될 때, 나치가 유대인·집시·노숙인·동성애자 들을 박해하고 죽이는 것은 단지 '너·그들'에게만 국한되는 문제가 아니라 '나·우리'에게도 일어나는, 즉 온 인류의 존재를 위협하는 문제가 된다. 유대인들을 말살하기로 결정한 문서인 이른바 〈최종 해결(Final Resolution)〉 이후 나치는 당시 약 900만 명이었던 유럽 유대인들 중 3분의 2에 해당되는 600만 명을 죽였다. 그중 어린이는 100만 명, 여성은 200만 명, 남성은 300만 명이었다. 또한 병원에 있던 정신적·육체적 장애인 20만 명을 '안락사 프로그램'을 통해 죽였고, 집시 20만 명, 폴란드인이나 러시아인과 같은 인종적 소수자들, 공산주의자들이나 사회주의자들, 여호와의 증인들, 남성 동성애자들 등 무수한 이들을 학살했다.[2]

나치는 동성애를 섹슈얼리티에 대한 윤리적 또는 종교적 기준이 아니라 인종적 번식의 측면에서 평가했다. 남성 동성애자인 게이(gay)들을 독일의 출산 잠재성을 감소시키는 인종적 위협으로 범주화했다. 반면 여성 동성애자인 레즈비언(lesbian)은 나치의 인종 정책에 위협이 되지는 않는다고 보았기에(당시에는 남성의 '정자'를 출산의 우선 조건으로 보았다) 레즈비언이나 비독일인 게이는 박해 대상이 되지 않았다. 그러나 그 비독일인 게이가 독일인 게이와 관계를 맺었을 경우는 처벌을 당했다.

나치는 독일인 남성 동성애자들이 인종적 의식을 바로잡고 생활 방식을 바꾸도록 '인종 공동체(racial community)'로 보내기도 했다.[3] 나치는 남성 동성애자들의 성적 지향이 적절한 교육과 훈련을 통해서 바뀔 수 있다고 보았으며, 그들을 '반(反)사회적'으로 보았다. 그러나 사회의 하부적 존재(sub-social)로 범주화하지 않았다. 나치 당시에는 동성애가 태어날 때부터 지닌 '성적 지향'이라는 복합적인 이해가 없었다. 따라서 훈련이나 교육을 통해 바꿀 수 있는 한 개인의 선택이나 습관의 문제라고 보았다. 이러한 이유에서 '부적절한 선택'을 한 동성애자를 독일 민족의 확장을 가로막는 '반사회적' 존재로 규정한 것이다.

한 민족·종족·인종에 대한 집단학살이라는 의미의 '제노사이드(genocide)' 개념이 등장한 것은 제2차 세계대전 이후다. 이 개념을 처음 만들고, 1948년에 유엔이 '제노사이드 협약(Convention on Genocide)'을 제정하도록 한 사람은 라파엘 램킨(Rafael Ramkin)이다.[4] 폴란드 유대인이자 변호사로서 나치주의로부터 망명자였던 램킨은, 제노사이드를 국제적 범죄로 인식하도록 만들었다. 그뿐 아니라 제노사이드를 특정한 전쟁 시기만이 아니라 평화 시기에도 적용하는 국제적 범죄로 인식되도록 하는 데 중요한 공헌을 했다. 램킨의 세밀한 분석에 따르면, 포로가 된 사람들에 대한 제노사이드는 여덟 가지 영역, 즉 정치적 영역, 사회적 영역, 문화적 영역, 경제적 영역, 생물학적 영역, 육체적 실존의 영역, 종교적 영역, 도덕성의 영역에서 이루어질 수 있다.[5]

제노사이드에 대한 램킨의 분석을 구체적으로 살펴보자. 첫째, 정치적 영역의 제노사이드는 대상이 되는 사람들이 주체적으로 자기주권을 행사할 수 있는 정부나 행정적 구조들을 말살하는 것으로 시작된다. 그리고 그 자리를 식민 통치자들의 행정적 체제로 대체한다. 예를 들어 2차 대전에서 독일 유대인들에 대한 정치 영역의 제노사이드는 모든 것을 독일식의 행정적 구조들로 대체한 경우다. 또한 식민주의 시대에 식민 종주국이 식민지의 모든 정부와 행정 조직을 없애버리고 자신의 것으로 대체하는 경우다. 둘째, 사회적 영역의 제노사이드는 집단학살의 대상이 되는 사회에서 그들의 응집력을 만들어낼 수 있는 요소들을 제거하는 것이다. 예를 들어 그 사회에서 영적·정신적 지도력을 지닌 지도자들이나 지식인들을 죽인다. 이러한 말살을 통해 사람들이 그 어떤 도덕적 또는 종교적 구심점이 될 수 있는 힘도 받지 못하게 하는 것이다.

셋째, 문화적 영역의 제노사이드는 다양한 문화적 조직이나 활동을 금지·파괴하는 동시에 인문주의적 사유를 하지 못하도록 '예술 교육'을 '직업 교육'으로 바꾸는 것이다. 인문학적 사유가 자신들의 고유한 민족적 정체성에 관심을 갖도록 만들기 때문에 인문학적 사유를 하게 만드는 예술 교육은 위험하다고 본다. 인문학적 사유는 근원적인 질문과 비판적 사유를 유도하는 것이기에 위험한 것이다. 넷째, 경제적 영역의 제노사이드는 나치 시대에 유대인들의 재산을 독일인들에게 돌리는 것이다. 이러한 경제적 영역의 제노사이드는 단지 재산만의 문제가 아니다. 독일제일주의에 도움이 되지 않는 유대인들이 그 자산을 가지고 다양한 무역 활동 등을 하지 못하도록 막기 위한 조치이기도 하다. 이러한 경제적 제노사이드는 식민 종주국이 식민지인들에게 가하는 말살 정책의 하나다. 그들을 경제적 무력자로 만들면서, 식민 종주국에 의존해야만 생존할 수 있는 구조를 만드는 것이다.

다섯째, 생물학적 영역의 제노사이드는 독일이 점령국에서 비독일인들의 인구 감소 정책을 촉진하면서 독일인들의 인구 증가는 적극적으로 장려하는 방식으로 진행된다. 비독일인들을 수적 소수로 만들고, 후손이 점점 사라지게 만드는 말살 정책인 것이다. 여섯째, 육체적 실존 영역의 제노사이드는 독일 점령국들에서 유대인, 폴란드인, 러시아인 등과 같은 비독일인들을 기아 상태로 몰아넣는 식품 배급제도나 대량 살해 등을 통해 이루어진다. 육체적으로 생존하지 못하도록 노골적인 말살을 진행하는 것이다.

일곱째, 종교적 영역의 제노사이드는 종교적 지도력뿐 아니라 민족적 지도력을 제공하는 데 중요한 역할을 하는 종교 공동체들이나 여타의 종교적 활동을 간섭·제한하는 방식으로 나타난다. 마지막으로 여덟째, 도덕성의 영역의 제노사이드는 포르노그래피의 출판과 영화, 알코올을 과도하게 섭취하는 분위기를 의도적으로 양산해 정신을 말살하려는 것이다. 이는 집단의 도덕적 타락과 황폐화를 만들어내는 시도들에 의해 이루어진다. 정신세계의 말살은 결국 인간 됨을 말살하는 기능을 하게 된다.

이렇게 제노사이드가 여덟 가지 방식으로 진행된다고 본 램킨의

제노사이드의 영역 8가지

① 정치적 영역
② 사회적 영역
③ 문화적 영역
④ 경제적 영역
⑤ 생물학적 영역
⑥ 육체적 실존의 영역
⑦ 종교적 영역
⑧ 도덕성의 영역

복합적인 분석은, 제노사이드를 매우 포괄적으로 이해하는 데 중요한 측면들을 보여준다. 제노사이드는 직접적이고 가시적인 학살을 통해서만이 아니라, 때로는 매우 은밀한 방식으로 치밀하게 이 삶의 모든 영역에서 그 말살이 진행될 수 있다는 것이다. 이러한 램킨의 논리적 분석에 의하면, 제노사이드는 한 민족이나 인종에 대한 대량학살과 파괴만이 아니다. 그들의 존재 자체를 제거하기 위해 특정 민족이나 인종에 속한 사람들의 삶에서 가장 근원적인 토대들을 다양한 방식으로 파괴하는 것이다. 이러한 제노사이드는 "억압된 그룹의 민족적 삶의 방식의 파괴와 억압자들의 민족적 삶의 방식의 강제적 시행"을 의미한다.[6]

이러한 맥락에서 보자면, 제노사이드는 '동질성의 정치학'에 그 근거를 두고 있다. 즉, '우리·나'와 상이한 것은 단지 차이가 있다는 뜻만이 아니다. '잘못된 것'이고, 더 나아가 '나쁜 것'이다. 따라서 상이성을 지닌 사람들을 공존의 대상이 아닌 제거의 대상으로 간주하게 된다. 타자와의 관계에서 "오직 내 속에 있는 것만"을 받아들이는 '동질성의 실행(exercise of sameness)'은 이러한 '동질성의 정치학'에 의해 정당화되고 지속된다.[7] '동질성의 정치학'은 동시에 '우리−그들'을 상충적인 도식으로 이해하면서 적대화하는 '이분법적 사유의 억압'으로 귀결되곤 한다.

'우리−그들'을 이분법적 사유방식 속에서 접근하게 될 때, 이것이 억압적이 되는 이유가 있다. 우리와 다른 '그들'에 대한 차별과 배제, 그리고 증오와 파괴를 낳는 억압들과 횡포들을 정당화하는 인식론적 단서가 되기 때문이다. 따라서 제노사이드를 해체하는 것은 인간끼리의 동질성을 넘어 다양성의 가치와 의미에 대해 인식하는 것이다. 램킨은 다양한 민족과 국가가 지닌 상이성의 가치를 인정하고 수용하는 것이 제노사이드를 사라지게 하는 데 얼마나 중요한지에 대해 다음과 같이 강조한다.

> 우리의 문화유산들은 사실상 모든 나라와 민족의 기여들을 통해서 형성되었다. 만약 독일에 의하여 파멸을 당한 유대인과 같은 사람들이 성서를 만들거나, 아인슈타인과 스피노자 같은 사람들을 배출하지 않았다면, 폴란드인들이 코페르니쿠스, 쇼팽, 퀴리와 같은 사람들을 이 세계에 배출하지 않았다면, 체코인들이 후스나 드보르작을, 그리스인들이 플라톤이나 소크라테스를, 러시아인들이 톨스토이나 쇼스타코비치와 같은 이들을 낳지 않았다면 우리의 문화가 얼마나 황폐화되었을

것인가를 알아차릴 때, 다양한 민족과 나라의 상이성들이 인류의 문화 형성에 지대한 공헌을 했다는 것을 이해하게 된다.[8]

램킨의 글의 배경이 되는 것은 유럽이기에, 그가 전제하는 '우리'란 유럽을 지칭한다. 그러나 그의 논리는 유럽을 넘어 다양한 민족과 문화에도 적용될 수 있다. 문제는 이러한 제노사이드가 지나간 과거의 일만이 아니라, 21세기가 된 지금도 다양한 방식으로 진행되고 있다는 것이다. 성소수자, 난민, 미등록 이주민 등 다양한 소수자들에 대한 폭력과 혐오는 '은밀한 제노사이드'와 같이 무수한 사람들의 삶을 말살시키고 있다. 우리와 다름을 지닌 사람들이라도 그들이 우리와 같은 '동료 인간'이라는 시선을 가진다면, 제노사이드와 같은 인류에 대한 범죄는 결코 일어나지 않을 것이다.

2. 코즈모폴리턴 정의와 정치:
'인류에 대한 범죄'를 넘어서

'인류에 대한 범죄'라는 개념은 1945년 8월 8일 런던 회의에서 미국, 영국, 프랑스, 소련 등 연합군 중심국 네 나라가 조인한 소비에트 국제군사법정(International Military Tribunal) 헌장에 반영되었다. 이후

이 개념은 뉘른베르크 재판 과정에서 중요한 기준으로 적용되었다.[9] 이 헌장의 제6조는 '인류에 대한 범죄'에 대한 명확한 정의를 다음과 같이 규정하고 있다.

구체적으로 전쟁을 시작하기 전 또는 전쟁 중에 민간인을 상대로 자행된 살해, 학살, 노예화, 이송, 기타 비인간적인 행위. 범죄를 저지른 국가의 국내법 위반 여부와는 상관없이 법정의 관할권 내에서 범죄의 실행 또는 범죄와 관련하여 정치적·인종적·종교적 사유로 저지른 탄압.[10]

제6조는 또한 인류에 대한 범죄 행위에서 특히 민족국가보다는 '개인의 책임(individual responsibility)'을 강력하게 강조한다. 즉, 한 개인이 '국가법을 따랐을 뿐'이라고 하는 것만으로 인류에 대한 범죄를 정당화할 수 없음을 분명히 명시한다. 개별 인간으로서 모든 사람은 '국가의 법'이 아닌 '인류의 법(laws of humanity)'에 따라 자신이 행한 '인류에 대한 범죄'에 대해 전적으로 책임져야 한다. '인류의 법'은 민족국가의 실정법보다 우선하기 때문이다. 여기에 등장하는 '인류의 법'이라는 개념은, 제1차 세계대전 이후 열린 1919년 파리 평화회의에서 사용된 것이다.[11]

제2차 세계대전 이후, 모든 인간을 '동료인간'으로 보는 시각에서 출발하는 코즈모폴리턴 권리에 근거한 '인류에 대한 범죄' 개념이 공적으로 확산되었다. 이 개념의 확산은, 세계 곳곳에서 살아가는 사람들의 상호연관성에 대한 인식을 확장하는 데 중요한 의미를 지니게 된다. 나아가 코즈모폴리턴 권리 개념은 1948년 12월 10일에 유엔이 공식 발표한 〈세계인권선언〉의 지평을 확장하는 데도 큰 기여를 했다. 유엔의 〈세계인권선언〉 제1조는 다음과 같이 코즈모폴리터니즘에 그 사상적 기초를 두고 있다.

> 모든 인간은 태어날 때부터 자유로우며 그 존엄과 권리에 있어 동등하다. 인간은 천부적으로 이성과 양심을 부여받았으며 서로 형제애[sic]의 정신으로 행동하여야 한다.

유의할 것은 제1조에 나온 '형제애(brotherhood)'라는 용어다. 〈세계인권선언〉은 포괄적 언어(inclusive language)에 대한 이해가 사회적으로 부재했을 때 작성된 것이다. 그렇기에 이제는 '형제애'가 아니라 '인류애'와 같은 포괄적 언어로 수정되어야 할 용어이다. 더 나아가 제2조는 다음과 같이 서술한다.

> 모든 사람은 인종, 피부색, 성, 언어, 종교, 정치적 또는 기타의 견해, 민족적 또는 사회적 출신, 재산, 출생 또는 기타의 신분과 같은 어떠한 종류의 차별 없이, 이 선언에 규정된 모든 권리와 자유를 향유할 자격이 있다. 더 나아가 개인이 속한 국가 또는 영토가 독립국, 신탁통치 지역, 비자치 지역이거나 또는 주권에 대한 여타의 제약을 받느냐에 관계없이, 그 국가 또는 영토의 정치적·법적·국제적 지위에 근거하여 차별이 있어서는 안 된다.[12]

제2조가 담은 정의와 권리에 대한 규정에서 매우 중요한 점이 있다. '국가 간(inter-national)' 정의와 권리라는 전통적 개념으로부터, '코즈모폴리턴' 정의와 권리 개념으로 전이한다는 것이다. 이 선언문에서 명시한 바는 이론적으로 '모든' 인간이다. 그러나 그 실천적 적용에서는 유엔 회원국들에 소속된 사람들의 권리를 의미한다는 점에서 실천적 한계를 지닌다.

그렇다면 어느 국가에도 속하지 않는 '국가 없는 사람들(the stateless)'은 어떻게 되는가. 이 문제를 공식적으로 제기한 사람이 한나 아렌트이다. 아렌트는 칸트의 코즈모폴리턴 권리와 환대의 개념에 근거해, 유엔과 같은 '국가 간'의 연합체들이 제시하는 〈세계인권선언〉은 '국가 없는 사람들'에 대한 인권 문제를 다루는 데 분명한 한계가 있다고 비판적으로 지적한다. 그러한 인권선언과 그 구체적인 실천은, 여전히 그 연합체에 속한 '국가들 사이'의 상호 동의와 협정에 의거해서만 작동되며,

결국 이러한 초국가적(trans-national) 영역은 여전히 인권의 사각지대로 남아 있기 때문이다.[13] 아렌트는 우리에게 '인간의 권리', 즉 인권의 개념에 대해 근원적으로 다시 생각해볼 것을 제안한다. '인류에 대한 범죄'란 도덕적 규범의 위반이 아니다. 그것은 우리 자신이 인간으로서 부여받은 '인류의 권리의 규범'을 위반한 것이다.

'인간의 권리'는 문자 그대로 단지 '인간이기에 지니는 권리'라는 의미다. 즉, 특정 '국가의 시민'으로서 권리가 아니라, 이 지구 위에 거하는 '인간'으로서 권리를 지닌다는 개념이다. 여기서 우리는 특정 국가에 의해 작동되는 실정법의 '특수성(particularity)'과, 국가적 소속과 상관없이 인간 개개인에게 적용되는 자연법적·윤리적 의무의 '보편성(universality)' 사이의 딜레마에 빠지게 된다. 특수성과 보편성이라는 두 축의 긴장관계를 어떻게 풀어나가는지는 현대 세계가 지속적으로 당면하는 과제다.

그렇다면 우리는 국가 없는 이들, 고향을 상실한 이들(Heimatlosen)을 어떻게 동등한 '동료인간'으로 대할 것인가? 이 질문에 자크 데리다는 자신의 강연을 담은 책《코즈모폴리터니즘과 용서에 관하여》에서 "한 개인이 불의의 위협으로부터 탈출하기 위해 은신할 수 있는" 피난처 역할을 하는 '자유 도시(free city)'라는 개념을 제시한다.[14] 데리다의 이 '자유 도시' 개념은 현대 세계가 경험하는 난민들에 대한 환대 문제 등 민족국가의 경계를 넘어 일어나는 다양한 문제의 해결을 모색하는 데 매우 중요한 단서를 제공한다. 지금도 세계 곳곳에서는 국가 없는 이들, 또는 국가가 있어도 아무런 보호를 받지 못하는 이들이 증가하고 있다. 이러한 난민위기 시대에 코즈모폴리턴 의식은 더욱 절실히 필요하다.

지구화 이후 가중되는 문제들과 함께 코로나 바이러스 사태와 같은 위기는, 이 세계의 상호연관성의 현실을 더욱 분명히 드러내준다. 어떠한 방식으로든 국가 간 경계를 넘어서는 의식과 구체적인 실천이 절실하게 요청되고 있다. 여기서 인권은 특정 국가의 실정법에서 보장되는 '특수성'과 국가의 경계를 넘어, 단지 인간이라는 사실 하나만으로 보장되어야 하는 '보편성'과 긴장관계에 있다. 그렇다고 해서, 그 특수성과 보편성이 절대적으로 상호배타적이라는 단순한 결론을 내릴 수는 없다. 우리의 사유 속에서, 그리고 그 사유가 반영된 한 국가의 틀 안에서도 '특정 공동체'의 포용의 원을 조금씩 넓히는 정책과 법률이 제정된다면, 국가적 경계에 제한된 그 '특정 공동체'는 점차 다양한 인간들을 끌어안는 '코즈모폴리턴 공동체'를 향해 한 걸음씩 나아갈 수 있다.

한나 아렌트의 지도교수였으며 평생 친구이자 동료였던 카를 야스퍼스 역시 '인류에 대한 범죄'라는 개념의 초석을 놓는 데 중요한 역할을 했다. 당시 나치와 협력관계에 있던 마르틴 하이데거와 같은 철학자들과 달리, 야스퍼스는 나치의 12년간 통치하에서 나치의 반대자이자 피해자로서의 삶을 살았다. 야스퍼스 역시 아렌트와 마찬가지로 뉘른베르크 재판을 칸트적 코즈모폴리턴 비전과 연결시킨다.

종전 후 독일에서 구성된 '대학의 재건을 위한 위원회'에는 이른바 '죄과가 없는 교수들(unincriminated professors)'로 간주되는 교수 열세 명이 위원으로 임명되었다. 야스퍼스는 그중 한 위원으로서 독일 대학을 새롭게 재구성하고 미래를 계획하는 역할을 수행하는 데 중요한 기여를 했다.[15] 야스퍼스는 1946년 하이델베르크대학에서 행한 '독일 대학의 지적 상황'에 관한 강연 일부가 포함된《독일의 죄책에 관한 물음들》이 라는 책을 출판했는데, 여기서 그는 인간의 죄책을 네 가지, 즉 범죄적·정치적·도덕적·형이상학적 죄책으로 구분한다.[16]

   '범죄적 죄책'과 '정치적 죄책'은 공적인 반면, '도덕적 죄책'과 '형이상학적 죄책'은 사적 의미가 있다. '범죄적 죄책'은 객관적 증거와 명료한 법들에 의해 감지될 수 있는 것이다. 야스퍼스에 따르면 모든 독일인은 조국이 자행한 범죄 행위에 의해, 그것이 자행되도록 허용했다는 측면에서 정치적 죄과가 있으며, 그 책임을 져야 한다. 그러나 이러한 '정치적 죄책'을 가지는 것만으로는 충분하지 않다. 모든 독일인들은 각자 자신에게 "내가 어떻게 죄책이 있는가?"[17]라는 질문을 던지고 철저하게 자기 검증을 해야 한다. 이것이 야스퍼스의 '도덕적 죄책' 개념이다. 그러나 이러한 도덕적 죄책을 집단적으로 구성할 수 없다. 결국 이러한 도덕적 죄책의 문제는 각 개인에게 달려 있음을 보여준다. 인간으로서의 양심, 그리고 잘못된 행위들에 대한 뉘우침과 후회의 공간을 열어놓은 사람이라면 도덕적 죄책을 느낄 것이다.

   '형이상학적 죄책'은 나 아닌 모든 "다른 인간들과의 절대적 연대성이 결여됨"을 뜻한다. 이러한 의미에서 야스퍼스는 "나는 아직 살아 있다는 사실만으로도 죄책이 있다"라고 한다. 그리고 더 나아가, "우리 모두는 여전히 살아 있다는 사실만으로도 죄책이 있다"고 고백한다.[18] 그렇다고 이러한 도덕적 또는 형이상학적 죄책이 자기 동정이나 자만심을 통해 야기되는 것은 아니다. 야스퍼스는 예레미야서 45장 4절과 5절을 인용하면서, 이 죄책이 신 앞에 선 존재로서의 "겸허와 절제"를 통해 가능하다고 결론 내린다. 카를 야스퍼스는 종전 후 독일에서 서양 인문주의를 재개념화하고 독일 철학의 방향을 재정립하는 과정에 그보다 더 기여한 인물은 없다는 평가를 받고 있다.

야스퍼스는 진정한 집단적 개혁과 변화는 범죄적·정치적 죄책만이 아니라, 모든 개개인이 자신의 도덕적·형이상학적 죄책을 인식하기 시작할 때 비로소 가능하다고 강조한다. 이는 우리에게 매우 중요한 통찰을 준다. 흔히 한 사회나 집단의 변화와 개혁을 모색하는 데 '공적이고 외면적인 조건'만 생각할 때, 변혁운동은 실패를 거듭하기 마련이다. 외면적으로 법의 제정과 실천을 공평하게 변화시키는 것은 물론이고, 개개인의 의식과 가치 체계라는 '개인적이고 내면적인 조건'의 변화가 수반되어야 진정한 변혁의 가능성이 드러나기 때문이다.

칸트, 아렌트, 야스퍼스가 기다렸던 '코즈모폴리턴 정의'는 민족국가나 국적을 넘어 '동료-국민'뿐 아니라 '동료-인간'에 대한 책임감을 져야 한다는 것이다. 동시에 이러한 코즈모폴리턴 정의가 점진적으로 홀로코스트나 다른 전쟁 범죄들을 다루는 국제법에서 '인류에 대한 범죄' 개념의 제도화로 반영되었다는 것은 역사적으로 매우 중요한 의미를 지닌다. 코즈모폴리턴 의식에서 정의와 인권이라는 주제가 국가적 경계들을 넘어 '국가 간'뿐 아니라 '초국가적'으로 적용된다는 것은, 이것이 민족국가에 속한 사람들만이 아니라 국가가 없는 이들에게도 적용되어야 한다는 분명한 인식론적 터전을 제공하고 있다. 에마뉘엘 레비나스는 그의 책《존재와 다르게》의 헌사에서 다음과 같이 말한다.

> 국가사회주의자들[독일 나치당]에 의해 암살된 600만이나 되는 사람들, 그리고 반유대주의와 동일한 타자들에 대한 증오심으로 희생된 사람들, 나라들, 종교들에 속한 수많은 사람들을 기억하며 이 책을 바친다.[19]

레비나스는 이 헌사에서 홀로코스트의 희생자들과, 다른 종류의 증오의 희생자들을 동일선상에 놓는다. 직접적인 표현은 등장하지 않지만, 제2차 세계대전 이후 등장하기 시작한 '인류에 대한 범죄'라는 개념을 다시 확인하고 있다. '인류에 대한 범죄' 개념은, 어느 특정한 사람들에 대한 증오와 그 증오에 따른 범죄가 사실상 그 특정 '집단'에 대한 범죄만이 아니라 '인류'에 대한 범죄라는 의미다. 따라서 인간이 특정한 타자에게 가하는 폭력과 범죄는 결국 그 집단에 대해서뿐 아니라, 인류 보편에 대해 범죄의 의미를 지니고 있음을 잘 보여준다. 젠더, 성적 지향, 종교, 인종, 사회적 계층 등 어떠한 근거로든 '타자에 대한 증오'란 결국 '인류에 대한 증오'다. 그러한 증오의 희생자들은 유대인이든 집시든 흑인이든 베트남인이든 모독과 죽음, 고통과 박해를 당하는 포로로서, 사실상 '인류'를 의미하기 때문이다. 레비나스는 어떠한 근거에서든 타자에 대한 증오는 악·범죄·불의의 근원이라고 본다. 이러한 레비나스의 이해는 '인류에 대한 범죄'에 대해 심오한 통찰을 제공해준다.

나는 종종 "남성이 페미니스트가 될 수 있는가", "백인이 해방신학을 할 수 있는가", "비유대인들이 홀로코스트에 대하여 말할 수 있는가", "성소수자가 아닌 사람들이 성소수자 문제에 대하여 관여할 수 있는가" 등의 질문을 받는다. 그런데 각기 달라 보이는 이 질문들에는 공통점이 있다. 바로 인간을 '희생자 집단'(여성, 흑인, 유대인, 동성애자)과 '가해자 집단'(남성, 백인, 유럽인, 이성애자)으로 나누면서, 오직 '희생자 집단'에 속한 사람만이 그 문제들에 대해 말하고 대변하고 변화를 촉구할 수 있다고 보는 입장으로부터 출발한다는 것이다. 이른바 이러한 '당사자 중심주의' 문제는 물론 중요하다. 그러나 단순한 문제는 아니다. 그렇기에 이러한 질문에 대해 사람들은 '그렇다'고 보는 입장과 '그렇지 않다'고 보는 입장으로 나뉠 수 있다.

예를 들어 여성중심적(gynocentric) 페미니즘 이론가들 중에는 생물학적으로 여성이 아닌 남성들이 페미니스트가 되는 것은 불가능하다고 보는 이들이 있다. 반면 나와 같은 휴머니스트(humanist) 페미니즘 이론가들은 페미니스트란 생물학적 본질(essence)이 아닌 정치적 입장(position)이라고 본다. 따라서 남성이 페미니스트가 될 수 있다는 가능성에 대해 '그렇다'고 본다. 우리의 사유 세계와 제도적 구조 속에서 가부장제적 성차별주의와 그 부당성을 인지하며 변화를 모색하려는 페미니스트가 되는 것은, 생물학적으로 여성이든 남성이든 참으로 어려운 일이다.

어떤 이들은 백인이 포스트콜로니얼리즘에 대해 말할 수 없다고 한다. 또 이성애자는 성소수자의 문제에 관여할 수 없다고 생각한다. 즉, '동질성'이 이런 다양한 형태의 억압과 차별에 개입하는 하나의 선행조건이라고 보는 이들이 있다. 나는 이런 질문들을 받을 때마다 "개입할 수 있을 뿐 아니라 개입해야만 한다"고 단호하게 말한다. 성차별, 인종차별, 계층 차별, 식민주의, 유대인 차별, 난민 차별, 성소수자 차별, 장애 차별 등은 그 특정 집단에 대한 억압이나 범죄일 뿐 아니라 인류에 대한 억압이며, 인류에 대한 범죄이기 때문이다. 이러한 연대의 문제는 당사자성의 문제가 아니라, 인류에 대한 차별이며 범죄라는 의식의 문제다.

억압에 대한 인식과 저항, 그리고 그 억압으로부터의 해방은 인간의 '본질'에 관한 것이 아니다. 한 사람의 정치적·사회적·문화적 위치와 한 인간으로서의 '권리'에 관한 것이다. 이러한 맥락에서 코즈모폴리턴 정의는 모든 인간에게 가해지는 다양한 형태의 사회적 억압·차별·배제가 그 어떤 근거들로도 정당화되어서는 안 된다는 것을 강조한다. 인간의 자유와 권리, 그리고 해방의 위한 운동들에 대해 그 누구도, 어떤 그룹도 절대적 소유권을 주장할 수 없다.

이 지구상에 거하는 모든 인간의 평등과 권리를 확장하고 보존하려는 것은 거창하기만 한 것이 아니다. 나를 포함해 가족·친족·친구의 범주가 점점 확대되는 것으로부터 시작된다. 나의 사소한 것 같은 일상 세계로부터 출발하는 의식인 것이다. 우리 모두가 인간으로서 동료인간에 대하여 가져야 할 책임성을 인식하는 것은 중요한 삶의 자세다. 또한 이러한 인식은 나의 평화는 물론, 내가 몸담고 살아가는 이 세계의 영구적 평화를 위한 주요한 첫걸음이 된다. 이러한 의미에서 '인류에 대한 범죄' 개념은, '코즈모폴리턴 정의'를 이 현실 세계에서 실천하기 위한 인식의 변화와 사회정치적 제도들을 모색하는 데 중요한 원리를 제공한다.

세계 곳곳에서 벌어지는 폭력, 억압, 빈곤, 전쟁 등의 문제를 해결하려 노력하고 그들과 연대할 때 요청되는 것은 희생자들과의 생물학적·인종적·민족적 동질성이 아니다. 그들 모두 '동료인간'이라는 인식에 근거해 있어야 한다. '정의와 평등의 세계'를 꿈꾸는 이들은 현대사회에서 벌어지는 다양한 종류의 폭력과 차별구조를 심각한 문제로 본다. 그리고 이 문제들을 해결하고 변화시키기 위한 크고 작은 일들에 개입하고 헌신한다. 이것이 바로 '인류에 대한 범죄'라는 개념이 모색하는 정신이다. 제2차 세계대전이라는 특정한 역사적 배경으로부터 형성된 '인류에 대한 범죄'라는 개념은, 21세기인 지금도 여전히 중요한 개념이다. 다양한 경계를 넘어 타자를 동료인간으로 보는 것에서부터 '인류에 대한 범죄'에 대한 이해가 시작된다.

'인류에 대한 범죄'라는 개념은 나와 상관없는 먼 이야기로서 정치적이기만 한 것이 아니다. 우리의 구체적인 일상 세계에서도 중요한 개념이다. 코즈모폴리턴 정치는 국가나 집단에서 출발하는 것이 아니라, 한 개별인으로부터 출발한다. 또한 코즈모폴리턴 정치는 집단이 아닌 개인이 윤리적·정치적으로 가장 중요한 실천적 장이라는 의미를 분명히 한다. 그리고 이러한 접근을 통해 모든 생명의 존엄성과 평등성을 부각시키는 것이다. 코즈모폴리턴 정의에 대한 인식은 코즈모폴리턴 정치의 핵심적인 토대를 마련한다는 점에서 매우 중요하다.

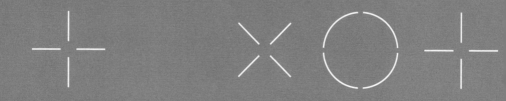

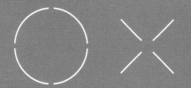

7장

코즈모폴리턴 환대
: 인간의 권리와 의무

환대란, 이방인이 타국에 도착했을 때 적으로 취급받아서는 안 된다는 이방인의 권리를 의미한다.
이 방문할 권리는 모든 인간이 지구 표면에 대한 공공 소유권을 지닌다는 사실에 근거한다.
_이마누엘 칸트[1]

타자와의 관계의 형이상학은 돌봄과 환대에서 성취된다.
_에마뉘엘 레비나스[2]

얼굴은 소유가 되는 것에 저항한다.
_에마뉘엘 레비나스[3]

1. 코즈모폴리턴 환대:
환대 의무와 방문 권리

코즈모폴리터니즘과 환대를 연결해 '코즈모폴리턴 환대'라는 개념을 확산시킨 사상가는 이마누엘 칸트다. 그런데 1785년에 나온 칸트의 글 〈영구적 평화〉에 등장한 코즈모폴리턴 권리와 환대 개념은 21세기에 어떠한 함의가 있는가. 물론 18세기와 21세기는 사회문화적·시대적 정황에 분명한 차이가 있다. 그럼에도 불구하고 칸트의 코즈모폴리턴 환대 개념은 21세기 현대 세계가 대면하고 있는 심각한 위기 중 하나인 난민 문제 등의 해결에 중요한 원리를 제공한다. 그뿐 아니다. 일상 세계를 살아가는 이들에게는 주변부에서 살아가는 다양한 소수자에 대한 혐오 문제에 중요한 통찰을 준다.

어떤 철학적 개념도 우리의 일상 세계와 연결되어야 한다고 나는 본다. 그 철학이 타자와 세계를 보는 나의 시선에 변화를 주는 것일 때, 비로소 의미가 있다는 것이다. 칸트의 코즈모폴리턴 환대는 21세기를 살아가는 우리에게 중요한 통찰을 준다. 인류는 2019년 12월부터 전 세계적으로 확산된 신종 코로나 바이러스 사태를 통해 일상은 물론 공공 생활의 모든 부분이 마비되는 위기를 경험했다. 또한 우리는 내가 어디에 살든 타자의 안녕과 안전이 나의 생존과도 직결되어 있다는 것을 피부로 알게 되었다. 칸트의 코즈모폴리턴 환대가 지닌 포괄적 의미와 그 실천적 함의는, 이러한 위기 시대를 살아가는 우리에게 중요한 통찰을 준다. 타자는 나의 환영과 돌봄을 필요로 하며, 나는 타자의 환영·돌봄·연대를 필요로 하는 존재이기 때문이다.

칸트의 코즈모폴리턴 환대의 우선적 강조점은 '외국인'을 어떻게 대하는가에 관한 것이다. 자신이 속한 나라를 떠나면 그 사람은 '이방인(alien)'이라는 표지가 붙는다. 미국에서 영주권을 가진 사람의 공적 범주는 직역하자면 '영구적 거주 이방인(Permanent Residnent Alien)'이다. 영구적으로 거주하는 사람이지만, 여전히 '이방인'이다. 이러한 공적 표지는 우연히 붙었을 수도 있다. 그러나 같은 땅에 거주하는 사람이라도 시민권(citizenship)을 지닌 '시민'은 그 땅에 온전한 소유권을 주장할 수 있다. 참정권을 행사할 수 있는 권리가 주어진다는 것은, 그 땅에 대한 소유권을 주장할 수 있는 자리에 있게 된다는 것을 의미한다. 반면 '이방인'은 거주를 허락받았지만 그 땅에 대한 온전한 소유권은 주어지지 않는다. 정치에 참여할 수 있는 참정권의 결여가 바로 이러한 '2등 시민'의 위치를 간결하게 보여준다. 이렇게 모든 권리와 소유권을 주장할 수 있는 '시민'과, 온전히 소속되지 않으며 여타의 소유권을 주장할 수 없는 '이방인'의 차이는 거주자들 간 위계를 공적으로 자연화한다.

물론 칸트의 코즈모폴리턴 환대가 현대의 이러한 복합적이고 복잡한 권리 문제까지 포괄해 다루는 것은 아니다. 그러나 그의 개념을 출발점으로 삼고 진행한다면, 현대사회에서 우리가 직면하는 다양한 문제들을 풀어나갈 중요한 단서를 제공받을 수 있다. 칸트의 우선적 관심은 내가 사는 땅에 방문한 사람을 어떻게 맞이해야 하는가의 문제다. 칸트는 '이방인'이 도착했을 때, 그가 평화롭게 행동하는 한 그를 '적'으로 대하지 말고 '환대'해야 함을 코즈모폴리턴 환대의 핵심으로 강조한다. 그리고 그러한 환대는 내가 이방인에게 베푸는 '자선(philanthropy)'이 아니라, 그 이방인이 지닌 인간으로서의 '권리(right)'라는 점을 분명히 한다. 칸트의 코즈모폴리턴 환대는 이 지구 위에 살아가는 모든 인간이 '방문 권리(right to visit)'를 지니기에 환대는 윤리적 의무(duty)라는 것이 주요 골자다. 즉, 칸트의 코즈모폴리턴 환대의 '윤리적 의무'는 방문자나 이방인이 지닌 '지구 표면에의 권리(right to the earth's surface)'로서 보편적 방문 권리와 짝을 이룬다.

칸트는 이 지구 표면의 '공동 소유권(common ownership)'을 특정한 사람들이 아니라 '모든 인간'이 지닌다고 보았다.[4] 이러한 지구의 공동 소유권에 대한 칸트의 인식은 매우 중요하다. 지금 우리는 국가 간의 영토

소유권 주장을 마치 당연한 것처럼 생각한다. 더 나아가 칸트식의 표현인 '지구의 표면'만이 아니라, 바다와 하늘까지도 특정 국가에 '소유권'이 있다고 생각한다. 이러한 정황에서 볼 때 모든 인간이 '공동 소유권'을 지닌다고 보는 칸트의 코즈모폴리턴 관점은, 우리가 자연스러운 것으로 생각하는 국가 간 소유권 주장에 대해 근원적으로 다시 생각하게 한다.

칸트가 이러한 코즈모폴리턴 환대와 권리에 대해 강조한 것이, 세계의 '영구적 평화'를 추구하는 글에서라는 사실은 매우 중요하다. 한국에서도 사람들은 평화라는 말을 도처에서 사용하지만, 많은 경우 추상적이거나 거시정치적인 차원의 문제로 간주하곤 한다. 그런데 평화란 매우 구체적인 상태에 대한 상상 없이는 공허한 모토에 지나지 않는다. 예를 들어 이런 미시정치적인 구체적 상상을 해보자. 남한 사람이 북한을, 또는 북한 사람이 남한을 방문하려 할 때, 칸트가 말하는 '방문 권리'와 '환대 의무'가 지켜진다면 어떠한 상황이 될까? 남한과 북한에 살고 있는 사람들은 방문 권리와 환대 의무 속에서 평화롭게 서로의 얼굴을 보며, 모두 동료인간임을 자연스럽게 인정하고 경험하게 될 것이다. 서로를 '적'이 아니라 '동료인간'으로 보면서 가보고 싶은 장소를 방문하고, 만나고 싶은 사람들을 만날 수 있는 상태가 되면, 거기에서 평화로운 상태를 경험하게 되는 것이다.

거창한 국제 평화조약보다, 이러한 방문 권리와 환대 의무의 실천이 남북 관계에서 훨씬 더 구체적인 평화를 가능하게 만들 것이다. 이러한 코즈모폴리턴 환대는 각자 소속된 정부가 달라도, 우리 모두는 코스모

① 모든 인간의 지구 표면 공동 소유권
② 모든 인간의 방문 권리
③ 모든 인간의 환대 의무

스에 속한 동료인간이며 우주적 시민이라는 의식에서 출발한다. 칸트의 코즈모폴리턴 환대는 우리 모두가 지구의 '공동 소유권'을 지닌 존재라는 인식으로부터 구성된다. 타자를 보는 이러한 인식의 확장을 통해 인류의 진정한 '영구적 평화'가 비로소 가능하게 된다고 칸트는 보았다. 물론 이러한 코즈모폴리턴 환대를 통한 평화는, 서로 적대적 관계에 놓여 있는 현재로서는 불가능한 것처럼 보인다. 그러나 시대적 정황이 바뀌면 그 불가능성이 가능성으로 전이될 수도 있는 것이다. 동독과 서독의 통일은 이러한 불가능성이 가능성으로 바뀔 수 있는 예를 보여주었다.

18세기 독일의 칸트가 말했던 지구의 '공동 소유권'에 대한 인식에서 출발하는 코즈모폴리턴 환대의 철학이, 21세기가 직면한 난민 위기와 혐오 문제 등의 복합적 문제들을 해결하기 위해 충분한 원리를 제공해주는 데는 물론 한계가 있다. 그러나 칸트의 코즈모폴리턴 환대와 권리를 출발점으로 삼고, 21세기에 우리가 직면하는 다양한 문제들에 개입하며 구체적인 정황에서 대안점을 찾는 것은 우리가 씨름해야 하는 지속적인 과제다. 또한 칸트가 말한 영토의 '공동 소유권'에 대한 이해는 하늘과 바다에 대한 소유권 이해로까지 확장될 수 있다. 궁극적으로는 땅·하늘·바다 등에 '절대적 소유권'이 있는 사람은 없기 때문이다.

환대 개념에 대해 좀 더 깊숙이 들어가보자. 환대라는 말을 들으면 무엇이 떠오르는가. 많은 경우 환대란 누군가를 '환영하는 것'이라고 생각한다. 즉, 주인의 자리에서 손님을 맞아들이고 환영하는 것이 바로 환대라고 생각한다. 즉, 환대의 기본적 의미는 환영으로 여겨진다. 그런데 우리의 구체적인 현실 세계에서 환대는 상당히 복잡한 주제다. 누가 주인이며 손님인가? 주인의 범주와 손님의 범주는 어디까지인가? 또한 환영한다는 것 또는 환영받는다는 것은 무엇을 의미하는가? 예를 들어 나는 성적 지향이 다른 사람, 다른 종교에 속한 사람, 언어가 다른 사람, 육체적·정신적 장애 여부가 다른 사람 등을 진정한 의미에서 '환영'할 수 있는가? 여기서 환영이란 무엇인가?

그들에게 미소를 보내고 "나는 당신을 환영한다"고 말하는 개인적이고 일시적인 환영은 어쩌면 매우 쉽다. 그러나 그들과 삶의 공간을 나누어야 하거나, 그들에게 나와 동일한 사회보장제도와 건강보험이 마련되는 차원으로 가는 것이 진정한 통전적(holistic) '환대'라면, 나는 어디까지 그들을 환대할 의지가 있는가? 이렇게 환대와 연결된 모든 문제는 인간으로 살아간다는 것의 복합적 의미와 연결되어 있다.

코즈모폴리턴 환대란, 인간으로 살아간다는 것이 무슨 의미인지 복합적으로 드러내는 중요한 주제다. 장뤼크 낭시가 강조한바 "실존이란 '함께'다. 그렇지 않다면 아무것도 존재하지 않는다."[5] 나는 외딴섬에 홀로 살아갈 수 없는 존재다. 내가 '홀로 존재함'은 타자와 '함께 존재함'과 분리할 수 없이 상호 연결되어 있다. 타자의 존재를 자신과 무관한 존재가 아닌 배려하고 책임지고 연대해야 할 존재로 본다는 것은, 결국 타자의 존재에 의해 끊임없이 '방해'받는 경험을 하게 된다는 뜻이다. 누군가를 '환영'하는 코즈모폴리턴 환대는 내 삶은 물론 다양한 타자들의 구체적인 삶에 지대한 영향을 미친다. 나·우리는 얼마만큼 '방해'받을 각오가 되어 있는가.

21세기에도 여전히 법·편견·관습·가치관 또는 종교적 교훈이나 실천 등에서, 또한 출생지, 국적, 종교, 성별, 장애 여부, 성적 지향 등과 같은 범주에 의해서 특정 그룹의 사람들이 차별과 배제를 경험한다. 그리고 우리는 한 인간으로서 그들의 권리와 자유가 다양한 방식으로 부정되는 세계 속에 살아가고 있다. 따라서 무엇보다 긴급하게 요청되는 것은, 이러한 불평등·배제·불의의 세계 속에서 한 인간으로 살아간다는 것은 무엇이며, 과제란 무엇인가에 대해 진지하게 성찰하는 것이라고 할 수 있다.

1996년 프랑스 스트라스부르에서 열린 '국제 작가의회' 연설에서 데리다는 코즈모폴리터니즘과 코즈모폴리턴 권리를 국제법·이민·망명자·난민 등의 문제와 연결시켰다. '외국인 혐오'가 이전 시대의 노골적이고 직접적인 방식과 달리, 매우 은밀하고 간접적이면서도 강력한 방식으로 등장하고 있는 이 시대에 우리가 어떻게 이러한 문제들에 개입할 수 있는가는 참으로 긴급한 과제가 아닐 수 없다. 코즈모폴리턴 권리에 대한 데리다의 이 연설은, 사람들이 데리다의 '해체'에 대해 현실적 정치사회와 아무 연관이 없는 '비정치적인 것'인 것이나 '추상적'이기만 한 것으로 이해했던 것이 사실상 오해였음을 인식하는 계기가 되었다. 종종 '파괴(destruction)'로 곡해되긴 하지만, '해체(deconstruction)'란 결국 정의에 대한 궁극적 관심이다. 그래서 최후까지 해체될 수 없는 것이 있다면 그것이 바로 '정의'라는 것이, 데리다적 '해체'가 의미하는 것이다.[6] 코즈모폴리턴 권리에 대한 데리다의 연설은, '국제 작가의회'가 정치적으로 박해받는 각국의 양심적 작가들을 망명시키기 위해 벌이던 "국경을 넘어서는 연대운동"의 철학적·사회정치적·담론적 토대를 확고히 해주었다.

　　내가 관심하고 차용하는 코즈모폴리터니즘은, 데리다가 이 연설에서 강조한 정의 적용의 차원이다. 또한 내가 중요하게 생각하는 코즈모폴리터니즘은, 정의 문제에서 지엽적인 국가적 경계를 넘어서는 '코즈모폴리턴 정의'와 연결·확장되는 담론이며 실천으로서의 코즈모폴리터니즘이다. 더 나아가 경계를 넘어서는 정의의 문제를 그것과 긴밀히 연계된 책임성, 환대, 그리고 타자에 대한 환영 등의 문제와 연결 지어 보게 하는 코즈모폴리터니즘이 나의 주요 관심이다. 이러한 코즈모폴리터니즘은 현대사회에서 벌어지는 다양한 문제를 정의·책임성·우정·권리·환대 등의 문제들과 연결 지으면서 이러한 주제들을 좀 더 복합적으로 조명하고 이해하는 데 중요하다. 이는 코즈모폴리터니즘의 철학적·정치사회적·종교적 기여다.

담론과 실천으로서의 환대는 이 세계에서 벌어지는 일들, 그리고 그러한 일들에 대한 여러 분석과 실천적 요청을 담고 있다. 흔히 환대를 지극히 개인적인 문제로 생각하는 것과 달리, 환대의 문제는 불법 이주자, 미등록 이주 노동자, 난민, 망명자 또는 다문화주의 등의 문제들과 연결되어 있다. 더 나아가 현대 세계에서 환대의 문제는 지구화·국제화·국적·이민 등의 문제, 특히 타자를 '타자화(othering)'하는 정치적·종교적 도구로서 포용과 배제에 관한 공공 정책들과 복합적으로 연계되어 있다.

2. 개인적 환대와 국가적 환대:
갈등과 딜레마

환대를 뜻하는 영어 단어 'hospitality'를 인터넷에서 검색하면, 흥미롭게도 호텔 사업에 관련된 정보들이 우선적으로 등장한다. '환대 사업'이 바로 호텔 관련 사업인 것이다. 이는 환대라는 개념이 어떻게 현대 자본주의 사회구조에서 근원적으로 왜곡되어 이해되고 실천되고 있는지 단적으로 보여준다. 손님(guest)을 미소로 환영하고 맞이하는 호텔들은 매우 친절한 주인(host) 역할을 하는 것 같다. 환대란 손님 – 주인의 관계에서 벌어지는 사건이므로, 누가 주인이며 그 주인은 손님을 어떻게 대하는가에 관한 문제로 보인다.

그런데 인터넷에서 만나는 환대 사업에서의 '환대'는 사람들이 통상적으로 이해하는 환대의 문제를 그대로 보여준다. '계산된 환대'의 전형을 보여주기 때문이다. '주인의 손님 환영'으로 시작되는 환대의 친절성은, 호텔에 금전을 지불하는 손님에게만 베풀어지는 철저히 '계산된 환대'다. 손님에게 자신의 환영과 친절에 대한 '금전적 보상'을 요구하는 주인의 환대는 사실상 진정한 환대가 아니다. '환대'의 이름으로 행하는 '교환 경제(economy of exchange) 활동'일 뿐이다.

따라서 개인적으로도 보상을 기대하는 '환대의 교환 경제'가 작동되는 한, 진정한 환대가 될 수 없다. 더 나아가 환대의 실천은 개인적 차원의 친절함이나 보살핌만이 아니다. 다양하고 복합적인 사회정치적 차원에서 '손님'의 권리는 정의 문제와 복합적으로 연계되어 있다. 이러한 사회정치적 차원을 간과하고 단지 개인적 친절함이나 구제의 행위 정도로 생각하는 개인화된 환대나 낭만화된 환대 역시 환대를 왜곡하는 경우이다. 따라서 계산된 환대, 탈정치화된 환대, 낭만화된 환대, 개인화된 환대는 현대사회에서 환대를 실천하는 것이 국가의 정책·규율과 얼마나 연계되어 있는가를 간과한다. 이 점에서 이러한 종류의 환대는 환대에 대한 왜곡된 이해라고 볼 수 있다.

한 개인 또는 특정 국가는 시대적 또는 사회정치적 정황에 따라 환대에 대해 매우 상이한 이해와 실천을 해왔다. 예를 들어 1793년에 프랑스는 자국과 전쟁 중인 국가들 출신의 외국인들 가운데 프랑스에

각별한 충성심을 보인 사람들을 제외하고 모두 추방시켰다. 그런데 충성심을 보여서 추방시키지 않은 외국인들에게는 세 개의 색깔로 된 리본으로 특정한 표지를 달게 했고, 그 리본에는 '환대(hospitalité)'라는 말이 새겨져 있었다. 또한 그 외국인들은 '환대 증명서'를 늘 지니고 다녀야 한다는 칙령이 발표되었다.[7]

이 '환대 증명서'는 '환대의 법'이 어떻게 실패할 수 있는가를 구체적으로 보여주는 정치역사적 예라고 할 수 있다. 환대라는 이름하에 사실상 '주인-손님'의 불평등하고 불의한 위계적 권력관계가 여전히 그 중심적 작동기제로 적용되고 있는 것이다. 이러한 불의한 위계적 환대란, 환대의 의미를 그 스스로 왜곡하는 결과를 낳는다. 환대의 이름으로 환대의 정신 자체를 배반하는 정치적·도덕적 실패를 반증했던 셈이

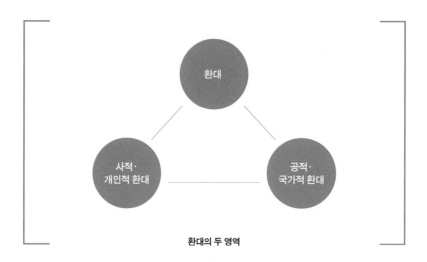

환대의 두 영역

다. 이 역사적 예에서 '주인'인 프랑스와 '손님'인 외국인들의 관계는, 어떻게 환대가 폭력적이고 지극히 제한적인 의미의 환심을 행사하는 것으로 이해되고 실천되어왔는지 보여준다. 그런데 문제는 이러한 왜곡된 '실패한 환대'가 현대에도 다양한 방식으로 실천되고 있다는 점이다.

1) 조건적 환대와 무조건적 환대: 환대의 정치, 환대의 윤리

1793년 프랑스의 예는, 환대에 크게 두 가지 차원이 있음을 보여준다. 하나는 '정치로서의 환대(politics of hospitality)', 즉 '조건적 환대'다. 그리고 다른 하나는 '윤리로서의 환대(ethics of hospitality)'인 '무조건적 환대'다. '정치로서의 환대'는 '주인'이 언제나 특정 조건들을 전제해 그 환대의 성격이나 내용을 규정하는 '조건적 환대'라고 할 수 있다. 반면 '윤리로서의 환대'는 어떠한 제한성도 넘어서는 '무조건적 환대'를 지향한다. 따라서 '정치로서의 환대'(조건적 환대)와 '윤리로서의 환대'(무조건적 환대) 사이에는 언제나 커다란 거리가 있다.

이 두 축은 우리 사회에 환대가 절실히 필요하다는 환대의 '필요성'을 인식하게 해주는 동시에, 윤리적·무조건적 환대의 '불가능성'을 인식하게 한다. 따라서 환대에 관한 담론이나 그 실천적 의미는 필요성과 불가능성, 정치로서의 환대와 윤리로서의 환대, 조건적 환대와 무조건적 환대라는 두 축 사이를 끊임없이 오가며 지속적으로 개선되고 확대되고 심화되어야 한다. 추상적인 의미의 '보편적 환대'를 지속적으로 주장하는 것은 한계가 있다. 환대의 실제적 얼굴은 구체적인 정황에서

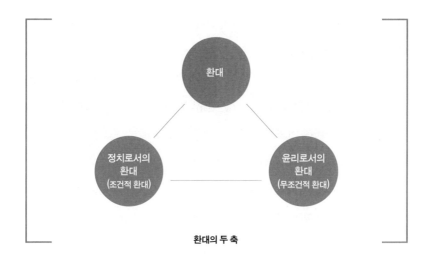

환대의 두 축

환대의 내용과 적용에 따라 달라져야 하는 것이기 때문이다.

에마뉘엘 레비나스에 따르면, 정치는 그 정치를 존재하게 한 개별인으로서 나와 타자들의 유일한 개별성을 무시한 채, 추상적인 보편적 규율에 따라서 심판함으로써 나와 타자들을 기형화하곤 한다. 이러한 의미에서 정치는 그 자체 안에 '폭군(tyranny)'을 지니고 있다.[8] 통치권력을 통해 국가는 사적인 것과 공적인 것, 친구와 원수, 타자의 합법성과 불법성 사이를 규제하고 통제한다. 예를 들어 이민이나 난민 등의 문제는 사람들이 환대를 어떻게 상이하게, 그리고 상충적으로 이해하는가를 볼 수 있는 주요한 문제들이다. 더 나아가 이민 문제들은 특히 '불법(illegal)' 또는 '미등록(undocumented)' 이주 노동자들에 대한 개인적·사적 환대를 국가가 언제나 감시한다는 점에서 '국가적 환대'와 '개인적 환대' 사이의 커다란 거리를 보여주는 예다.

1996년 여름, 프랑스에서 프랑스 지식인들이 적극적으로 개입해 전개한 '미등록 운동(sans-papiers movement)'은 세간의 주목을 끌었다. 1996년 8월 23일 프랑스 정부는 몽마르트 지역의 성 베르나르 교회(the Church of Saint Bernard)에 있던 이들에게 매우 폭력적인 방식으로 철수 명령을 내렸다. 이에 아프리카 여성과 남성 300여 명과 '불법 이민자' 10여 명이 단식투쟁을 하며 몇 달 동안 프랑스 정부를 향해 항의하는 투쟁을 벌였다. 이 운동은 '성 베르나르 교회의 미등록 이민자들 운동'이라고 불렸다. 또한 이 운동은 프랑스에서 사람들이 흔히 쓰는 '불법'이라는 용어에 대해 비판적 문제제기를 했고, 결과적으로 '불법'이라는 표현 대신 '미등록'이라는 용어로 이들 이민자를 지칭하는 계기가 되었다.[9]

'불법'과 '미등록(non-documented)'이라는 개념에는 커다란 차이가 있다. 또한 이 두 개념의 사회적 함의도 매우 크다. 각각의 두 용어는 이민자들에 대한 사람들의 이해를 매우 다르게 형성할 수 있기 때문이다. '불법'이라는 용어를 이민자들에게 붙이면, 그들을 잠재적 범죄자로 생각하게 된다. 즉, 이들 이민자는 법을 어긴 '범죄자'이며, 따라서 사회에 위협적인 '위험한 존재'라는 이해를 의식적·무의식적으로 양산한다. 반면 '미등록'이라는 용어는 '아직' 등록하지 않았을 뿐임을 표시할 뿐이다. 즉, 법을 어긴 존재로서 사회의 위협이나 위험을 가져오는 존재라는 의미의 '잠재적 범죄자'로 만드는 것이 아니다.

물론 단지 용어를 대체한다고 해서 이들 이민자의 사회정치적 상황이 바로 바뀌는 것은 아니다. 그러나 '불법 이민자'라는 용어가 공공화될 때, 이민자들에 대한 매우 부정적인 이미지가 확산된다. 그들은 그 사회의 위협적인 존재들이며, 따라서 '공공의 적'이라는 생각을 당연한 것으로 상식화할 수 있기 때문이다. 따라서 공공 영역에서 인간으로서 이민자의 권리를 보호하려는 의식으로 용어를 대체하는 것은 중요하다. 일반 사람들의 의식 속에 이들에 대한 좀 더 개방적이고 호의적인 의식을 확산시킬 수 있기 때문이다.

이러한 맥락에서 보자면, 환대의 실천은 단지 개인적이거나 인도주의적인 것만이 아니다. 포괄적인 의미의 환대는 윤리적이며 정치적인 행위이다. 환대를 실천하는 데 있어 개인들은 공적 또는 국가적 환대에 관한 통제적 법률 사항의 규제를 받는다. 그리고 이때 다양한 딜레마와 갈등 상황에 대면한다. 예를 들어 1977년 프랑스에서 자클린 델톰 (Jacqueline Deltombe)은 미등록 이민자를 집에 머물게 했다가 구속되었다. 그녀가 자신의 사적 공간에서 개인적으로 환대를 베풀었는데도, 그 환대의 행위가 국가의 법을 어기는 '범죄적' 행위가 된 것이다. 1945년에 발포되고 1993년에 개정된 프랑스 이민법에 따르면, 외국인의 신분증명서를 확인하지 않고 '환대'했을 경우 5년 이하의 징역형이나 20만 프랑의 벌금형에 처해질 수 있다. 델톰의 행위를 지지하는 많은 연대자들이 있었음에도 불구하고, 그녀는 구속된 지 일주일 만에 결국 유죄판결을 받았다.[10] 한 개인이 환대를 베푼 행위가 국가가 규정한 법에 따라 범법 행위로 규정되고, 그녀는 결국 자신이 베푼 환대 때문에 '범법자'가 되었다. 이 사건은 개인적 환대와 국가적 환대가 정면으로 부딪힌 예라고 할 수 있다. 한국 사회에서 만약 북한에서 온 사람을 개인적으로 환대하고 자신의 집에 지내도록 한다면, 그 개인적 환대는 국가적으로 범죄 행위가 되어 환대한 사람은 바로 구속될 것이다.

이 사건은 개인적 환대와 국가적 환대, 또는 사적 환대와 공적 환대 사이에 어떠한 갈등이 생길 수 있는가라는 문제의 심각성을 적나라하게 드러낸다. 더 나아가 환대의 대상이 되는 손님의 법적 지위가 어떻게 한 개인의 사적 환대 실천에 영향력을 행사하는지 보여주는 예다. 이러한 상황에서라면 환대를 베푸는 개인들은 자신의 개인적 결단이나 종교적 신념에 따라 환대를 행사할 자유가 사실상 없다. 그 대신 환대의 대상인 손님의 법적 지위에 대해 우선 확인해야 하고, 국가적 환대가 규정하는 범주 안에서만 환대를 행사해야 한다. 그래야만 그 환대로 인해 범죄자로 간주될 위험으로부터 벗어날 수 있게 된다.

즉, 국가에 의해 범죄자로 낙인찍히지 않으려면, 환대를 베풀려는 사람들은 우선 손님의 신분을 확인하는 '신분 검사자'가 되어야 한다. 이러한 맥락에서 보자면, 환대의 공간인 개인들의 가정이 결국 국가의 통제 속에 놓여 있는 세계에 우리는 살아가고 있다. 국가가 개인들이 행사하는 환대의 범주를 규정하고 조정하는 현대사회에서, 결국 환대란 개별적 주인과 손님의 구도가 아니라, '주인-손님-국가'라는 '삼자 구조(triangular structure)'에 놓이게 된다.[11] 환대의 '삼자 구조'는, 코즈모폴

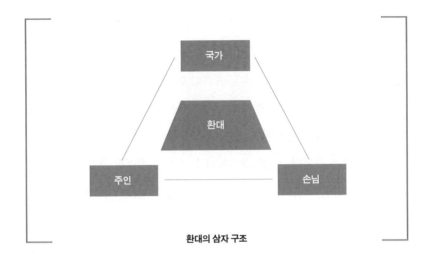

환대의 삼자 구조

리턴 환대가 언제나 이렇듯 매우 구체적인 정황에서 논의되어야 함을 의미한다. 동시에 환대가 낭만적이거나 추상적으로가 아니라, 정치 현실과의 치열한 씨름을 통해 구성되며 확대될 수 있음을 의미한다.

2) 상대적 환대와 절대적 환대

데리다는 환대를 '상대적 환대'와 '절대적 환대'로 구분한다. 두 종류의 환대 구분은 환대의 또 다른 복합성을 잘 드러낸다. 데리다에 따르면, 환대란 '무조건적 환대'와 '조건적 환대'라는 두 가지 정언명령들 간의 지속적인 조정과 협상에 의해 형성된다. 무조건적 정언명령은 손님에 대해 어떠한 물음을 하기 전에, 그들의 이름이나 정체성을 알기도 전에, 무조건적으로 환영하고 받아들이는 환대이다. 이러한 무조건적 환대란 손님으로 '도착하는 이'의 신분증명서나 그들의 법적 상태 또는 정체성과 상관없이, 인간으로서 그들의 얼굴로만 그들을 무조건적으로 환영하는 것이다. 따라서 "'절대적 손님'이란 어떠한 이름이나 정체성도 가지고 있지 않은 이들"이다.[12] 급진적 환대와 무조건적 환대는 초대 없이(without), 초대를 넘어(beyond), 초대 이전에(before) '손님'을 무조건적으로 환대하는 것이다. 이런 의미에서 무조건적 환대는 '방문/찾아옴에 의한 환대'이다.[13] 즉, 주인의 '초대' 없이 '방문'하는 이들조차 환대하는 것이다.

이렇게 초대 없이 찾아온 '손님'을 맞이하고 환영한다는 것은 주인의 '편안함'을 해체한다. 예상하지 못했던 방문에 주인은 '방해' 받기 때문이다. 그래서 데리다는 다음과 같이 말한다.

> 환대란 편안함(at home)의 해체이다. 해체는 타자들, 자신이 아닌 타자들, 그 타자들의 타자들, 그 타자들의 타자들이라는 경계 너머에 있는 이들에 대한 환대다.[14]

데리다는 이렇게 시적이고 메타포적인 방식으로 해체와 환대를 표현한다. 인간은 그 누구도 자신이 거하는 영토나 공간에 대해 절대적 소유권을 주장할 수 없다. 거시적으로 보자면, 국적이 무엇이든 이 우주에 맨 마지막으로 등장한 '손님'으로서 인간은 이 지구 위에서 '외국인'이며, '이방인'으로 머무는 존재다. 이 우주에 거하는 어느 인간도 자신의 집처럼 편하지(at home) 말아야 한다. 인간은 단지 '이방인'이기 때문이다.

'무조건적 환대'가 윤리적이라면, '조건적 환대'는 정치적이다. 여기서 '윤리적인 것'과 '정치적인 것'이라는 두 축은 서로 환원될 수 없는 동시에, 분리불가의 관계에 있다. 환대의 윤리와 무조건적 윤리는 환대의 정치적·조건적 환대의 영구적인 참고의 의미로 남아 있기 때문이다. '순수한 환대'란 찾아오는 이들, 도착하는 이들에 대해 아무런 조건을 내세우지 않고, 어떠한 신분이나 이름조차 묻거나 알기 전에 환영하는 것이다.

그러나 이러한 순수한 환대에서 "당신의 이름은 무엇인가?"라고 묻기도 한다. 그런데 이 물음은 정체성을 탐색하거나 심문하기 위한 물음이 아니다. 오히려 찾아온 사람의 유일한 개별성을 긍정하고, 인정하는 물음으로서 기능한다. 따라서 "당신의 이름은 무엇인가?"라는 물음은 두 가지 상충적인 기능, 즉 순수한 '환대의 물음'이 될 수도 있고, 심문하기 위한 '적대의 물음'이 될 수도 있다. 이러한 맥락에서 볼 때, 적대와 환대를 구분하는 경계에는 주인과 손님 사이의 권력 균형에 대한 예민성을 작동시키지 않으면 인지하기 어려운 정황들이 있다.[15]

'상대적 환대'란 '초대의 환대'이다. '초대의 환대'에서 '주인'인 '나'는 누구를 초대할지에 대한 결정권이 있으며, 환대의 범주를 제한하는 권력이 있다. 환대를 베푸는 과정에서 언제나 집안의 가장인 '주인'으로서 역할을 하게 된다. 그래서 영어 표현에서는 초대한 손님에게 "당신의 집에 있는 것처럼 편안하게 생각하십시오(Make yourself at home)"라고 말한다. 이렇게 말은 하지만, '당신을 환영합니다. 단 내 집의 규율을 지켜야 한다는 조건에서'[16]라는 암묵적 '조건'이 언제나 전제되어 있는 환대이다.

그러나 '절대적 환대'란 '방문의 환대'로서, 초대를 주도하고 그 초대의 대상을 정하거나 환대의 범주와 조건을 결정하는 것은 주인인 '나'가 아니다. '절대적 환대'는 예상하지 않은 방문과 기대하지 않은 방문자를 아무런 전제조건 없이 환영하는 것이다. 이러한 절대적 환대에서 환대는 하나의 '사건(event)'이 된다. 즉, 미리 계획하고, 초대장을 보내고, 세부사항과 범주를 결정하는 것이 아니라, 우리의 예상과 기대를 벗어나서 '일어나는' 사건이라는 것이다. 이러한 예상과 기대 너머에서 일어나는 사건으로서 환대는 주인과 손님의 경계도 넘어서게 된다. 현대의 구체적인 사회정치적 맥락에서 볼 때, '환대의 문제'란 결국 '외국인 문제'라고 데리다는 규정한다.[17]

유엔의 보고에 따르면, 2020년을 기준으로 이 세계에서 갈등, 박해, 인권 유린과 폭력 등으로 인해 강제적으로 추방되고 난민이 된 사람들은 8000만 명이다. 이 중 40퍼센트는 18세 이하의 어린이들이다.[18] 망명 신청자, 난민, 무국적자 등 다양한 범주로 나뉘는 이들 추방된 사람들의 수에는 '보트 피플(boat people)'로 불리는 사람들, 산업국가들에 의해 '수입'된 이주 노동자들, 외국인 가정부들이나 보모들, 미등록 이민자로 규정되는 계절 농업노동자들, 자신의 집을 떠나 정착하지 못하고 길거리에서 삶을 살아가는 노숙인들 등은 포함되지 않았다. 또한 이들뿐 아니라 종교, 결혼 여부, 육체적·정신적 능력의 조건, 성적 정체성

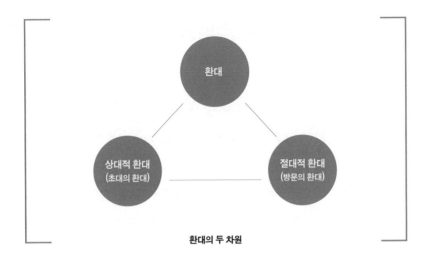

환대의 두 차원

등 다양한 기준에 의해 '외부자(outsider·stranger·alien)'가 된 무수한 사람들이 21세기에 존재하고 있다. 이제 추방된 사람들의 문제는, 먼 나라의 문제가 아니다. 난민, 망명 신청자, 무국적자, 미등록 이주자 등에 대한 환대 문제는 한국을 포함한 전 세계의 문제로 부각되었다. 코즈모폴리턴 환대가 개인은 물론 국가적 차원에서도 진지하게 논의되고 제도화되어야 하는 것이다.

3. 코즈모폴리턴 환대의 구성:
연민과 얼굴

> 코즈모폴리턴 담론은 모든 개별인이 다양한 사회정치적 또는 문화적 배경과 상관없이 이 우주에 소속된 동료시민이라는 것으로

부터 출발한다. 그리고 이러한 동료시민의식을 환대, 연대, 정의, 타자사랑의 근거로 삼는다. 이러한 의미에서 코즈모폴리턴 담론은 타자에 대한 '연민적 시선'으로부터 출발한다. 그런데 '연민적 시선'이란 동정심이나 이타주의를 말하는 것이 아니다. '연민'은 '함께 고통함(com-passion: suffer-with)'의 의미이다. '함께 고통함'이란 이 우주에 함께 속한 '우리'로서 타자들과의 "격렬한 관계성에 의해 방해받는 것"을 의미한다.[19] 여기에서 '방해'란 부정적인 표현으로 들리지만, 사실상 우리의 구체적인 삶에서 친밀성을 나누는 관계로부터 생기는 상황을 매우 역설적으로 표현한 것이다. 인용부호 속에 넣어 사용하는 이유다.

어떠한 종류의 관계든, 타자와 진정한 관계 속에 있다는 것은 그들에 의해 방해받기도 하고 내가 그들을 방해한다는 것을 의미한다. 나의 집에 손님을 초대하면, 나는 그 초대한 손님을 환영하기 위해 음식도 준비하고 집 청소도 한다. 또한 그렇게 시간과 에너지를 쓰게 되면, 내가 일상적으로 하던 일들을 하지 못하고 '방해'받게 된다. 이렇게 누군가와 관계를 맺는다는 것은 각자의 삶에서 일어나는 좋은 일이나 궂은

일에 관심하고 개입하는 것을 의미한다. 그렇기에 관계에 대해 낭만적으로만 보는 것은, 관계의 책임성과 그 책임성을 수행하려는 과정에서 일어나는 갖가지 무거운 짐들과 씨름하는 일 같은, 관계의 어두운 면들을 간과하기 때문에 위험하다. 타자의 존재가 나와 무관한 것으로 본다면 서로의 존재가 아무런 '방해'가 될 수 없다. 그러나 사랑하고 보살피려는 관계에 있는 사람들과의 관계 속에서는 언제나 그 존재에 의해 방해받는 경험을 한다. 타자들과의 뗄 수 없는 관계로 인해 끊임없이 방해받는 것이다.

인간이 타자를 인식하는 가장 중요한 지점 중 하나는 그 개별인들의 '얼굴'이다. 타자의 유일한 독특성이 드러나는 지점은, 손과 발 또는 몸의 다른 부위들이 아니라 얼굴이기 때문이다. 얼굴을 통해 그 타자가 다른 이들과 구별되는 유일한 독특성을 비로소 인지하게 된다. 코즈모폴리턴 환대는 그 대상이 되는 사람이 속한 공동체와 시민권에 근거하지 않는다. 그 사람의 소속이 어디든, 어떠한 국가·종교·젠더·계층 등에 속하든 상관없이 '지구상에 거하는 존재'라는 사실만으로 그 개별인을 환대하는 것이다.

코즈모폴리터니즘은 그 궁극적인 목표에서 보편주의(universalism)나 평등주의(egalitarianism)와 겹치기에 이 둘과 유사한 듯 보인다. 그러나 결정적인 차이점이 있다. 보편주의나 평등주의는 인류 또는 인간이라는 보편적 범주로부터 출발한다. 그러나 코즈모폴리터니즘의 출발점은 '얼굴'로 상징되는 개별인이다. 즉, '개별성의 윤리'로부터 출발한다는 점이다. 에마뉘엘 레비나스는 '얼굴'과의 만남이 '우리'를 구성하게 하며, 결국 보편성의 영역으로 확장된다고 강조한다.

> 타자와의 관계의 형이상학은 돌봄과 환대에서 성취된다. 누군가의 얼굴은 우리를 제3자와의 관계 속으로 집어넣는다는 점에서, 나와 타자의 형이상학적 관계가 하나의 '우리'의 형태를 지니게 하며, 보편성의 원천을 형성하는 국가·제도·법으로 흘러들어가게 한다.[20]

레비나스의 '얼굴의 철학'은 코즈모폴리턴 환대의 가장 중요한 원리가 무엇인가를 심오하게 보여준다. 누군가가 타자를 환영하는지 증오하는지, 또는 타자에게 무관심한지 판가름하는 것은 그 사람이 타자의 얼굴을 바라보는 태도와 시선으로도 알아차릴 수 있다. 환대를 베푸는 주인이 손님의 얼굴을 바라보면서 미소 없이 환대를 베푸는 것은 상상하기 어렵다. 한 사람의 얼굴이란 그 사람의 이름, 성별, 국적, 인종, 성적 지향 등 다양한 사회적 표지나 범주 '이전(before)'에, 또한 그 표지들 '너머(beyond)'에 존재하는 가장 중요한 타자 인식의 자리가 된다. 이러한 의미에서 타자를 바라보는 시선(gaze)이 어떠한 것인가가 코즈모폴리턴 환대에서는 매우 중요하다. 환대란 단지 철학적·사회정치적 담론만이 아니라 구체적인 현실 세계에서 일어나는 개인들의 일상적 실천이기 때문이다. 예를 들어 "나는 당신을 환영합니다"라고 하면서 아무런 미소 없이 무표정하게 맞아들인다면 진정으로 환영받는다는 생각을 하기 어렵다. 즉, 진정한 코즈모폴리턴 환대란 칸트적인 '윤리적 의무'의 수행을 넘어, 환영하는 사람의 얼굴을 진정으로 받아들이는 시선과 마음 자세를 필요로 한다.

누군가가 내 집의 문을 두드렸다고 하자. 문을 열면서 나는 "당신은 누구인가"라고 질문하게 된다. 그런데 이렇게 글자로 썼을 때는 그 질문이 환대의 질문인지 적대의 질문인지를 알 수가 없다. 직접 얼굴을 대하고 질문할 때, 얼굴을 바라보는 시선을 통해서 질문의 성격을 알 수 있다. 즉, 주인은 자신의 공간에 도착하는 손님의 '얼굴'을 바라보게 되고, 그 얼굴을 바라보는 시선은 '당신은 누구인가'라는 물음을 담고 있다. 한 인간의 얼굴은 다른 인간과 조우하게 하는 가장 우선적인 인지의 자리다. 따라서 '당신은 누구인가'라는 물음이 호기심에 찬 '환대의 물음'인지 의심에 찬 '적대의 물음'인지는, 타자의 얼굴을 바라보는 시선을 통해 드러난다. 이 지점에서 '코즈모폴리턴 시선(cosmopolitan gaze)'이라는 개념이 등장하게 된다.

이러한 의미에서 보자면 '당신은 누구인가(who are you)'라는 물음은 환대와 적대 사이에 자리 잡고 있는 '문지방 물음(threshold question)'이다. 이 물음은 손님의 소속, 정체성, 국적, 법적 위치 등을 묻는 '심문과 적대의 물음'이 되기도 하며, 따스하게 환영하고 반기는 '호기심과 환대의 물음'이 되기도 한다. '당신은 누구인가'의 물음이 말해지기도 전에, 상대방은 그 사람의 얼굴과 그 얼굴이 담고 있는 시선만으로도 환대인지 적대인지를 알아차리고 느낄 수 있다. 타자의 얼굴을 바라볼 때 작동되는 '코즈모폴리턴 시선'이 지닌 중요한 의미가 바로 이 지점이다. 미소와 웃음 또는 기쁨의 눈물 없이, 집에 도착한 손님에게 환대와 환영을 베풀 수 없다. 도착하는 손님 역시 자신의 얼굴을 드러냄으로써 자신을 소개하게 된다. 이러한 의미에서 레비나스는 윤리적 관계란 "얼굴과 얼굴의 관계"라고 규정한다.[21] 여기서 '얼굴과 얼굴의 관계'가 상징하는 것은 매우 복합적이며 심오하다. 즉, 얼굴에는 두 가지 의미가 있다. 하나는 우리가 구체적으로 경험하는 실제 얼굴의 의미이며, 다른 하나는 대체 불가능한 존재라는 메타포적 의미다.

자신의 고국을 떠나 외국인으로서 여행하는 사람이 공항에 도착해 통과해야 하는 출입국심사는 '당신은 누구인가'를 묻는다. 그러나 방문객들에 대한 이러한 보안검사 과정은 개별인들의 개성이나 그 독특한 얼굴을 바라보고 인지하지 않는다. 즉, 주인이 자신의 나라를 방문하는 손님의 얼굴을 바라보기는 하지만, 레비나스가 말하는 얼굴과 얼굴이 조우하는 '윤리적 관계'가 아니다. 주인이 손님을 심문·조사·통제하는 '법적 관계'인 것이다. 이러한 정황에서 '얼굴'이란 각자가 고유하게 지닌 '개별적·단수(單數)적 얼굴'이 아니다. '외국인의 얼굴'이라는 집단적인 사회적 표지로 분류되는 '복수(複數)적 얼굴'이다. 인간이 각기 지닌 '개별적·단수적 얼굴'은 코즈모폴리턴 환대·저항·책임에서 심오한 메타포로서의 의미가 있다.

코즈모폴리터니즘은 지구 위에 거하는 모든 인간이 국적과 같은 집단에 속해서가 아니라, 이 지구 위에 거하는 인간이라는 사실 하나만으로 권리·환대·정의가 적용되고 보장되어야 한다는 사상이다. 이러한 코즈모폴리턴 사상이 출발하는 지점은 바로 '얼굴'이다. 레비나스는 "얼굴은 소유가 되는 것에 저항한다"고 말하며 "그 얼굴은 내게 말을 건네며 그럼으로써 나를 관계로 초대한다"고 말한다.[22] 이러한 의미에서 볼 때, '얼굴'은 인간적 만남과 의사소통에서 '말하기'나 '쓰기'보다 선행한다. '나'와 '너'가 만나 서로의 얼굴을 바라보았을 때, 그 두 사람의 만남은 얼굴을 통해, 얼굴과 함께, 얼굴 안에서 이루어진다. 얼굴은 "그 자체가 초대와 초월"인[23] 동시에 "방문하고 방문 받음"[24]의 의미를 지닌다. 이러한 의미에서 타자로서의 이웃이란 '얼굴'이며, 타자의 얼굴은 단순한 '메타포'나 자료와 같은 '숫자'가 아니다. 얼굴은 그 자체로서 표현하며, 그 사람 자체를 제공하는 자리인 것이다.[25]

코즈모폴리턴 환대의 필요조건은 '코즈모폴리턴 시선'이다. 코즈모폴리턴 시선은 개별자로서의 인간 한 사람 한 사람의 얼굴을 '바라보는 것'이다. 또한 그 얼굴에 대해 가장 근원적인 가치와 권리를 인정하는 시선이다. 한 인간의 얼굴은 이름이나 어떠한 종류의 정체성을 규정하는 표지보다 선행해 존재한다. 이 점에서 볼 때, 코즈모폴리턴 권리와 정의가 적용되는 근거는 한 사람의 국적이나 시민권과 같은 소속성이 아니다. 개별적 존재로서 인간의 존엄성을 담고 있는 한 개별인의 '얼굴'에 코즈모폴리턴 권리와 정의가 뿌리내리고 있다는 점을 주지해야 한다.

코즈모폴리턴 환대의 복합성을 이해하기 위해 우선적으로 인식되어야 할 점이 있다. 첫째, 코즈모폴리턴 환대는 한 인간을 사회문화적 정체성, 정치적 위치나 역량 등과 상관없이 고귀한 인간으로, 그리고 이 우주에 속한 '동료시민'으로 보는 '연민적 시선'으로부터 출발한다. 둘째, 코즈모폴리턴 환대는 한 사람 한 사람을 어떤 신분이나 집단으로 보는 것이 아니라, 고유한 '얼굴'을 지닌 개별적 존재로 보는 '개별성의 윤리'에 그 뿌리를 내리고 있다. 셋째, 코즈모폴리턴 환대란 개인적 구제나 관대함에 관한 것이 아니라, 인간의 '권리'와 '책임'에 관한 담론이고 실천이다.

환대의 시혜자가 개인이든 국가든 상관없이, 환대가 구제의 의미로만 이해되는 정황에서는 '손님'이 자신들이 정한 규율과 조건에 맞지 않으면 '손님의 권리'를 무참하게 묵살하는 일이 구체적인 현실에서 종종 벌어지곤 한다. '환대의 예술가이며 시인'[26]으로 일컬어지는 데리다는, 누가 또는 무엇이 우리에게 오든 어떤 결정·예상·신분 이전에 '예스'라고 말해야 한다고 강조한다. 그들이 외국인이든, 이민자든, 초대받은 손님이나 기대하지 않았던 방문자든, 다른 나라의 시민이든, 인간이든, 동물이든, 신성한 존재든, 살아 있든 죽었든, 남자든 여자든, 이 모든 초대받은 '손님'들은 물론 초대받지 않은 '방문자'들 모두에게 '예스'라고 하는 것은 "무제한적 환대의 절대적 법"이기 때문이다.[27]

에마뉘엘 레비나스가 강조한 것처럼, 이러한 무제한적 환대는 "먼 타자든지 가까운 이웃에게든지 모든 이들에게 평화(이사야 57:19)"를 기원하듯 환대의 범주가 "이웃, 이웃의 이웃, 그리고 동료가 아닌 사람들인 타자의 이웃"인 '제3자'에게까지 확대되는 것이다.[28] 데리다는 노아의 방주와 요나의 고래 사건을 예로 들어, 이 '제3자'의 범주에 인간만이 아닌 동물도 포함시킨다.[29] 이러한 환대의 철학은 낭만적이거나 추상적인 이해가 아니다. 우리 모두를 '우주적 책임성(cosmic responsibility)'으로 초대하면서 '무조건적 환대'와 '조건적 환대'의 거리를 좁히기 위한 지속적인 노력과 과제를 상기시킨다. '무조건적 환대'의 불가능성과 그 필요성에 대한 인식, 그리고 '환대의 윤리'와 '환대의 정치·법' 사이의 거리는 낙담의 자리가 아니다. 오히려 다가올 새로운 세계에 대한 희망과 책임이 들어서는 자리다.

코즈모폴리턴 환대의 인식론적 근거

① 한 인간을 고귀한 인간으로, 이 우주에 속한 '동료시민'으로 보는 '연민적 시선'에서 출발
② 고유한 '얼굴'을 지닌 개별적 존재로 보는 '개별성의 윤리'에 뿌리내림
③ 인간의 '권리'와 '책임'에 관한 담론이자 실천

8장

코즈모폴리터니즘과 종교
: 책임성으로서의 종교

자신을 사랑하듯 타자를 사랑해야만 합니다. _예수[1]

신은 누구도 차별하지 않습니다. _바울[2]

당신은 이제 더 이상 외국인이나 이방인이 아닙니다.
신의 사람들과 신의 집에 거주하는 이들과 같은 동료시민입니다. _바울[3]

종교란 책임성이다. 그렇지 않다면 아무것도 아니다. …
악마적인 것이란 … 비책임성이다. _자크 데리다[4]

1. 종교의 존재 의미:
책임성으로서의 종교

코즈모폴리터니즘은 타자의 존재 자체를 긍정하고 포용하는 '포용의 원'을 끊임없이 확장하는 것이다. 또한 인간의 권리와 정의가 적용되는 범주를 한 사람의 국적·종교·언어·지역 등을 넘어 모든 이들에게까지 확장하기 위한 담론이자 실천적 요청이다. 이처럼 코즈모폴리터니즘은 개별 인간의 사회문화적·생물학적·종교적 조건과 경계에 대한 편파성을 넘어 모든 인간이 '우주에 속한 시민'임을 강조한다. 그리고 이러한 코즈모폴리턴 시민성의 강조는 고대의 철학자들이나 칸트와 같은 철학자들에게서만 발견되는 것이 아니다. 이 같은 타자에 대한 포용과 정의의 요구는 성서에서 다양한 방식으로 강조하는 핵심적인 종교 메시지이기도 하다.

1) '그런 신'은 없다

종교란 무엇인가. 학자마다 또는 개인마다 각기 이해가 다를 것이다. 종교는 단수가 아닌 복수로 생각해야 한다. 그 어떤 단일한 개념도 종교라는 이름으로 나타나는 무수한 현상과 기능이나 역할을 모두 아우를 수 없기 때문이다. 나는 자크 데리다의 종교 이해가 매우 중요하다고 본다. 데리다에 따르면 "종교란 책임성이다. 그렇지 않다면 아무것도 아니다." 그리고 "악마적인 것이란 비책임성(nonresponsibility)이다."[5] 이러한 종교 이해를 보면, 타자들에 대한 책임성을 수행하는 것이야 말로 종교의 가장 중요한 핵심을 이룬다. 책임성으로서의 종교 이해는 현대의 종교인들이 진지하게 성찰해야 할 점이다.

데리다의 종교 이해를 통해 보자면, 종교가 한 사회에서 수행해야 할 역할은 개인의 물질적 성공이나 기복을 위한 것이 아니다. 물론 개인이 자신과 가족의 안녕과 성공, 물질적 풍요를 누리려는 욕구를 가지는 것은 당연한지도 모른다. 그러나 종교가 이러한 개인적 욕구를 채우기 위한 장치로 기능하는 것은 기만적이다. 인간의 물질적 욕구, 권력에의 욕망, 이른바 성공에의 바람을 그 종교가 제시하는 특정한 방식으로 기도하면 들어주는 신, 그런 성공과 물질적 복을 내려주는 신이 존재한다고 가르치는 종교는 철저하게 기만적이다. 그러한 신적 존재란 존재하지 않기 때문이다.

2021년 세계 인구는 78억 명이 넘는다. 그리고 200개 이상의 나라가 존재한다. 사용되는 언어는 7000개가 넘는다. 200개 이상의 나라들에 살고 있는 78억 명 넘는 개인들을 선별해서 누군가에게는 건강이나 질병을, 성공이나 실패를 결정해주는 그런 신적 존재란 이 세계에 존재하지 않는다. 신은 어느 언어로 기도해야 소통이 가능할까? 아니, 신은 전지전능한 존재이니 7000여 개가 넘는 그 어떤 언어로도 소통이 가능한 존재인가? 열심히 기도하거나 불공을 드리면 병을 낫게 해주고, 자식을 좋은 학교에 입학하게 해주고, 어떤 시합에서 이기게 해주고, 좋은 직장에 취직하게 해주고, 돈을 벌게 해주는 그런 신, 신적 존재, 초월적 존재란 없다. 신이 만약 세계 곳곳에서 사람들을 선별함으로써 누구는 주체할 수 없을 정도로 돈이 많고, 다른 누구는 하루에 2달러 이하로 연명해야 하는 극심한 가난에 시달리며 매일을 살아간다면, 그런 신의 존재는 무슨 의미가 있는가. 만약 신이 지금 많은 기독교회들이 가르치듯 교회 생활 열심히 하고 기도하면 갖가지 축복을 내리는 신이라면, 먹을 것이 없어 흙을 구워 빵처럼 먹는 그런 아이들에게 먹을 것조차 주지 않는 매정하고 잔인한 존재인가.

인간이 재난, 고통, 고난, 예기치 않은 죽음, 성공이나 물질적 이득을 경험하는 것은 특정 종교의 신이 사람들을 선별해 내리는 축복 또는 심판이 아니다. 그러한 전지전능한 신, 요술방망이 같은 신은 존재하지 않는다. 그런 신이 존재한다면 나치의 홀로코스트에서 죽임을 당한 이들, 세계 곳곳에서 전쟁과 폭력으로 희생당한 사람들, 지금도 기아 상태의 빈곤에서 죽어가는 어린이들, 세월호 참사에서 희생당한 사람들과 가족들, 비정규직 노동자들, 미등록 이주민들, 난민들, 정신적·육체적 장애를 가지고 살아가는 이들, 택배 노동자들, 코로나 바이러스에 걸리고 암에 걸려 죽은 이들 등 사회의 주변부에서 고통 속에 살아가는 이들은 그런 '전지전능한 신'으로부터 버림받은 이들이 된다.

대도시에 있는 크고 찬란한 교회, 파이프오르간, 전문 음악가들로 구성된 오케스트라와 성가대, 화려한 복장을 한 성직자들로 가득한 종교 건물에 들어서면 많은 사람들이 굉장한 신적 권위를 느끼곤 한다. 작은 마을에 있는 작은 교회에서는 별로 느끼지 못하는 '경이의 경험'을 하는 것이다. 대부분의 사람들은 건물이 작고 초라한 교회에 있는 목회자보다 엄청난 크기의 주차장과 시설을 갖추고 개인적으로 만나기조차 어려운 목회자가 전하는 신에 대한 이야기가 훨씬 권위 있다고 생각한다. 그리고 그 대형 교회에 시간과 에너지를 쏟고, 자발적으로 거액의 헌금을 낸다. 그러한 대형 교회 안에 있는 신은, 작은 교회 안에 있는 신보다 왠지 성공과 물질적 축복을 확실하게 보장하는 것 같다고 사람들은 생각한다. 그래서 그 대형 교회의 화려한 시설처럼, 자신의 삶에서도 화려한 축복과 성공을 보장받고 싶어 한다.

많은 종교들이 이러한 성공과 물질적 축복을 보장하는 신을 주입시키면서, 이런 신을 믿지 않으면 저주받고 심판받는다고 가르치고 있다. 이러한 종교는 신의 이름을 차용해 이득을 추구하는 사업을 하는 '종교 기업'일 뿐이다. 그런 이들에게 '신을 잘 믿는다'는 것은 결국 그 종교 단체에 시간과 물질로 기여하고, 종교 지도자에게 복종하는 것을 의미하기 때문이다. 이러한 종교는 '이득의 증대'를 우선적 목표로 하는 자본주의적 가치에 뿌리를 둔 '종교 기업'에 지나지 않는다. 결국 기업화된 종교는 사람들의 삶에 생명력을 부여하는 것이 아니라, 근원적으로 왜곡시키는 것으로 전락하게 된다.

그렇다면 종교는 도대체 왜 존재하는가. 다양한 분석이 있지만, 내게 무엇보다 설득력 있는 분석은 인간의 죽음에 대한 인식으로부터 종교가 시작된다는 것이다. 자신의 죽음에 대해 인식하면서, 인간은 그 죽음에의 두려움을 넘어서기 위한 방편으로 철학과 종교를 등장시켰다. 뤼크 페리(Luc Ferry)에 따르면 철학과 종교의 핵심을 드러내는 개념이 하나 있는데, 그것은 '구원'이다. 철학은 '신 없는 구원(salvation without God)'에 관한 것이며, 종교는 '신과 함께하는 구원(salvation with God)'이라고 할 수 있다.[6]

여기서 '구원'이라는 개념은 서구 기독교적 문화의 산물이다. 따라서 보편적 의미로 사용하는 것은 한계가 있다. 이 세계에 존재하는 모든 종교나 철학이 그러한 기독교적 함의가 담긴 '구원' 개념을 사용하거나 환영하지는 않을 것이기 때문이다. 나 역시 기존의 기독교에서 가르치는 구원 개념에 심각한 문제가 있다고 본다. 그럼에도 불구하고 내가 이 개념을 잠정적으로 사용하는 이유는, 구원이라는 개념이 이미 대중적으로 많이 알려져 있기 때문이다. 기존의 개념에 문제가 많을 때, 우리가 할 수 있는 일은 두 가지다. 하나는 그 개념을 포기하는 것이다. 그런데 사적 개인이기만 하면 스스로 사용하지 않으면 된다. 그러나 공적 영역에서 일하는 사람은 이미 광범위하게 사용되는 개념을 단순히 포기할 그런 '사치'는 없다. 그렇다면 남아 있는 선택은 무엇인가. 그 개념 자체가 아니라 개념의 왜곡된 해석과 적용이 문제라면, 그 문제적 개념을 재개념화하고 새로운 의미를 부여함으로써 그 개념을 '구출'하는 것이다.

2) 종교의 두 기능, 억압과 해방

뤼크 페리의 표현대로 '신 없는 구원' 또는 '신과 함께하는 구원'에 관해 철학과 종교가 씨름하는 물음들은 인간이 존재론적으로 씨름하는 근원적인 질문과 맞닿아 있다. 인간은 누구나 어떤 두려움, 어두움, 불행감 등을 넘어 자신의 삶을 행복하고 의미 있게 만들려는 강력한 바람을 지니고 있다. 행복과 의미에의 바람이 이루어지는 상태를 '구원'이라고 한다면, 좀 더 심층적인 물음과 만나야 한다. 내가 '구원을 받는다'라고 할 때 무엇으로부터(from), 무엇으로(to) 구원을 받는가? 그리고 구원이란 나의 구체적인 지금의 삶에서 무엇을 의미하는가?

이러한 뿌리 물음(root question)을 하지 않을 때, 카를 마르크스(Karl Marx)의 분석처럼 많은 이들에게 종교는 '마약'으로 기능하게 된다. 그 구조 속에 들어가면 뭔가 위로받고 기분이 좋다. 구원이 보장된다는 확신이 들기 때문이다. 그러나 정작 자신의 구체적인 일상적 삶에서 무엇이 변혁되어야 하는가에 대해서는 전혀 관심을 두지 않기에, 자신의 자리는 점점 상실된다. 즉, 종교가 단지 마약의 효과로 작동하게 된다. 이러한 종교는 결국 '구원 클럽'과 같다. 그 클럽의 회원으로 등록하고 일정한 등록비를 지불하면 마치 구원이 보장되는 듯 착각하며 살게 된다. 그리고 이 구원 클럽에 등록하지 않은 사람들을 신으로부터 구원받지 못하고 저주받게 되는 존재로 생각하게 된다. 이는 이른바 '전도'의 동기부여가 된다.

그런데 이렇게 '구원 클럽'의 회원으로 들어가 있는 이들 대부분은, 정작 자신의 구체적 삶에서 부딪히는 불의·차별·배제·억압 등 변화가 필요한 여러 문제들에 대해서는 아무 성찰도, 변화를 위한 행동도 하지 않는다. 전지전능하고 무소부재한 신이 모든 문제를 다 해결해줄 것이라는 착각 속에 살아가기 때문이다. 이러한 맥락에서 카를 마르크스는 "종교는 아편"이라는 비판적 문제제기를 했다. 종교의 기능과 역할, 그리고 자신이 생각하는 구원 등에 관한 뿌리 물음을 하지 않을 때, 종교는 그 종교적 가르침에 동조하지 않는 이들이나 사회적 소수자들을 억압하는 '억압의 종교'가 되어버린다. 그리고 이러한 억압의 종교는 단지 종교 자체의 권력 확장을 위해 존재하는 것이 되어버린다.

철학은 종교처럼 제도화되어 하나의 집단이나 공동체를 구성하진 않는다. 그렇기에 어떤 철학도 그 서클 안에 있는 사람이 세뇌되거나 오도되어 해당 철학에 동조하지 않는 타자를 혐오하거나 저주하거나 악마화하지 않는다. 그러나 종교는 제도화되어 그 자체를 유지하기 위한 다양한 장치를 만들어왔다. 이러한 제도화 과정을 통해서, 타 종교에 소속되어 있거나 그 종교적 가르침과 맞지 않는 사람들에 대한 혐오와 정죄를 신의 이름으로 정당화해왔다.

철학과 종교는 '구원'이라는 핵심적 가치를 공유하지만, 그 작동 방식과 기능은 완전히 다르다. 많은 이들에게 종교는 어떤 두려움으로부터 벗어나 자신의 안녕과 행복을 모색하려는 욕구로부터 구성되고 유지된다. 각 종교마다 각기 다른 용어를 사용할 수 있겠지만, 결국 종교는 육체적 죽음과 같이 인간이 지닌 분명한 한계가 주는 두려움을 벗어나 외부의 어떤 존재에 의존하고, 그 존재로부터 위로와 행복을 보장받고자 하는 욕구에 의해 지속된다. 종교의 지도자와 구성원들이 어떠한 의식과 이해를 지니는가에 따라, 그들의 성서 해석과 신 이해에 따라 한 종교는 억압의 종교 또는 해방의 종교로 기능한다.

종교에 대한 이해는 이렇듯 종교가 인류의 역사에서 억압과 해방이라는 두 가지 상충적 역할을 해왔다는 인식으로부터 출발하는 것이 중요하다. 종교에 대한 낭만화의 위험에 빠지지 않도록 하기 때문이다. 사람들이 종교의 이름으로 다양한 종류의 폭력, 전쟁, 소수자 혐오를 정당화하면서 종교는 억압자와 폭군적 역할을 하기도 하지만, 동시에 많은 이들에게 평등·평화·정의·해방을 확장하는 데 중요한 원동력이 되기도 한다.

기독교는 여성 억압과 노예제도를 '신적 질서'에 따르는 것으로 정당화하기도 했다. 그러나 동시에 그 동일한 기독교가 어떤 이들에게는 인간으로서 존엄성과 평등성을 주장할 수 있도록 분명한 인식론적 확신을 심어주어, 여성 해방과 노예 해방운동에 자신을 기투(企投)하게 만들기도 했다. 그런데 이 두 가지 상충적인 종교의 정치사회적 역할은 많은 경우, 신에 대한 이해가 어떤 것인가에 따라 좌우되어왔다고 할 수 있다. 신 또는 종교 이해에 대한 비판적 성찰이 중요한 이유이다.

자신을 신실한 종교인이라고 생각하는 이들이 신을 전지전능하고 무소부재한 정복적 신으로 이해하고 있을 때, 자신들의 종교적 가르침과 실천 방식에 맞지 않는 이들을 모두 적대적 대상으로 간주하게 된다. 그리고 그런 이들에 대한 폭력·박해·살상을 그 신의 이름으로 정당화한다. 이 '신실한' 종교인들은 자살폭탄 테러도 불사하는데, 사후에 자신이 믿는 신에게 폭력과 살상을 보상받을 것이라고 굳게 믿으며, 타자들을 살상하는 데 자신의 생명까지 바친다.

21세기에도 여전히 계속되는 세계 곳곳의 폭력과 살상은 이슬람 근본주의, 기독교 근본주의와 같은 폭력적·억압적 종교들을 통해 '거룩한 행위'로 정당화되고 있다. 아돌프 히틀러는 1933년 "'기독교의 진리들'을 젊은이들에게 가르치기 위해 '기독교 학교들'을 만들고 모든 교육에서 '기독교적 핵심 가치들'이 반영되도록 해야 한다"고 역설한다. 그러면서 동성애자에 대한 무차별적 체포와 총살, 그리고 가스실에서의 죽임을 감행하기 시작했다.[7] 기독교와 같은 주류 종교가 다양한 소수자에 대한 혐오·폭력·살상을 정당화하는 기제로 사용되고 있다는 것은, 종교의 존재 의미가 과연 무엇인가라는 근원적인 물음을 다시 하게 한다.

한편 기독교는 다양한 종교적 담론을 근거로 구체적 배제와 억압적 기제를 정당화해왔다. 종교의 이러한 혐오와 억압의 확산은 지금도 여전히 한국 사회는 물론 세계 곳곳에서 벌어지고 있다. 여성, 유대교도, 이슬람교도, 이교도에 대한 기독교의 폭력·박해·억압은 다양한 신학적 담론과 교회의 교리를 통해 정당화·강화·유지되어왔다.

예를 들어 중세 500여 년 동안 자행되어온 역사적 사건으로서 '마녀화형(Witch Burning)'은, 여성에 대한 폭력과 죽임의 행위들이 신의 의의를 '실천'하기 위한 일들로 정당화되면서 일어났는데, 기독교의 악마론에 대한 교리에 포함된 문서 〈마녀를 심판하는 망치(Malleus Malleficarum[Der Hexenhammer])〉[8]가 근거로 이용되었다. 이 문서는 1486년 독일의 가톨릭 성직자이자 재판관이었던 하인리히 크라머(Heinrich Kramer)가 쓴 것으로, 크라머 외에 야코프 슈프랭거(Jakob Sprenger)도 공동 저자로 되어 있다. 그러나 저자인 크라머가 자신의 글에 좀 더 공적인 권위를 부가하고 싶어 슈프랭거를 공동 저자로 올린 것이라고 전해지기도 한다. 따라서 대부분의 학자들은 주저자를 크라머로 본다. 독일에서 출판된 이 문서는 대부분의 희생자가 여성이었던 중세의 마녀화형을 '신성한 일(divine work)'로 정당화·강화하는 이론적 근거로 사용되면서, 수많은 종교재판관들의 마녀박해 지침서로 쓰였다.

그러나 다른 한편으로 기독교는 인간의 자유와 해방, 연대와 책임, 사랑과 연민을 구체적인 삶의 현장에 접목시키려고 시도해왔다. 해방신학, 페미니스트 신학, 생태신학, 탈식민주의 신학 등과 같은 신학 담론과 운동은 기독교가 생태계를 포함한 공공세계와 연계하며 인간의 자유와 해방, 포괄과 연대의 지평을 넓히고자 해방적 실천의 역할을 해왔음을 잘 보여준다. 각기 상반된 결과를 낳아온 이러한 실천과 운동 들은 그 실천을 뒷받침하는 다양한 이론을 구성하고, 그 이론들에 근거해 실천의 정당성을 입증하고자 한다. 이러한 맥락에서 보자면, 신학적 이론들은 사람들의 구체적인 삶에 가시적·불가시적으로 다양한 영향을 주고 있으며, 구체적인 실천·운동의 영역과 긴밀히 맞닿아 있다고 할 수 있다.

인류 역사에서 제도화된 종교가 이렇게 '억압'과 '해방'의 두 가지 상충적 역할을 해왔다는 것은 놀라운 일은 아니다. 종교는 인간이 만든 것이다. 그 인간은 다층적으로 편견과 권력에의 욕망을 이루려 하는 존재다. 그렇기에 종교의 이중적 기능, 즉 한편으로는 해방자의 역할을 하지만 다른 한편으로는 억압자의 역할을 한다는 점을 인식하는 것이 매우 중요하다.

3) '신제국'으로서의 종교 너머, 책임성의 종교로

이 장에서는 기독교를 우선적으로 다룬다. 기독교 인구는 세계 인구의 30퍼센트에 불과하지만, 기독교가 이 세계에서 차지한 위치는 막강하다. 유럽과 미국의 대표적 종교가 기독교라는 사실은, 기독교를 유럽과 미국이 세계에 행사하는 막강한 권력의 문제와 분리시켜 생각할 수 없다는 뜻이다. 서구의 식민주의는 기독교의 '세계 선교(world mission)' 프로젝트와 함께 확장되었다. 특히 21세기 신제국(neo-Empire)으로 자리 잡은 미국은 개신교의 나라로 불릴 정도로 기독교가 정치를 포함한 다양한 영역에서 권력을 행사하고 있다. 이러한 막강한 권력을 지닌 종교가 '신제국'으로서 억압적 기능을 하는 것을 벗어나서, 진정한 의미의 해방적 기능을 하는 종교로 변혁된다면 어떤 일이 일어날까? 세계 곳곳에 살고 있는 모든 이들과 '함께-살아감'의 종교로서 책임적 역할을 수행한다면, 이 세계가 좀 더 나은 사회로 전이하는 데 중요한 기여를 하게 될 것이다.

인간이 지닌 종교성 또는 종교적 신앙의 진정성을 어떻게 평가할 수 있는가의 질문은 다양한 측면에서 조명될 수 있다. 그러나 한 사람의 종교성은 그의 종교적인 '절대적 진리'에 대한 주장이 아니라 그 주장이 구체적인 일상생활에서 '어떻게 실천되고 작동되는가'에 의해 평가된다. 즉, 종교적 신앙이 자신을 포함한 인간의 해방·포용·희망·정의·평등의 가능성들을 확장하는 데 기여하는지 아닌지 보는 것이다. 이것이 한 사람의 종교성 또는 종교적 신앙의 의미를 판가름하는 중요한 기준이 된다.

이 장에서는 기독교의 예수와 바울에게서 코즈모폴리턴 사상의 의미를 조명하려 한다. 이 조명을 통해 일반적으로는 제도화된 종교, 구체적으로는 제도화된 종교로서 기독교의 존재 의미와 과제를 재조명하게 될 것이다. 기독교가 이 세계에서 지니는 막강한 권력을 어떻게 사용할 것인가? 그 자체의 존립을 위한 권력 확장에 쓸 것인가, 아니면 그 권력을 이 세계의 '영구적 평화'를 모색하고 함께-살아감의 세계를 만들기 위해 사용할 것인가? 답은 분명하다. 종교는 모든 인간이 함께 살아가는 세계를 위해 자신과 타자에 대한 책임성을 실천하기 위한 것이다. 기독교에서 예수의 가르침은 이러한 종교의 존재 의미를 분명히 하고 있다. 그렇지 않을 때, 종교는 자본주의적 욕구를 충족시키기 위한 '종교 기업'에 불과하다.

2. 예수의 탈종교화:
코즈모폴리턴 시선

코즈모폴리턴 이상은 존재론적 평등성에 근거한다. 이러한 존재론적 평등성에 근거한 코즈모폴리터니즘은 지구에 거하는 모두가 국적, 인종, 언어, 종교, 성별, 계층, 성적 지향, 장애 등 다양한 외적 조건들과 상관없이 한 인간으로서 권리와 존엄성을 인정받고, 이를 보호하며 지속하기 위한 정의와 연대를 나누는 세계에 대한 비전을 제시한다. 코즈모폴리터니즘은 이러한 이상을 이루기 위한 지속적인 프로젝트라고 할 수 있다. 물론 이러한 코즈모폴리턴 이상을 현실에서 완벽하게 실현하는 것은 불가능해 보인다. 그러나 그 불가능성 한가운데서 작은 가능성의 자락을 이루어내려는 것이다. 이러한 변화를 위해서 중요한 선행조건 중 하나는, 개별인이 타자를 보는 시선이다. 즉, 나와 다른 사람을 어떤 시선으로 바라보는지에 대해 비판적으로 재조명하고, 새로운 시선을 가질 필요가 있다는 것이다.

'코즈모폴리턴 시선'이란 나와 다른 이들이 누구인가에 상관없이 그들 모두를 고귀한 '동료인간'으로 보는 시선이다. 이 시선을 기독교적 표현으로 전환하자면, 모든 사람을 '신이 창조한 고귀한 존재'로 보는 것이다. 이런 코즈모폴리턴 시선은 기독교의 가장 중요한 핵심과도 잘 맞닿아 있다. 그것은 바로 예수가 모든 사람을 향해 보인 '연민의 시선'이라고 나는 본다. 예수는 이른바 죄인들, 그리고 사회적 약자들과 함께하는 삶을 가장 중요한 종교적 실천으로 가르쳤다. 그의 행적은 사회의 중심부가 아닌 주변부에 있는 사람들과 함께하는 것으로 이어진다. 주변인들을 향한 예수의 이러한 연민과 연대는 코즈모폴리턴 정신으로 연계될 수 있다. 이러한 맥락에서 코즈모폴리터니즘을 기독교적 정황에 적용하자면, 기독교 코즈모폴리터니즘은 '예수적 시선'을 따르기 위한 철학적 담론이자 사회정치적 실천이라 할 수 있다.

　현실 세계에서는 크게 두 가지 차원의 변화, 즉 객관적 차원의 변화와 주관적 차원의 변화가 요청된다. 객관적 변화란 우리 눈에 보이는 법 규정과 제도의 변화 등을 의미한다. 그런데 이렇게 눈에 분명히 보이는 객관적 변화가 현실의 진정한 변화를 자동적으로 가져오진 않는다. 즉, 객관적 변화는 변화를 위한 필요조건이기는 하지만 충분조건은 아니다. 또 다른 필요조건인 주관적 변화는 눈에 보이지 않는 우리의 가치관이나 의식 세계의 변화를 의미한다. 개별인의 의식 변화는 제도적·구조적 변화들과 근원적으로 연계되어 있다. 개별인들의 의식이 변화됨에 따라 사회, 정치, 경제, 종교 등 일상생활의 다양한 영역에서 제도와 실천의 선택이 달라질 것이기 때문이다.

코즈모폴리턴 정신은 이론적인 논의에서뿐만 아니라 일상적으로 접하는 여러 매체를 통해서도 우리의 인식 체계를 변화시킬 수 있다. 다음의 텔레비전 광고 문구는 인간의 개별성의 윤리로부터 출발하는 코즈모폴리턴 메시지를 담고 있다. 이 광고는 각기 다른 성별·인종·나이·사회계층의 사람들이 한 명씩 등장해 "나는 ○○이 아니다"라고 진술하는 것으로 시작된다.

> 나는 통계가 아니다.
>
> 나는 소비자 표적 시장이나 인구통계가 아니다.
>
> 나는 데이터가 아니다, 나는 환자가 아니다.
>
> 나는 한 인간이며, 엄마이며, 딸이며, 도살업자이며, 선생이다.
>
> 나는 어쩌다가 당뇨를 앓게 되었고,
>
> 높은 콜레스테롤 수치를 가지고 있고,
>
> 고혈압을 앓게 되었을 뿐이다.
>
> …
>
> 나는 인간이다(I am a human being).[9]

이 광고의 마지막 장면을 장식하는 간결명료한 선언 "나는 인간이다"는 매우 중요하다. 인간으로서 지니는 권리, 존엄성, 정의로운 관계에 대한 요구를 담은 의미심장한 권리 선언이기 때문이다. 이 선언은 한 인간이 어떤 숫자·범주·이슈 등에 의해 개별 존재로서 의미를 상실하고 단지 복수적 표지를 지닌 집단이나 객체화된 대상으로만 간주되는 것을 단호히 거절한다. 그럼으로써 한 개별 인간의 존엄성과 대체 불가한 존재로서의 가치를 선언한다.

"나는 인간이다"라는 자기 인식과 선언은, 칸트의 '왕과 같은 사람들'과 연계해 생각할 수 있다. 인간임을 선언하는 것의 의미는 인간의 존엄성에 대한 것이다. 인간의 존엄성을 보호하고 존중하는 제도와 정치를 요청하는 것은, 권력자들에게 약자를 향한 시혜나 자선을 요청하는 것이 아니다. 개별성을 지닌 인간으로서의 권리를 상기시키는 것이다. 더 나아가 이는 인간으로서 분명한 주체적 자기규정의 선언인 동시에 서로에 대한 책임, 서로와 함께하는 연대에의 호소이자 초대의 의미로 확장될 수 있다. '나'의 인간 됨의 선언은 곧 무수한 '너'의 인간 됨을 수용하고 지켜내기 위한 책임적 관계 속에 자신을 기투함으로써만 완성될 수 있기 때문이다.

기독교의 핵심을 이루어야 하는 것은 다른 무엇이 아닌, 기독교의 중심에 있는 예수가 가르치고 실천한 삶의 방식을 구체화하는 것이어야 한다. 타자를 향한 예수의 연민의 시선을 따른다는 것은, 개별 인간들 한 사람 한 사람이 그들의 사회정치적 위치나 신분에 상관없이 "나는 인간이다"의 선언을 지지하고 포용하며 함께하는 것이다. 진정으로 예수의 가르침을 따르려 한다면 예수를 종교적 틀로부터 해방시켜야 한다. 예수를 기독교라는 특정 종교의 소유물로 간주하면서 '기독론'이나

'구원론'과 같은 교리적 구조 속에 고정시킬 때, 정작 '예수'는 사라지고 기업화된 종교로서 '화석화된 기독교'만 남을 위험성이 있다. 예수의 메시지를 기독교라는 울타리 너머로 확산하고자 한다면, 예수를 탈종교화해야 한다.

국가적 경계를 넘어 이루어져야 할 타자에 대한 관심과 배려에 대한 정언적 명령은, 정치적·도덕적 영역에서만 등장하는 것이 아니다. 예를 들어 기독교적 가르침에서 핵심 인물인 예수는 '나에 대한 사랑'과 전통적으로 강조되던 '이웃에 대한 사랑'(마가복음 12:31)을 '원수 사랑'(마태복음 5:44)으로까지 급진적으로 확대한다. 원수로까지 확장한 것은 국가·인종·민족·성별·종교 등의 다양한 경계를 넘어서는 사랑·환대·책임·연대의 요청을 의미한다. 사랑의 대상을 이웃만이 아니라 '원수'로까지 확장한다는 것은 무슨 의미인가. '사랑의 급진화'라고 나는 본다. 예수의 이러한 급진성은 코즈모폴리터니즘에서 제시하는 '세계시민'으로서의 인간 이해에 대한 종교적 근거가 될 수 있다. 타자에 대한 환대와 사랑의 메시지는 기독교뿐 아니라 다양한 종교의 가르침에서도 강조된다.

기독교에서 예수 다음으로 중요한 자리에 있는 바울은 '외국인'을 '동료시민'으로, '신과 한 가족'으로 선언한다(에베소서 2:19). 예수만이 아니라 바울도 코즈모폴리터니즘의 중요한 종교적 근거를 제시한 것이다. 그런데 여기에서 '신과 한 가족'이라는 표현을 현대 세계에서 기독교인들만이 독점할 수 있는 종교적 배타성과 연계지어 생각하면 매우 위험하다. 성서의 〈창세기〉에 등장하는 창조 이야기에서는 신이 어느 특정한 종교에 속한 이들만 창조한 존재가 아니라, '우주를 창조한 존재'로 고백되고 있다. 그 신은 제도화된 어느 특정한 종교가 독점하는 소유물이 될 수 없다. 어느 집단이나 종교도 신에 대한 절대적인 독점과 소유권을 주장할 수 없다.

모세가 '신의 이름'을 물었을 때, 신은 "나는 나다(I am who I am)"(출애굽기 3:13-14)라고 선언한다. '나는 나'라는 정체성의 선언은 무엇을 의미하는가. 그 어떤 고정된 묘사나 표지도 거부하는 선언이다. 이러한 신의 자기정체성 선언은 매우 중요한 통찰을 준다. 신에 대한 인간의 개념과 이해는 언제나 지극히 부분적일 뿐이다. 인식의 유한성을 지닌 인간이 표상하는 무한자인 신의 전체 모습은, 언제나 부분적일 수밖에 없으며 늘 왜곡의 가능성에 노출되어 있다. 즉, 신을 인간과는 다른 무한자로 이해할 때, 그 무한자는 유한자 인간의 인식과 경험세계를 홀연히 넘어선다는 것이다.

신의 이러한 자기 명명은 어느 종교도 신에 대한 독점적 소유권을 주장할 수 없음을 의미한다. '나는 나'라는 신의 자기 명명은 인간이 신에 대해 제도화하고, 특정한 범주 속에 집어넣고, 제도화된 구조 속으로 제한시키는 그 모든 소유화에 대한 '신적 거부'라고 볼 수 있다. 신의 자기 명명이 지닌 그 심오한 의미를 생각해본다면, '예수를 믿는 사람'이라는 종교 정체성을 지닌 이들은 인류 역사에서 기독교의 이름으로 타 종교에 가해진 박해와 폭력에 대해 비판적인 인식을 가질 필요가 있다. 신의 이름은 하나가 아니다. 기독교를 포함해 그 어떤 종교도 신에 대한 절대적 소유권을 주장하거나, 그 신에 대한 표상을 고정시켜 교리화해서는 안 된다. '신은 신'이기 때문이다.

그렇다면 기독교를 포함한 다양한 종교가 자신들이 표상하는 신·신적 존재·초월자 등을 중심에 놓을 때, 이 종교들이 가르치는 궁극적 가치란 무엇인가? 물론 기독교를 포함한 특정 종교가 '코즈모폴리터니즘'이라는 용어를 직접적으로 사용하고 있진 않다. 그러나 다양한 종교가 사실상 국적이나 여타 외적 조건들에 상관없이 타자를 향한 연민과 보살핌을 지고한 종교적 가치로 삼는다. 코즈모폴리터니즘이 지향하는 관계와 삶의 방식을 예수가 중심이 되는 기독교적 전통에서 새로운 시각으로 발굴·재해석·확산시키는 것은, 기독교가 현대 세계의 평화·평등·정의에 기여하는 종교로 전이되는 데 있어 매우 중요한 과제 중 하나다. 한 종교의 존재 의미는 자기충족적 축복이나 내세지향적 욕구들에 만족하는 데 있는 것이 아니라, 신이 창조하고 사랑하는 이 세계를 좀 더 나은 세계로 만들기 위한 책임을 질 때 비로소 그 의미가 살아 있게 된다. 기독교 전통 속에서 코즈모폴리턴 정신을 찾는 것은 21세기의 긴급한 종교적 책임이라고 할 수 있다.

3. 예수의
코즈모폴리터니즘

자신의 종교적 정체성을 '기독인(Christian)' 또는 '예수를 따르는 사람(follower of Jesus)'으로 규정하는 이들에게 가장 중요한 근거는 '예수'다. 그러므로 제도화된 종교로서 기독교의 중심에 있는 예수가 그의 삶과 가르침을 통해 우리에게 과연 무엇을 실천하라고 하는지를 끊임없이 살펴보아야 한다. 이는 기독교가 교리적 틀 안에 갇힌 종교가 아니라, 구체적인 삶에서 살아 있는 종교로 자리매김하는 데 참으로 중요하다. 그렇다면 도대체 예수는 어떤 삶을 살았으며 무엇을 가르쳤는가? 여기서 예수를 '잘 안다'고 생각하는 이들은 의도적으로 예수에 대한 자신의 전 이해를 내려놓고 예수를 '낯설게 하기'를 시작해야 한다. 예수를 '낯설게 하기'는 상투적인 예수 이해와 기독교 교리 안에 고착된 예수 이해로부터 과감히 벗어나, 21세기 '지금 여기'에서도 살아 있는 예수와 조우하는 데 요청되는 첫 단계라고 할 수 있다.

예수는 직접 글을 쓰지 않았다. 그렇기에 우리가 예수를 이해할 수 있는 유일한 길은 예수의 행적을 다룬 네 개의 복음서를 통해서만 가능하다. 이와 같은 자료의 제한성은 그 누구도 예수의 '원래 의도'를 모두 이해한다고 주장할 수 없다는 사실을 더욱 분명히 해준다. 설사 예수 스스로 자신의 삶과 행적을 세세하게 직접 글로 썼다 해도, 그것을 읽는 독자들은 자신의 문화역사적 배경, 세계관 또는 삶의 경험과 정황 등에 따라 각기 다르게 해석하고 이해할 것이다. 따라서 '올바른' 예수 이해란 특정한 사람의 독점물이 될 수 없다. 그렇다면 동일한 텍스트에 대해 상충하는 해석이 존재할 때, 나는 어떠한 해석을 받아들일 것인가. 그러한 판단을 하게 되는 나의 가치관이나 해석적 렌즈는 무엇인가. 읽기와 해석이 '자서전적'인 이유다. 열 명이 동일한 텍스트를 읽는다 해도 거기서 경험하고 느끼는 것은 한 개인의 인식세계와 가치관, 그리고 관점에 따라서 다르다. 열 개의 각기 다른 읽기 경험이 존재한다는 것이다. 예수를 둘러싼 다양한 해석에 대해 지속적으로 비판적인 성찰을 해야 하는 이유다.

예수를 복합적으로 이해하기 위해 우선적으로 예수의 행적을 살펴보려 할 때는 해석적 상상력을 발휘해야 한다. 예수의 메시지는 사실적이고 과학적인 표현들로 되어 있지 않다. 오히려 다양한 해석의 가능성이 열려 있는 시적·은유적 표현들로 가득하다. 그런데 한 가지 분명한 사실은, 대부분의 예상과 달리 예수는 종교적 교리에 대해서는 가르치지 않았다는 것이다. 예수의 가르침을 면밀히 들여다보면, 주요한 핵심은 '나는 타자와 어떠한 관계 속에서 살아가는가'이다. 즉, 그는 '타자'에 대한 나의 책임과 의무가 타자의 인종·국적·종교 등으로 갈라지는 어떠한 종류의 경계조차 훌쩍 뛰어넘는 것이라는 중요한 가치를 전하고 있다. 예수는 결코 고정된 종교적 울타리 안에 갇히지 않았으며, 사람들의 삶에 개입하고 그들과 삶을 나누면서 '생명 사랑'에 가장 중요한 초점을 두었다. 예수를 진정으로 이해하기 위해 예수를 '탈종교화'해야 하는 이유다. 그렇다면 예수의 가르침과 행위에서 어떠한 요소들이 코즈모폴리턴 사상과 연계되어 있는지 세부적으로 조명해보자.

1) 모든 사람을 이웃으로: 경계를 넘어선 연민과 사랑

예수의 코즈모폴리터니즘에 대한 중요한 예를 살펴보자. 여러 예가 있는데, 우선 '선한 사마리아인'의 이야기를 조명해보자. 이 비유는 종교·민족·계층을 넘어 모든 사람을 '동료인간'으로 대하는 좋은 예다. 예수는 사람들이 이해하기 쉽도록 종종 비유를 통해 자신의 메시지를 담았다. '선한 사마리아인'의 이야기(누가복음 10:30-37) 구성은 매우 단순하다. 이 이야기의 시작은 한 법률가가 "어떻게 해야 영원한 생명(everlasting life)을 얻을 수 있습니까?"라고 예수에게 질문하는 장면이다(누가복음 10:25).[10] 그러자 예수는 법에서는 어떻게 되어 있느냐고 반문한다. 그 법률가는 "신을 사랑하고, 자신을 사랑하듯 이웃을 사랑하라고 되어 있습니다"(누가복음 10:2)라고 대답한다. 그러자 예수는 "그럼 그렇게 하십시오"라고 답한다. 그 법률가는 다시 예수에게 묻는다. "그렇다면 도대체 누가 나의 이웃입니까?" '선한 사마리아인'의 이야기는 바로 이 법률가의 물음에 대한 답으로 예수가 말해준 것이다. 예수는 관계를 맺고 대화를 나눌 때 직접적 답을 하지 않는다. 비유 또는 은유를 사용하면서 청자 스스로 생각하고 해석하도록 한다.

예루살렘에서 여리고로 여행하던 어떤 사람이 길에서 강도를 만났다. 강도는 그 사람의 옷을 벗기고 때려서 거의 죽다시피 되자 길가에 버렸다. 누군가의 관심과 돌봄이 없으면 길가에 쓰러져 있는 그 사람은 죽을 수도 있다. 그 쓰러진 사람 곁으로 제사장과 레위인 등 사회적으로 존경받는 지도자들이 오갔다. 그렇지만 누구도 그 쓰러진 사람에게 관심을 두지 않았다. 그 종교인들에게 강도 만난 사람은 '존재하지만 보이지 않는 존재'다. 그러던 중 한 사마리아인이 가던 길을 멈추어 서서 쓰러져 있는 사람의 상처를 치료해준다. 그뿐만이 아니다. 사마리아인은 강도 만난 사람을 여관으로 데리고 가서 숙박비까지 지불해준다. 그리고 그가 나을 때까지 돌보아줄 것도 부탁하며 비용이 더 들면 후에 모두 지불하겠다고 한다.

예수는 이 이야기를 마치고서 "강도당한 사람에게 누가 이웃입니까?"라고 묻는다. 그 법률가는 "연민을 보인 사람입니다(one who showed compassion)"(누가복음 10:37)라고 답한다. 예수는 "그렇다면 가서 그렇게 똑같이 하십시오"라고 명한다. 내가 여기서 사용한 성서는 《포괄적 신약성서》다. 한글 성서로는 그 의미가 잘 전달되지 않기에 영어 성서에서 인용하는 것이다. 성서에 나온 이 구절을 보면 예수가 어떠한 메시지를 전달하려 했는지를 명확히 알 수 있다.[11]

예수가 '선한 사마리아인' 비유를 통해 전하는 메시지는 무엇인가. 특이한 점은 예수의 비유 어디에도 이른바 종교적이거나 교리적인 자취가 전혀 없다는 것이다. 강도 만난 사람을 돌본 이는 유대인이 아닌 사마리아인이다. 즉, 유대사회적 정황에서 보자면 비정통 종교인인 '이방인'이다. 지금의 정황에 이 비유를 적용해본다면, 예수가 모든 사람들이 본받아 따라야 할 모범적인 사람으로 칭찬한 사람은 유대교 랍비나 유대인도, 기독교 목사나 기독교인도 아니다. '비유대인이며 비기독교인'이다. 그런데 예수는 이 '비유대인, 비기독교인, 비종교인'인 사람을 가장 모범적인 사람으로 만든다. 그리고 이 사람처럼 "똑같이 하십시오"고 말한다. 예수의 이 비유는, 한 사람의 종교적 소속은 예수에게 전혀 문제가 아님을 명시적으로 드러낸다.

예수의 가르침에서 가장 중요한 것은 모든 인간을 '동료인간'으로, 또한 고귀한 인간으로 보고 대하는 것이다. 이러한 시선에서 종교, 인종, 사회적 계층, 성적 지향과 같은 것은 그들을 '동료인간'으로 보는데 전혀 걸림돌이 되지 않는다. '선한 사마리아인'의 비유를 통해 예수가 전하는 메시지의 핵심 개념은, '연민'(누가복음 10:37)이다. 이때의 '연민'을 좀 더 구체화하면 '코즈모폴리턴 연민'이다. 그 연민의 적용에 종교적 소속, 인종, 계층 등 어떤 경계나 범주도 방해가 되지 않기 때문이다. '예수를 따르는 삶'이란 특정 종교 자체를 믿는 것이 아니다.

예수의 메시지에서 핵심은 타자에 대한 경계를 넘어서는 연대, 환대, 보살핌, 사랑의 삶을 살아가는 것에 있다. 즉, '기독교'라는 제도화된 종교적 교리에 관한 것이 전혀 아니다. 사마리아인은 유대인 중심 사회에서 전형적인 주변인을 의미한다. 그런데 예수는 왜 중심부에서 살아가는 유대인이 아니라, 사마리아인과 같은 주변인을 '모범적 인간'의 예로 든 것일까? 이는 실제로 일어난 사건의 묘사가 아니라, 예수가 구성한 비유(parable)다. 그러므로 이 비유의 등장인물이나 그 인물의 특성에는 화자인 예수의 의도가 반영된다. 물론 다양한 해석이 가능하다. 강도를 당한 사람에게 '누가 진정한 이웃인가'를 묻는 예수는 이 비유 속 등장 인물과 그들의 역할을 의도적으로 구성했을 것이다. 사마리아인은 현대의 상황에서 보자면 종교적 타자, 인종적 타자, 사회문화적 타자다.

예수는 '이웃이란 누구인가'라는 법률가의 질문에 대한 응답에서, 우리의 통상적인 예상을 완전히 뒤엎는 설정을 한다. 그는 당시 자타가 인정하는 종교적 정통성을 지니고, 인종적으로도 사회문화적으로도 주류에 속했던 제사장이나 레위인을 '모범적 이웃'으로 택하지 않았다. 제사장이나 레위인은 지금으로 말하면 교황, 추기경, 신부, 목사 등 최고 종교 지도자의 자리에 있는 사람들이다. 그런데 예수는 그의 비유에서 이러한 종교 지도자를 모범으로 설정하지 않는다. 오히려 종교적·인종적·사회계층적으로 주변인인 사마리아인을 이웃 사랑을 실천하는 진정한 '이웃'의 모델로 삼는다. 나는 여기에 예수의 분명한 의도가 있다고 본다. 예수의 '본래적 의도'를 아는 것은 사실상 불가능하다. 그렇기에 성서를 읽는 이들은 쓰인 것만이 아니라, 쓰이지 않은 것까지 읽고 해석해야 하는 과제를 지닌다.

선한 사마리아인의 비유를 통해서 우리가 분명하게 유추할 수 있는 것이 있다. 예수에게 중요한 것은 '종교적 소속'이 아니라는 점이다. 또는 인종적·종교적으로 중심부에 속한 사람이라고 해서 윤리적 우월성을 자동적으로 확보하는 것이 아니라는 점이다. 가장 중요한 것은 종교·인종·계층이 아니라 타자에 대한 책임성을 실천하는지 여부다. 이 것이 바로 예수의 메시지에 담긴 핵심이다. 이러한 경계를 넘어 모든 타 자들에 대해 연민의 시선, 즉 코즈모폴리턴 시선을 가지는 것이다. 이 비유는 '영원한 생명'을 이루기 위해, 즉 기독교적 용어로 말하자면 '구 원'을 받기 위해 무엇을 해야 하는가라는 질문과 연결되어 있다. 예수 는 이 비유를 통해, 구원받는 데 필요한 것은 그 어떤 종교적 예식이나 법을 지키는 것이 아니라고 분명히 한다. 구체적인 일상 세계에서 모든 사람을 존중하며 돌보는 삶을 사는 것이 바로 '구원'받는 것이라는 중 요한 메시지를 전하고 있다.

성서 읽기에서 요청되는 것은 종교적·철학적·시적·사회정치적 상상력이다. 우리는 예수가 전하는 메시지의 행간을 면밀히 살펴서 현 대인들에게 전해질 수 있는 그 심오한 의미를 끊임없이 새롭게 조명하 고 재해석해야 한다. 아울러 메시지가 뜻하는 구체적인 실천적 과제를 살아 있는 것으로 만들어야 한다. 예수는 그의 말과 행동을 통해서, 신 이 창조한 우주 속에 거하는 모든 살아 있는 생명들의 '함께-살아감' 에 대한 메시지를 전하는 것이라고 나는 본다. 예수가 가리키는 것은 정 의·사랑·책임·연대가 실천되는 세계다. 그런데 정작 제도화된 종교로 서의 기독교는 그 자체의 존립을 위해서 기업화되어가고 있다. 정작 예 수가 가르치고자 했던, 연민·환대·타자에 대한 책임성을 실천하라는 메시지에는 별로 관심을 두지 않는다. 십자군 전쟁, 마녀화형 등과 같은 기독교의 '죄의 역사'를 살펴보면, 예수의 삶과 가르침이 권력화된 종교로서 기독교를 통해 어떻게 왜곡되었는지를 알 수 있다.

제도화된 종교로서 기독교는 다양한 신학 담론, 예식, 정통과 이단의 논쟁, 종교 권력에 의한 살상과 폭력, 특정 기준들에 근거한 폭력적 차별과 정죄 등을 양산해왔다. 게다가 '교회성장 제일주의'는 예수 복음의 자본주의화도 서슴지 않았다. 제도화된 종교로서 기독교회가 해석하는 '신의 뜻'은 다른 민족과 종교를 맹목적으로 정죄하는 데 남용되고 있다. 또한 세월호 참사 등에서 볼 수 있는바, 다른 이의 불행을 왜곡하는 데도 악용된다. 나는 제도화 자체가 무의미하다거나 불필요하다고 주장하는 것이 아니다. 제도화는 인간이 다층적 유한성을 넘어 역사를 지속하고 공동체를 형성하는 데 필수적인 조건이기도 하다. 다만 우리가 언제나 기억해야 할 것은, 인류 역사에서 인간이 만든 어떤 제도도 그 자체의 한계와 오류로부터 자유롭지 않다는 것이다. 따라서 하나의 특정한 종교 제도와 전통은 스스로를 절대화하려는 유혹을 피하기 위해서 자기비판적 메커니즘을 부단히 작동시켜야 한다.

이러한 맥락에서 우리는 '제도화된 종교로서의 기독교', 그리고 예수의 정신과 가르침을 따르는 삶에 대한 헌신과 결단을 의미하는 '예수 운동으로서의 기독교'를 분리시켜서 보아야 한다. 그리고 이 두 축 사이에서 언제나 제도화된 기독교가 지닐 수 있는 한계들을 조명하며, 이 두 축의 거리를 좁히려는 노력을 해야 한다. '지금 현실 속의 기독교'(제도화된 종교로서의 기독교)와 아직 오지 않은 '이루어야 할 기독교'(예수 정신을 온전히 실천하는 공동체로서의 기독교)라는 두 축 사이의 엄청난 거리를 어떻게 좁힐지에 대한 고민과 함께 지속적인 비판적 성찰을 해야 하는 것이다. 또한 이러한 비판적 성찰을 통해서 어떻게 하면 '제도화된 종교로서의 기독교'가 '예수 운동으로서의 기독교'에 좀 더 가까워질지에 대한 고민을 지속적인 과제로 삼아야 한다.

예수의 행적과 가르침에는, 우주에 존재하는 모든 생명의 가치와 권리를 강조하는 코즈모폴리터니즘의 가치들이 고스란히 담겨 있다. 나를 사랑하듯이 이웃을 사랑하고, 나아가 원수까지 사랑하라는 것, 또한 용서할 수 없는 타자를 무한히 용서하라는 것과 같은 예수의 가르침은, 온갖 이기성과 권력에의 욕망을 지닌 인간에게는 사실상 불가능한 요구다. 이러한 맥락에서 보자면 '예수를 믿는다' 또는 '예수를 따른다'는 의미를 지닌 기독인이라면, 마땅히 예수의 이와 같은 '불가능한 요구'를 따라야 한다. 동시에 예수를 중심에 놓고 형성된 기독교의 핵심은, 타자에 대한 무조건적 책임과 환대를 최상의 가치로 가르치고 실천해야 하는 공동체적 책임에 있으며, 기독교는 그 안에서 비로소 존재의 유의미성이 확보된다.

'예수 믿는 것'이란 단지 어떤 기독교회에 교인으로 등록하거나 "예수는 나의 구주"를 맹목적으로 고백하는 것이 아니다. 또한 '예수 믿는 것'이라는 이름 아래 교리를 암송하거나 교회 자체의 양적 성장을 위해 헌신을 강요하는 것은 더더욱 아니다. 예수를 믿고 따른다는 것은 예수가 우리에게 '따르라'고 말한 '길'을 따르는 것이다. 그것은 무조건적인 이웃 사랑, 환대, 용서의 길을 따르는 것이며, 그 '불가능성의 요구'

에 자신을 열정적으로 기투하는 것을 의미한다. 또한 지금 존재하는 세계에 안주하지 않고, 지금의 세계는 물론 '아직 오지 않은 세계', 즉 기독교적 용어로 하자면 '신의 나라(Reign of God)'에 대해 꿈꾸기를 포기하지 않는 것이다. 불가능성에의 열정과 책임을 수행하려 하는 것은 모든 인간을 신의 자녀이자 고귀한 존재로 보는, 타자를 향한 예수의 '연민의 시선'을 따르고자 연습하는 것을 의미한다.

　예수적 연민의 시선은 한 개별인을 제한하는 국가적 경계나 종교 혹은 인종적 경계를 훌쩍 뛰어넘는다. 인간이 지닌 사회문화적·생물학적·종교적 조건들과 경계들에 대한 편파성을 넘어 모든 이들이 '우주에 속한 시민', 즉 '코즈모폴리턴 시민'이라는 새로운 코즈모폴리턴 시민성의 강조는, 모든 인간을 '신의 자녀'라고 보는 종교적 시민성과 맞닿아 있다. 기독교적 용어로는 '신의 자녀'이고, 코즈모폴리턴 사상의 용어로는 '코즈모폴리턴 시민'이다. 코즈모폴리터니즘이 지향하는 가치들이 예수의 가르침 속에 잘 드러나 있다는 것은 현대 세계에서 종교의 존재 의미와 과제가 무엇인지에 대해 중요한 단서를 제시해준다.

　코즈모폴리터니즘 사상과 예수의 가르침에 하나의 공통점이 있다. '불가능성의 가치'들을 제시한다는 점이다. 권력구조가 얽히고설킨 복잡한 현실 속에서, 그리고 다양한 권력에의 욕구를 지닌 인간 조건들 속에서 코즈모폴리턴 이상이나 예수의 가르침을 온전하게 실현하기란 불가능하다. 예수는 나 자신을 사랑하듯이 이웃과 원수를 사랑하라고 한다(마태복음 5:43-44, 22:39). 또한 나의 삶의 현장에서 배고픔, 목마름, 헐벗음, 이방인 됨, 병듦, 감옥에 갇힘 등과 같은 다양한 어려움에 처한 이들을 어떠한 경계도 긋지 말고 환대하고 돌보라고 한다(마태복음25:31-46). 그뿐이 아니다. 타자를 무한히 용서하라고 한다(마태복음 18:21-35). 얼마나 불가능한 일인가. 종교란 이러한 '불가능한 것에 대한 열정'이다.

이와 같은 예수의 가르침은 종교를 교리, 예식, 또는 특정한 전통의 집합체로 생각하는 우리의 통상적 이해를 뒤집는다. 따라서 예수의 가르침을 따르는 것은 예수의 '불가능성에 대한 열정'을 따르는 것을 의미하는 것이다. 타자에 대한 무조건적 책임과 환대를 가르치고 있다는 점에서 종교는 '불가능성에의 열정'의 또 다른 이름이라고도 할 수 있다. 즉, 예수의 가르침들은 사실상 무수한 '불가능성'을 향해 자신을 기투하라는 것이다. 이를 행하는 이들이 진정한 의미의 종교인이며, 예수를 따르는 '기독인'으로서 정체성을 지닌다. 21세기에도 세상에는 여전히 가난과 불평등이 존재하고, 전쟁과 폭력이 난무한다. 이와 같은 세계 정황 속에서 '함께-살아감'은 21세기 종교가 다루어야 하는 가장 긴급하고 중요한 주제라고 나는 본다. 예수의 가르침에 있는 핵심은 타자들과의 '함께-살아감'이다. 결국 예수를 '믿고 따르는 삶'을 살아간다는 것은, '함께-살아감의 평화'를 위해 살고, 예수 정신을 믿으며 실천하는 삶에 자신을 헌신함을 의미한다.

2) 코즈모폴리턴 실천: 신을 사랑할 때, 무엇을 어떻게 사랑하는가

21세기를 살아가는 이들에게 예수의 '최후의 심판' 이야기(마태복음

25장)가 지닌 종교적 함의는 중요하다. 기독교라는 특정 종교만이 아니라, 종교의 존재 의미란 무엇인가에 대해 중요한 단서를 제공하기 때문이다. 예수의 비유에 나오는 굶주린 자, 목마른 자, 헐벗은 자, 병든 자, 낯선 자, 감옥에 갇힌 자들이 현대사회에서는 어떤 이들을 의미하는지에 대한 물음은 더욱 진지하고 치열하게 논의되어야 한다. 이를 종교적 주제로 인식하는 것은 참으로 중요하다. 타자와의 연대, 인간으로서 그들의 권리와 그들에 대한 책임을 인식하는 것은 예수가 말하는 가장 '종교적'인 것이며, 신을 사랑하는 방식이다. '지극히 보잘것없는 사람 (the Least)'에게 한 것이 곧 신에게 한 것이며(마태복음 25:40), 사랑하지 않는 이들은 결코 신을 알 수 없기(요한일서 4:8) 때문이다.

그러므로 '신을 사랑한다'고 고백하는 종교인들 또는 '예수를 사랑한다'는 기독교인들은 아우구스티누스의 물음인 "내가 나의 신을 사랑할 때, 나는 무엇을 사랑하는가"에 대해 개인적·집단적으로 끊임없이 성찰해야 한다.[12] '신을 사랑한다' 또는 '예수를 사랑한다'는 고백이나 선언 자체가 종교적 의미와 진리성을 확보하는 것은 아니기 때문이다. 신에 대한 사랑, 예수에 대한 사랑은 그 사람의 구체적인 일상 속에서 타자와의 관계 맺기를 통해서만 그 진정성이 확보될 수 있다. 따라서 "나는 신을 사랑하는가"라는 종교적 물음으로부터 나와서 "내가 나의 신을 사랑할 때 나는 무엇을 어떻게 사랑하는가"라는 구체적·실천적 물음으로 전환해야 하는 것이다. 종교가 이렇듯 인간 삶의 모든 영역과 연계되어야 한다는 인식을 하게 한다는 점에서 이러한 물음은 매우 중요한 종교적 통찰을 준다고 할 수 있다.

"교회 밖에는 구원이 없다"라는 종교적 배타주의에 근거한 신학은, 예수의 가르침을 반영하지 않는다. 예수가 자신을 "길이고, 진리이며, 생명(요한복음 14:6)"이라고 선언하면서 따르라고 한 것은, 지금 우리가 보고 있는 제도로서의 '교회' 자체를 따르거나, '기독교인'으로 교회에 등록하는 것만을 의미하지 않는다. 오히려 예수는 자신의 삶에서 직접 보여주었듯이, 다양한 경계를 넘어 '모든' 사람들에 대한 배려·환대·책임·사랑의 삶을 따르라고 하고 있다. 모든 사람을 동료인간으로 보는 코즈모폴리턴 사상은 모든 인간을 고귀한 존재로 보고 사랑과 배려의 대상으로 보는 예수의 가르침을 핵심적으로 담아내고 있다. 이를 실천하는 삶이 진정으로 예수를 '길과 진리와 생명'으로 고백하고 따르는 삶이다.

제도화된 공동체로서의 교회는 언제나 '플랜 B'다. 즉, '플랜 A'가 아니다. 이렇게 교회들이 '플랜 B'라는 자기 정체성을 가질 때, 비로소 종교의 존재 의미가 분명해진다.[13] 만약 기독교나 그 안의 교회가 절대적 의미의 '플랜 A'로서 그 자체를 절대화할 경우, 그들은 사실상 예수의 이름으로 예수를 배반하는 오류를 범하게 된다. 이러한 의미에서 보자면, "예수가 만약 육체적인 몸을 입고 다시 돌아온다면, 예수는 세상에 의해서가 아니라 바로 교회에 의해서 다시 처형될 것"이라고 한 존 카푸토(John Caputo)의 말은 매우 중요한 경고를 하고 있다.[14] 따라서 기독교를 포함한 여타의 제도화된 종교는 언제나 두 가지 축, 즉 '현재 모습의 종교'와 '이루어나가야 할 종교' 사이에서 자기비판적 성찰을 멈추지 말아야 한다.

급변하는 세계에서 무엇이 진정으로 신을 믿는 것이고, 종교의 책임과 종교인의 과제는 무엇인가에 대한 실천적 조명이 부재할 때, 기독교인 또는 종교인이 된다는 것은 물질적 번영과 자본주의적 성공을 지향하는 지극히 이기주의적이고 자기중심적인 성공의 열쇠로서만 기능할 것이다. 코즈모폴리터니즘의 가장 중요한 의미는 '함께-살아감의 철학'이다. 이 점에서 코즈모폴리터니즘은 예수의 가르침을 구체적 정황에서 실천하게 하는 다층적인 인식론적 전거를 마련해준다고 나는 본다.

4. 바울의 코즈모폴리터니즘

1) 인간의 평등성과 동료시민의식

예수 이외에, 코즈모폴리터니즘 정신을 매우 구체적으로 보여주는 성서의 대표적인 인물로는 바울을 꼽을 수 있다. 바울은 다음과 같이 코즈모폴리턴 정신을 담은 메시지를 전한다.

당신은 이제 더 이상 외국인이나 이방인이 아닙니다.

바울은 외국인을 '동료시민'이라고 선언한다. 이 선언은 코즈모폴리턴 정신의 핵심을 명료하게 드러낸다. 바울은 외국인과 이방인을 '신의 나라'에 속하는 '동료시민'으로 명명한다. 이로써 종교적 실천의 의미를 타자에 대한 환대와 사랑의 실천과 연계한다. 바울의 선언은 종교의 의미를 급진화하고 정치화한다. 바울의 코즈모폴리터니즘 사상은 "신은 누구도 차별하지 않습니다(no partiality)"(로마서 2:11)라고 한 그의 선언에서 더욱 선명하게 드러난다. 누구도 '차별하지 않는 신'이라는 바울의 신 이해는, 모든 인간을 동료시민으로 보는 코즈모폴리터니즘적 인간 이해의 중요한 종교적 토대를 마련해준다.

이 명료한 선언은 중요한 종교적 의미를 지닌다. 인간이 제도화한 특정 종교가 신에 대해 독점적 소유권을 주장하는 것은, 오히려 무한한 존재자인 신을 유한한 인간의 인식론적 틀과 제도적 울타리 속에 제한하는 오류를 범한다는 사실을 일깨워준다. 인간이 제도화한 종교 구조는 신을 향해 나아가는 순례자로서의 한 여정이지, 그 자체가 완벽한 절대성을 지니는 것은 결코 아니다. 제도화된 종교로서의 기독교와 종교 공동체인 교회를 '절대선'처럼 간주하며 그 안에서 작동하는 다양한 종교 권력을 절대화하는 것은, '신의 이름으로 신을 배반'하는 결과를 낳게 된다. 기독교가 그 누구도 '차별하지 않는 신'을 마치 유일하게 독점하고 있는 듯 여기며, 신에 대한 소유권을 절대화하는 것은 인식론적 오류다. 따라서 그 누구도 '차별하지 않는 신'에 대한 바울의 선언은 코즈모폴리터니즘의 종교적 의미를 보여준다.

바울은 "예수 그리스도 안에서 노예와 자유인, 여자와 남자가 하나"(갈라디아서 3:28)라고 모든 인간의 하나 됨을 강조한다. "모든 사람의 하나 됨(all are one)" 선언은 코즈모폴리턴 정신을 그대로 반영한다. 여기서 바울 사상은 인종, 계층, 성별, 국적 등 정치적·문화적·사회적·종교적으로 경직된 모든 '배제의 경계선'을 넘어 '신의 자녀'로서 모든 인류의 '하나 됨'을 이루어야 한다는 '우주적 평등 선언'으로 확장될 수 있다. 그런데 많은 이들은 갈라디아서(3:28)의 "그리스도 안에서(in Christ Jesus)"를 기독교의 우월성과 그에 따른 종교적 배타성의 근거로 해석한다. 즉, '예수 그리스도 안에서'가 기독교 교인으로 등록하는 것을 의미한다고 해석하는 것이다. 이는 기독교중심적 해석이다.

이러한 기독교중심주의적 해석은, 바울 사상의 심오함을 지극히 제한하는 것이다. '예수 그리스도 안에서'는 제도적 종교 또는 교리적 자명성을 의미하는 것이 아니기 때문이다. 바울이 활동하던 시기는 제도화된 종교로서의 기독교가 존재하기 이전이다. 그렇기에 이 구절을 제도화된 종교로서의 기독교 배타성의 근거로 해석하는 이들은 '예수를 따르는 것'을 제도화된 종교로서의 '교회를 따르는 것'과 일치시키는 해석학적 오류를 범하곤 한다.

이러한 맥락에서 보자면 '예수 그리스도 안에서'란, 현재 우리가 자명하다고 생각하는 제도화된 종교로서 기독교가 표상하는 '교리적 예수'에 대한 문자적 고백이나 교회 소속 자체만을 의미하지 않는다. 이 같은 해석의 오류는 기독교 역사에서 여러 신학적·공동체적 문제들을 양산해냈다. 바울이 활동할 당시는 예수를 중심에 둔 제도화된 종교로서 기독교가 존재하지 않았기 때문에, '예수 그리스도 안에서'는 지금 많은 이들이 생각하듯 제도화된 종교로서의 기독교에 등록해 정식으로 교인이 되는 것을 의미할 수 없다. 이 구절은 예수의 삶과 가르침이 지시하는 정신, 즉 타자를 향한 사랑과 환대, 그리고 그들에 대한 책임과 연대의 삶을 의미한다고 할 수 있다.

바울이 모든 인간의 존재론적 평등을 선언했을 때의 정황을 상기하는 것은 매우 중요하다. 바울의 글들은 가톨릭교회, 개신교회, 정교회 등 현존하는 많은 교회와 교단이 만들어낸 교리나 예전으로 이루어진 '제도화된 종교로서의 기독교'가 형성되기 이전에 쓰인 것들이다. 더군다나 다양한 '기독론'의 이름으로 '예수 그리스도'에 대한 정형화되고 고착된 교리 구조가 형성되지도 않은 시기였음을 인지해야 한다. 이러한 특정한 시대적 정황을 고려하면서 '예수 그리스도 안에서'의 심오한 의미를 다시 근원적으로 생각해보자.

'예수 그리스도 안에서의 나(I-in-Jesus-Christ)'는 제도적으로 종교화된 '나'가 아니다. 레비나스가 강조하듯이 "우주의 무게 아래서 모든 것에 책임적인" 존재로서, 타자를 향한 헌신적 삶으로 '응답하는 나(I-as-the here-I-am)'이다.[16] 즉, "내가 여기 있습니다(Here-I-am)"(이사야서 6:8)라는 선언은 "내가 신을 믿는다" 등의 교리적 선언이 아니라, "나를 바라보고 있는 타자들을 신의 이름으로 돌보는 나"를 지칭한다는 것이다.[17] 이러한 맥락에서 바울의 '모든 인간'에 대한 평등 선언을, '예수 그리스도 안에서'라는 구절로 종교적 배타성의 맥락에서 바라보는 것은 바울 사상의 심오한 깊이를 특정한 종교 교리의 울타리 안에 제한하고 왜곡하는 것이다. '예수 그리스도 안에서'를 어떻게 해석하는가는 '예수를 따른다' 또는 '예수를 믿는다'는 것에 대한 신학적·실천적 이해에 따라 매우 상이하게 나타날 수 있다. 신이 성육한 존재로서의 예수를 기독교와 같은 특정한 종교 안에만 가두어둔다면, 신에 대한 독점적 소유권을 주장하는 결과를 가져온다.

'예수'라는 이름은 '타자들과 함께하는 이들을 위한 존재'를 의미한다. 이것이 바로 바울의 '예수 그리스도 안에서의 평등 선언'에 담긴 의미다. 여기서 우리는 제도화된 종교로서의 기독교 안에만 제한시켜온 바울을 자유롭게 해방시켜서 새롭게 조명할 필요가 있다. 예수도 바울도 '기독교'라는 종교의 존재를 알지 못했으며, 따라서 '기독교인'이 아니다. 많은 사람들이 바울을 '기독교'라는 종교의 '창시자', 또는 기독교 왕국의 '옹호자'로만 생각한다. 그런데 바울을 이런 전통적 이미지가 아닌 정의·법·폭력·환대·윤리·정치에 관심을 두는 '철학자'로서 조명해볼 수 있다. 이 같은 시도는 바울 사상이 구체적으로 적용되는 범위를 더욱 확대하고 그것을 의미 있게 만든다는 점에서 매우 중요한 가치가 있다.

알랭 바디우(Alain Badiou)는 바울을 '사건의 시인-사상가(a poet-thinker of the event)'라고 해석한다.[18] 여기서 언급되는 '사건'은 독특한 철학적 의미가 있다. '사건'이란 고정될 수 없고, 정확히 계산하거나 계획할 수 없다. 따라서 대체되거나 반복될 수도 없는 유일한 의미를 지닌다. 대체 불가능성과 반복 불가능성의 의미를 담은 것이 바로 '사건'이 된다. 바울은 '그리스도-사건'으로서 이른바 '다메섹 회심 사건'을 통해 새로운 '주체적 존재'로서 선언을 하게 된다. 곧 "신의 은총으로, 나는 나로서 존재한다(I am what I am)"(고린도전서 15:10)를 자기 주체성으로 선언한다. 이 구절은 다른 경우와 마찬가지로 한글 성서로는 그 의미가 드러나지 않아, 영어 성서로부터 번역한 것이다.[19]

바디우에 따르면, "나는 나다" 또는 "나는 존재한다(I am)"라는 선언은 '나'를 '말하는 주체(speaking subject)'로 자리매김한다는 의미에서 '주체의 부활'이다.[20] 이 선언은 개별 인간이 지닌 고유한 '개별적 주체'로서의 보편성에 근거를 마련해준다는 점에서 중요하다. 더 나아가 구체적인 현실 세계에서는 사회정치적·종교적·철학적 의미를 제공해준다. 따라서 바디우가 보는 바울은 인간이 지닌 '보편적인 것(the universal)'의 의미를 이론화한 첫 '이론가'이자 그 심오한 철학적 개념의 '창시자'다.[21]

시어도어 제닝스(Theodore W. Jennings)도 제도화되고 사유화된 종교적 테두리 밖에서 바울을 조명한다. 제닝스에 따르면, 바울은 정의에 대한 관심을 바탕으로 자신의 논의를 정치적·철학적 영역으로까지 확장한 철학자다. 그는 이를 자크 데리다와 연계해 논의한다.[22] 슬라보이 지젝(Slavoj Zizek)도 바울을 제도화된 종교를 넘어 새로운 시각으로 조명하는 철학자다. 지제크는 바울이 '그리스도의 중심 그룹'에 속하지 않았다는 점을 강조한다. 그의 바울 서신 분석에 따르면, 바울은 복음서에서 살아 있는 실제 인물로 등장하는 예수 자체에 대해서는 철저히 무관심했다. '아직은 그리스도가 아닌' 예수의 실제 가르침이나 행위들, 또는 이야기들에 별로 관심을 보이지 않았음을 알 수 있다.

바울은 예수의 제자 그룹에 속했거나 예수를 직접 대면한 사람이 아니다. 그런데 바울이 예수 주변의 핵심 그룹이 아닌 '외부자'라는 위치에 서 있었음이, 오히려 그로 하여금 유대적 종파로부터 벗어나 기독교를 '보편성의 종교'로 고양시킬 수 있도록 원동력이 되어준 것 같다. 이렇게 바울을 예수의 핵심 그룹에 속하지 않은 '외부자'로서, 그리고 유대교 '안에서', 동시에 유대교를 '넘어서' 자리매김 시킬 때 비로소 '형성 중인 기독교(Christianity-in-becoming)'에 대해 포괄적으로 이해할 수 있게 되는 것이다.[23] 조르조 아감벤(Giorgio Agamben)은 바울의 로마서 텍스트가 법과 정치에 관한 서양 사상이 형성되는 데 매우 중요한 역할을 했다고 본다. 아감벤에 따르면 지난 2000여 년 동안 바울 서신들이 번역되고 해설되는 과정에서, 이 서신들이 담고 있는 '메시아'라는 언어와 '메시아적 사상'들이 삭제되었다. 따라서 바울 서신들은 기독교라는 제도화된 종교를 넘어서는 '메시아적 텍스트'로서 복원되어야 한다고 아감벤은 강조한다.[24]

프리드리히 니체 역시 바울에 대한 흥미로운 해석을 보여준다. 니체에 따르면 바울은 "유대법이 관심을 갖는 것은 무엇인가?", "그 법의 성취는 무엇인가?"라는 고착된 물음들과 고통스러울 정도로 힘겹게 씨름했으며, 자신이 이 법을 온전히 실천하고 이행할 수 없다는 생각에 우울해하거나 때로는 분노에 휩싸이기까지 했다.[25] 또한 엘자 타메즈(Elsa Tamez)는 바울을 끊임없는 박해와 수심, 여러 갈등으로 인해 고통당한 "유대인, 장인(artisan), 감옥에 갇힌 죄수"로 본다. 그러한 바울의 삶은 그가 정의와 평화와 평등의 세계를 열정적으로 꿈꾸면서 "예수 안에서 유대인이나 헬라인, 노예나 주인, 그리고 남자나 여자나 모두 하나"라는 급진적인 평등주의적 선언을 하게 만든 배경이다. 이를 통해 바울은 "어떠한 차별도 존재하지 않는 공동체"를 지향하게 된다.[26] 이와 같이 바울에 대한 여러 학자들의 새로운 조명은 바울 사상의 복합적인 의미를 드러내준다. 이는 '교회의 창시자'라든지 '기독교 왕국의 옹호자'라는 테두리 안에서 단순하게 바라보았던 바울을 '탈기독교화'하면서, 오히려 바울 사상의 깊이와 넓이를 좀 더 포괄적으로 이해할 수 있도록 한다.

2) 바울과 함께 바울을 넘어서 사유하기

한 사람의 사상이나 이론에 대해 다층적으로 조명하다 보면, 거의 예외 없이 그 안에서 상충성을 보게 된다. 바울도 예외가 아니다. 바울 서신들을 복합적으로 조명해보면 매우 역설적인 딜레마와 만나게 된다. 바울은 모든 인간의 평등사상을 전한다. 그러나 또 다른 한편으로 바울은 기독교 전통에 여전히 뿌리 깊게 자리 잡고 있는 고도의 남성중심주의적 성차별 사상도 전했다. 모든 사람을 '동료시민'으로 선언하는 코즈모폴리턴 사상과 근원적으로 상충하는, 성차별적인 가부장주의가 바울 속에 공존하고 있는 것이다. 이러한 딜레마를 어떻게 해야 하는가.

더욱이 기독교는 바울의 평등사상보다 차별사상을 적극적으로 차용했다. 바울은 "남편은 아내의 머리"이므로 "아내는 모든 일에 남편에게 순종해야"(에베소서 5:23)한다고 강조한다. 그뿐만 아니라 여자들이 머리를 가려야 하는 이유를 제시하는 과정에서, "남자는 신의 형상이요, 신의 영광"이지만 여자는 "남자의 영광"(고린도전서 11:7)이라며, 남편과 아내, 그리고 남자와 여자 사이의 관계 설정에서 매우 위계적이고 가부장제적인 가치를 재생산한다.

페미니스트 관점에서 보자면, 의심할 여지없이 바울은 여성혐오와 여성차별을 정당화하며 전형적인 남성중심적 가부장제를 옹호하고 강화했다. 그에게 여성혐오자, 성차별주의자라는 표지를 붙이기에 충분하다. 실제로 기독교 전통은 성서에 포함되어 있다는 사실만으로 여전히 이러한 바울의 남성중심성을 '신의 말씀'이라고 하면서, 남성중심주의적 가부장제적 가치를 정당화하는 데 사용해왔다. 그러나 특정 구절에 대한 해석은 바울이 살았던 시대와 문화적 정황을 고려해야 한다. 즉, 바울이 살았던 특정한 사회문화적 상황에서 읽어내야 한다는 것이다. 이러한 시대적 정황을 고려하지 않고, 바울 서신의 시대제한적인 사상을 '시대초월적 진리'로 간주하는 해석은 심각한 문제다. 기독교회가 바울 서신을 기독교 안에서 다양한 양태의 성차별과 가부장제를 정당화하며, 마치 '신적인 창조질서'를 따르는 것으로 해석하는 것은 21세기

기독교의 존재를 더욱 위태롭게 한다. 바울의 성차별적이고 남성중심적인 시각은 21세기에서도 여전히 작용해, 많은 교회가 사제나 목회자로서 여성의 지도력을 인정하지 않는 성서적·신학적 근거로 삼고 있기 때문이다.

이와 같이 바울은 성차별적인 남성중심적 선언을 통해 자신의 코즈모폴리턴 평등주의 사상의 원리를 스스로 거스르고 있다. 그런데 이와 같은 '역설적 양가성'은, 코즈모폴리턴 정의와 권리의 중요성에 대한 철학적 근거를 마련한 칸트에게서도 볼 수 있다. 칸트는 세계의 '영구적 평화'를 위해 요청되는 '코즈모폴리턴 권리'의 초석을 놓았다. 그럼으로써 코즈모폴리터니즘이 담론의 영역에 머물지 않고 구체적인 정치적 실천의 영역으로 확장되는 데 중요한 역할을 했다. 그런데 앞서 살펴본 바와 같이, 코즈모폴리턴주의자인 칸트는 다양한 글을 통해서 인종에 대한 지독한 편견 역시 드러냈다. 이처럼 자기 스스로 자신의 사상을 배반하는 경우는, 역사적 인물들에게서 매우 빈번하게 볼 수 있다.

여기서 우리는 대부분의 인간이 자신의 시대적·문화적·역사적·인식론적 정황 속에 제한되는 한계를 지닌 존재임을 다시금 상기할 필요가 있다. 이런 의미에서, 한 인물에 대한 전적인 부정, 또는 맹목적인 긍정은 위험하다. 우리는 다만 그들의 사상이나 이론이 어떤 종류의 기여를 하고 있으며, 동시에 어떤 한계를 갖고 있는지 비판적으로 조명할 수 있어야 한다. 이러한 맥락에서 볼 때, 칸트나 바울의 경우처럼 한 인물의 위대한 사상을 수용하는 동시에, 그들의 사회 – 문화 – 인식론적 한계들을 비판적으로 넘어서는 것은 매우 중요하다. 곧 어떤 특정한 측면만으로 그들을 전적으로 이상화하거나 전적으로 부정하는 것이 아니라, 그들과 '함께' 생각하면서 그 사상의 문제점을 '비판적으로 넘어서는' 것이다. 즉, '바울과 함께 바울을 넘어서 생각(thinking with Paul against Paul)' 할 수 있어야 한다.

내가 바울의 코즈모폴리턴 사상에 관심을 갖는 이유는, 바울 사상을 '종교적·정치적 분석 도구'로 차용하기 위해서다. 바울의 코즈모폴리턴 사상은 종교 공동체는 물론이고, 그 공동체를 넘어 한 사회에 존재하는 모든 인간의 평등·권리·정의를 확장하는 데 중요한 '도구' 역할을 할 수 있다. 예를 들어 바울은 "낯선 자들에게 환대를 베푸시오"(로마서 12:13), "서로를 환대하시오"(로마서 15:7) 등의 권면을 한다. 이러한 메시지를 통해 타자에 대한 '무조건적 환대'의 필요성을 강조한다. 환대에 대한 바울의 가르침은 이민자, 난민, 미등록 이주 노동자 문제 등 21세기의 현대사회가 직면하고 있는 다양한 문제들이 사회정치적인 문제일 뿐 아니라 종교적 문제이기도 하다는 인식을 심어주는 매우 중요한 근거가 될 수 있다. 이러한 맥락에서 바울의 가르침을 기독교라는 종교적 울타리 안에만 가두어두는 것을 넘어 '탈종교화'하는 것은 필수적이다. 이는 그의 사상이 주는 중요한 교훈을 기독교 신앙 공동체뿐만 아니라, 그 울타리를 넘어 좀 더 넓은 공적 영역으로까지 확산시키는 것이다.

5. 기독교
코즈모폴리터니즘

기독인, 즉 '크리스천'이란 누구인가. 다양한 해석이 나올 수 있다. 간결하게 표현하자면, '기독인'이란 '그리스도를 따르는 사람'이라는 의미다. 따라서 크리스천들이 언제나 참고해야 할 것은 '예수'다. 예수가 없다면 기독교라는 종교가 등장할 필요가 없다. 불교인이라면 '부처라면 무엇을 할 것인가'를 물어야 한다. 또한 기독교인은 21세기에 '예수라면 무엇을 할 것인가'를 구체적인 상황 속에서 끊임없이 되물어야 한다. 미국에서는 '예수라면 무엇을 할 것인가?'의 줄임말인 WWJD(What Would Jesus Do)가 하나의 대중적 모토가 되었다.

'예수라면 무엇을 할 것인가'라는 모토의 기원은 19세기 말로 거슬러 올라간다. 이 말을 대중화한 사람은 미국 캔자스주의 토피카(Topeka)라는 도시에서 목회를 하던 찰스 셸던(Charles Sheldon) 목사다. 셸던 목사는 "예수라면 무엇을 할 것인가?"라는 부제를 달아《그의 발자취를 따라서(In His Steps: What Would Jesus Do)》라는 책을 출판했다. 성서에 나오는 "그의 발자취를 따라서(In His Steps)"(베드로전서 2:21)를 제목으로 한 이 책은, 총 31개의 장으로 구성되어 있다. 이 책은 본래 출판의 목적으로 쓴 것이 아니라, 매주 주일 저녁 자신의 교회에서 하던 소설 형식의 설교를 모은 것이다.[27]

이 소설 형식의 설교에는 헨리 맥스웰(Henry Maxwell) 목사가 등장인물로 나온다. 모든 사람이 가장 좋은 옷을 입고 나와 앉아 있는, 예배당 성가대가 찬양하는 평화로운 어느 주일 오전 예배에 30대 초반의 남루한 노숙인이 홀연히 등장하면서 이야기는 시작된다. 예배를 보기 위해 교회에 앉아 있던 사람들은 모두 깜짝 놀랐다. 동네에서 가장 큰 교회인 '레이먼드 제일교회'의 성대한 주일 예배 도중에, 느닷없이 한 남루한 부랑자가 교회 문을 열고 들어와 회중 앞에 나가 선 것이다. 이 노숙인은 기침을 하며 자신이 한때는 식자공이었지만, 지금은 직업을 잃고 아내가 죽게 되어 딸과도 함께 살지 못하고 노숙인으로 힘들게 살아간다고 말한다. 이 노숙인 청년은 예수가 십자가에 달릴 때의 나이와 유사한 30대 초반이다. 그는 지난 3일 동안 그 교회가 있는 도시에서 마땅한 일거리를 찾으며 도움을 구하려 했지만 아무런 소용이 없었다는 말로 자신의 곤경을 호소했다. 그러면서 예배당에 앉아 있는 교인들을 향해 "예수라면 무엇을 할 것인가?"(WWJD)라고 묻는다. 그러다가 급기야는 담임목사 앞에서 쓰러진다. 그때 회중석에 있던 한 의사가 그에게 급히 달려가 살펴본 후 심장에 문제가 있는 것 같다고 말한다.

여기서 '심장'은 육체적인 심장뿐 아니라 마음을 뜻한다. 마음에 심한 상처를 입어 깊은 실망에 빠진 상태를 영어 표현으로 '깨진 / 찢어진 심장(a broken heart)'이라고 한다. 이 표현을 상기해볼 때 그가 '심장'에 문제가 있다는 표현은 매우 의미심장하다. 사람들의 무관심으로 인해 극심한 어려움 속에 있는 사람들은 몸뿐만 아니라 마음(심장)에도 병이 생길 수 있다는 이야기이기 때문이다. 이 사건 이후 맥스웰 목사는 교인들에게 무엇을 하든지 그전에 "예수라면 무엇을 할 것인가?"라는 질문을 먼저 하도록 당부한다. 그 후 이 제안을 액면 그대로 받아들인 몇 명의 교인들의 삶이 어떻게 구체적으로 변화되는가의 이야기가 이 책의 주요 내용이다.

셀던 목사는 매주 주일 저녁 예배에 이 내용을 설교했다. 그리고 언제나 급박한 상황에서 이야기를 끝내 다음 이야기에 대한 궁금증을 극대화시켰다. 그로 인해 교회는 교인들로 차고 넘치게 되었다. 교인들의 교회 출석을 장려하기 위한 담임목사의 전략이 맞아떨어진 것이다. 첫 설교 후 사람들은 쓰러진 노숙인이 과연 살게 될지 죽게 될지를 예측하며 그 다음 주일을 기다렸다고 한다. 아마 지금처럼 텔레비전이나 영화 같은 마땅한 오락 매체가 없던 시대에, 주일마다 교회에서 듣는 드라마 같은 형식의 설교는 교인들에게 한 편의 주말 연속극 같은 역할을 했을 것이다. 이처럼 셀던 목사의 설교는 다음 회 내용에 대한 궁금증을 유발시키면서, 사람들을 교회로 끄는 데 결정적인 역할을 했다. 그리고 교인들의 열렬한 관심은 결국 설교를 책으로까지 출판하게 만들었다.

이 연재소설 형식의 설교는 그 도시의 지역 신문에 소개되었고, 나중에는 책으로 묶여 여러 출판사에서 출간되었다. 처음 출판했을 당시 출판사나 저자가 제대로 판권 등록을 해놓지 않아 오히려 대중들에게 확산되기가 용이했다. 이 책은 3000만 부 가까이 팔렸으며, 한때는 성서 다음으로 많은 사람들에게 읽혔다고 한다. 미국 내에서만 16개의 출판사에서 출판되었고, 유럽과 호주 등에서는 50여 개의 출판사에서 출판되었으며, 전 세계 21개의 언어로 번역되었다. 구소련에서도 출판되었는데, 후에는 금서로 지정되기도 했다고 전해진다. 영국 런던에서는 한때 매우 저렴한 가격으로 제본되어 거리에서 300만 부가 팔리기도 했다.[28]

이 책은 미국의 보수주의적 기독교인들이 절대적으로 신봉하는 '킹 제임스(King James)' 번역판 성서를 사용했다. 또한 경건주의적 신앙 노선을 유지하는 등 보수 교회들의 찬사를 받을 만한 여러 요소가 들어 있어 그들의 더욱 적극적인 지지를 받았다. 또한 보수적 기독교인들이 자신들과 동일한 신앙을 지니지 않은 기독교인들이나 비기독교인들에 대한 심판 글귀로 "예수라면 어떻게 할 것인가?"를 종종 쓰기도 했다. 실제로 이 책은 알코올이나 엄격한 안식일주의 같은 문제에 매우 보수적인 입장을 띠고 있기도 하다. 그러나 사회 문제에 대해서는 매우 급진적인 입장을 취하며 사회정의를 주장한다. 흥미롭게도 셸던은 이 책에서 성서에 충실하려는 복음주의적 측면, 사회정의에 관심을 두는 기독교 사회주의적 측면, 개인과 사회구조적 측면, 사회적 의식과 예언자적 정치 등을 모두 담아냈다. 그런데 이 책이 3000만 부나 팔린 이유는 대체 무엇일까. 다양한 이유들이 있겠지만, 가장 큰 이유는 아마도 이 책이 기독교인으로서 생각해야 할 가장 핵심적인 문제를 다루었기 때문일 것이다. 또한 이를 복잡한 종교적·철학적 담론이 아닌 아주 단순명료한 방식으로 다루면서, 기독교인이 대면해야 할 좀 더 근원적인 물음을 던졌기 때문이다.

"예수라면 무엇을 할 것인가?" 이 물음은 시대를 초월해서, 그리고 보수와 진보라는 구분을 넘어서, 자신의 종교적 정체성을 기독교인이라고 규정하는 이들 모두가 진지하게 질문해야 한다. 나아가 이 물음은 종교의 근원적 관심 중 하나인 '나와 타자들' 사이의 실천적 관계성에 대해 구체적으로 성찰하게 한다. 물론 예수를 누구로 이해하고 있는가라는 각기 다른 신학적 입장들이 이 물음에 대한 답의 방향이나 특성을 규정하는 데 결정적인 역할을 할 것이다.

21세기에 가장 중요한 주제로 논의해야 할 문제는 바로 '함께 – 살아감의 철학'이다. 이 '함께 – 살아감'에 가장 절실하게 요청되는 것은 바로 '연대'다. 다양한 양태의 약자들, 주변인들, 희생자들과 함께한다는 의미의 '연대'는 이론적으로 매우 자명해 보일 수도 있다. 그러나 구체적인 현실 세계에서는 매우 복잡한 문제다. 통상적으로 사람들은 성별, 인종, 종교, 국적, 정치적 입장 등의 범주에서 자신과 '동질성'을 나누는 이들과 연대하는 것으로 연대의 의미를 이해하고 실천한다. 그러나 '동질성에 기반한 연대'는 진정한 의미의 연대를 지극히 제한적으로만 이해하게 한다.

이러한 맥락에서 통상적으로 이해되는 '동질성의 연대'의 한계와, 대안적 연대 개념으로서 '다름의 연대'에 대해 이해하는 것은 '연대'의 의미를 좀 더 확장한다는 점에서 매우 중요한 실천적 의미가 있다. '다름의 연대'는 인간을 성별, 인종, 국적, 성적 지향 등 '집단'으로만 제한해 바라보는 것이 아니라, 어느 집단에 소속되었는가에 상관없이 '개별성의 윤리'에 근거해 개별인들의 고유한 개성과 인간으로서의 존엄성을 '연대'의 기반으로 삼는다. 또한 '다름의 연대'는 남성도 여성에 대한 성차별을, 백인도 흑인이나 다른 인종에 대한 인종차별을, 이성애자도 성소수자에 대한 차별과 인권 유린을 반대하고 불의에 저항하기 위한 '연대'를 가능하게 한다. 여기서 '예수라면 어떻게 할 것인가'라는 물음은 갈등·폭력·빈곤·증오 등의 많은 문제가 산재한 이 시대에, '동질성의 연대'가 아닌 '다름의 연대'의 의미를 종교적으로 연계시킬 수 있는 중요한 단서를 제공해준다.

예수를 중심에 놓으면서 형성된 기독교는, 예수와 바울의 사상이 보여주는 코즈모폴리턴 사상을 그 교리와 실천의 중심으로 설정해야 한다. 모든 인간을 동료인간, 동료시민, 신의 자녀로 보는 코즈모폴리턴 인간 이해, 그리고 다양한 정황에 있는 이들에 대한 환대와 책임성 이해를 그 인식론적·실천적 토대로 삼아야 한다. 그것이 바로 예수의 가르침, 즉 종교, 젠더, 인종, 계층, 국적, 성적 지향 등의 경계를 넘어 지구 위에 거하는 존재로서 하나의 공통분모를 가지고 모든 인간을 환대하며 권리를 지켜준다는 무조건적 '사랑'의 핵심이다.

9장

코즈모폴리턴 환대와 종교

내가 굶주렸을 때, 목마를 때, 낯선 사람일 때,
헐벗었을 때, 아플 때, 감옥에 갇혔을 때,
당신들은 나를 환대해주었습니다.
이런 이들을 돌보는 것이 바로 내게 하는 것입니다.
_예수[1]

낯선 이들에게 환대를 베푸십시오.
_바울[2]

서로 환대하십시오.
_바울[3]

1. 예수의 코즈모폴리턴 환대

한 종교의 존재 의미와 적절성은 어떻게 판가름할 수 있는가? 이는 그 종교가 우주에 공존하는 다양한 타자들에 대한 배려와 책임을 어떻게 수행하는가로 판단해야 한다. 환대의 문제를 성찰하는 것은, 종교가 이 세계에 존재하는 의미를 다각도에서 조명하게 한다는 점에서 매우 중요하다.

이슬람, 유대교, 기독교를 '아브라함 종교'라고 부른다. 이러한 종교들에서 '아브라함적 환대'는 중요한 의미를 지닌다. 그런데 아브라함적 환대는, 많은 경우 여성에 대한 적대와 연결되어 있다. 아브라함 전통의 환대에서 주인과 손님은 모두 남성들이다. 동시에, 많은 경우 남성 손님에 대한 환대는 여성에 대한 적대를 동반하곤 한다. 이런 의미에서 내가 기독교 전통에서 주목하려는 코즈모폴리턴 환대는 여성들에 대한 적대의 사건들과 연계된 아브라함적 환대의 사건들에서가 아니라, 예수에게서 그 핵심적 전거들을 찾아낼 수 있다고 본다. 누군가에게 환대를 베풀기 위해서 다른 사람에게 적대를 행해야 한다면, 그러한 환대란 코즈모폴리턴 환대의 의미를 지닐 수 없기 때문이다. 예수의 코즈모폴리턴 환대는 다양한 예가 있다. 우선 예수와 삭개오의 만남을 살펴보자.

1) 모든 존재의 긍정과 환영

예수와 삭개오의 만남은 신약성서 누가복음 19장에 나온다. 이 만남은 환대에서 가장 중요한 출발점이 되는 '코즈모폴리턴 시선', 즉 타자를 '동료인간'으로 보는 시선, 그리고 진정한 환대의 예를 보여준다. 이 이야기는 다양한 방식으로 해석될 수 있다. 그러나 나는 예수와 삭개오의 만남이 '절대적 환대'의 예를 보여주는 이야기이자 사건이라고 본다. 성서를 이해하기 위해 언제나 요청되는 해석학적 상상력을 동원해 이 사건을 조명해보자.

삭개오라는 이름의 사람이 있다. 그는 보통 사람보다 키가 매우 작다는 육체적 장애가 있으며, 세금을 거둬 부를 축적해온 세리다. 어느 날 그는 예수를 보기 위해 사람들이 많이 모인 곳에 간다. 키가 작은 삭개오는 사람들에게 둘러싸여 있는 예수를 먼발치에서라도 보기 위해 나무 위로 올라간다. 그 누구도 삭개오에게 관심을 두지 않는다. 그는 부당한 세금 징수 방법을 통해서 물질적으로는 부를 축적했겠지만, 평생 무수한 차별을 경험했을 사회적 주변인이다. 아무도 그를 평등한 '동료 인간'으로 대하지 않았을 것이다. 가족을 포함해 대부분의 사람들은 그의 육체적 장애를 '신의 저주'로 간주했을 것이다. 삭개오는 그러한 육체적 조건 때문에 무수한 수모와 차별, 천대를 견디며 살아왔을 것이다. 그의 주변에도 진정한 친구나 동료가 있었을 리 없을 것이다. 그가 할 수 있는 일이란, 결국 세리로서의 권력을 최대한 이용해 자신을 보호하려는 삶만 추구하는 일이었을 것이다. 평생 사람들로부터 멸시와 배제를 겪었을 삭개오는, 한 번도 사람들이 자신을 '인간'으로 바라보는 시선을 경험하지 못했을 것이다.

그런데 예수가 무수한 사람들 앞에 멈추어 서서, 나무 꼭대기에 있던 삭개오를 바라보고 말을 건넨다. 예수를 따르던 많은 군중들 앞에서 '삭개오'의 이름을 부른다. 이름을 부르는 행위란 무엇인가. '이름 부름'이란 그 사람을 고유한 존재로 인정하고 받아들이는 행위다. 이로써 예수는 보이지 않던 존재인 삭개오의 존재를 사람들 앞에서 드러나게 했다. 주변부에서 이름 없이 존재하던 삭개오가 중심부로, 즉 '비존재(non-being)'였던 삭개오가 '존재(being)'의 영역으로 전이된 사건이다. 그러한 전이가 일어나기 시작하는 지점은, 예수가 삭개오의 이름을 부르며 '얼굴'을 바라보는 순간이다. 예수가 삭개오의 얼굴을 한 인간으로 바라보는 그 '시선'은 기적을 일으킨다.

성서를 열심히 읽는다고 하는 많은 이들이 놓치곤 하는 점이 있다.

예수는 삭개오에게 '회개하라'고 하거나 '죄인'으로 지칭하는 등의 종교적 정죄를 전혀 하지 않는다. 예수가 한 일이란 어찌 보면 매우 단순하다. 삭개오의 얼굴을 바라보며 이름을 부르고, 그 다음에 "나는 오늘 당신의 집에 머물러야만 합니다(I 'must' stay at your house)"(누가복음 19:5)라고 말을 건넸을 뿐이다.[4] 나는 이 구절을 영어에서 번역했다. 한국 성서에서는 예수가 삭개오에게 반말을, 삭개오는 예수에게 존댓말을 한다. 나는 이 대화가 예수는 삭개오에게 하대하고, 삭개오는 예수에게 존대하는 그러한 위계적 분위기 속에서 이루어졌다고 보지 않는다. 이런 하대와 존대의 방식은 두 사람의 관계를 위계적으로 설정한다는 점에서 예수 정신을 잘 드러내기 어렵다. 예수가 한 행위란 이렇게 단순한 두 가지다. 얼굴을 바라보며 이름 부르고, 그 다음에 삭개오의 집에 자신을 스스로 초대한다. 이러한 예수의 단순한 언행 그 어디에도 종교적 자취는 전혀 없다.

누군가를 바라보는 '시선'은 그 자체로 심오한 가치와 메시지를 담고 있다. 그 시선은 조롱과 정죄와 적대의 시선일 수도 있고, 인정과 배려와 환대의 시선일 수도 있다. 예수의 시선은 따스한 환영과 환대의 시선이었을 것이라고 나는 본다. 그런데 예수의 시선과 삭개오 집으로의 '자기 초대'라는 단순한 행위가 기적을 일으킨다. 삭개오가 전적으로 다른 사람으로 변화되는 사건이 생긴 것이다. 삭개오는 자신의 삶을 돌아보며 무엇이 잘못되었는지, 그리고 그 잘못을 어떻게 변화시켜야 하는지를 누군가의 종교적 강요에 의해서가 아니라 스스로 결정한다. 이로써 삭개오는 자기 삶의 '긍정과 변혁의 주체'가 된다.

예수는 "당신 집에 머물러도 될까요(May I)?"라고 묻지도 않는다. 자신 스스로를 삭개오의 집에 초대한 것이다. 여기에서 환대의 전형적 구성 요소인 '주인'과 '손님'의 경계는 돌연히 사라진다. 누가 주인이고 손님인지의 경계를 넘어서는, 진정한 환대의 현장이다. 예수와 삭개오의 만남에는 이제 서로에 대한 '환대적 긍정'만이 남게 된다. 예수의 두 가지 행위, 즉 '시선' 그리고 자신을 삭개오의 집에 '스스로 초대'한 것에 담긴 깊은 의미는 사실상 환대의 핵심 의미를 보여준다. '절대적 환대'는 이렇게 주인의 초대(invitation) 없이도 손님의 방문(visitation)을 전적으로 환영한다는 의미다.

아마 삭개오는 평생 자신을 고귀한 인간으로 바라보는 그 '긍정과 연민의 시선'을 받아본 적이 없었을 것이다. 주변 사람들은 그를 온전한 인간으로 취급하지도 않았을 테니, 육체적 장애를 지닌 그는 생존하기 위해 갖가지 술수를 써 재산을 모으며 온통 자신의 이기적 삶에만 집중해왔을 것이다. 그런데 돌연히 삭개오는 예수로부터 따스한 '연민의 시선'을, 자신을 진정으로 고귀하게 '온전한 사람'으로 대하는 시선을 받게 된다.

더 나아가 예수는 자신을 스스로 삭개오의 삶의 공간에 '초대'함으로써, 삭개오뿐 아니라 주변 사람들을 향해 삭개오의 존재에 대한 단호한 '긍정'을 공적으로 선언한다. 예수는 삭개오를 평등한 존재로 인정하고 환영하는 데 있어 회개와 같은 그 어떤 선행조건도 내세우지 않는다. 삭개오라는 존재를 있는 그대로 그 어떤 조건도 없이 포용하고 인정한다. 이러한 예수의 무조건적 '연민과 긍정의 시선'이 기적을 불러온 것이라고 성서는 전한다. 예수는 삭개오의 얼굴을, 삭개오는 예수의 얼굴을 바라보는 그 시선 속에서 '얼굴과 얼굴의 관계'가 형성되는 것이 바로 기적의 출발점이다.

예수 스스로 자신을 삭개오의 집에 초대한 것, 즉 이 예측 너머의 방문은 '절대적 환대'의 중요한 예가 된다. 예수는 자기 자신을 삭개오의 삶에 초대한다. 그리고 삭개오 또한 초대하지 않은 손님으로서 예수의 방문을 무조건적으로 받아들인다. 예수만이 아니라 삭개오 역시 데리다가 말하는 '방문의 환대' 또는 '절대적 환대'를 행사하는 적극적 '환대의 주체'가 된다. 진정한 환대란 이렇듯 주인과 손님의 경계를 홀연히 넘어서는 것이다. 그 환대의 과정에서 환대의 시혜자와 수혜자는 위계적으로 남아 있지 않다. 다만 그 환대를 통해 전적인 '삶의 긍정'의 경험이 일어나기에, 환대는 '삶-긍정의 사건(life-affirming event)'이다. 삭개오는 예수가 자신을 한 인간으로, 동등한 존재로 받아들이자 전적인 변화를 만들어낸다. 예수와 삭개오가 나눈 대화를 구체적으로 살펴보자.

> 예　수: 삭개오, 서둘러서 내려오십시오. 나는 오늘 당신 집에 머물 것입니다.
> 삭개오: 이제 나는 내가 가진 것의 절반을 가난한 사람들에게 나누겠습니다. 그리고 내가 누군가로부터 강제로 빼앗은 것이 있다면, 네 배로 되돌려주겠습니다.
> 예　수: 오늘 이 집에 구원이 이르렀습니다. 왜냐하면 이것이 사라와 아브라함의 자손이라는 의미이기 때문입니다.[5]

예수와 삭개오 사이에 오간 대화나 만남에 어떠한 방식으로든 제도화된 종교가 개입되어 있는가? 아니다. 제도화된 종교는 전혀 개입되어 있지 않다. 예수는 삭개오에게 그 어떤 종교적 정죄의 말을 하지도, 회개를 촉구하지도 않았다. 삭개오가 자신의 삶의 가치와 방향을 전환하는 주체로 변화한 것은 종교적 또는 교리적 고백 때문이 아니다. 예수가 삭개오를 한 인간으로 보고 대하는 그 시선과 행위에 의해 삭개오는 변혁의 주체로 바뀐다. 예수는 이러한 새로운 삶에의 결단을 지켜보며, "구원이 이르렀습니다"라고 선언한다. 따라서 구원이란 자신의 삶의 변혁 주체가 되어 삶을 회복시킴으로써 이루어진다는 점을 볼 수 있다. 예수는 삭개오의 존재를 무조건 인정함으로써 '무조건적 환대'를 실천한다. 그리고 삭개오는 예수의 이러한 '자기 초대'를 무조건적으로 환영한다. 이렇게 예수와 삭개오는 '절대적 환대'의 주체가 된다.

예수는 삭개오를 한 인간으로 바라보고 그 존재를 있는 그대로 인정하고 환영한다. 또한 삭개오의 초대 이전에, 스스로 삭개오 집에 자신을 초대한다. 나는 예수의 '자기 초대'가 삭개오를 자신과 동등한 존재로 받아들이는 '환대의 예식'이라고 본다. 예수는 삭개오를 동료인간으로 환영하고, 삭개오는 예수의 환대를 통해 자신의 삶의 방식을 바꾼다. 동료인간으로서의 존재에 대한 환영(welcoming)은 진정한 환대의 핵심이다.

예수의 절대적 환대 앞에서 삭개오 역시 자발적으로 가난한 사람들에게 환대를 베푼다. 또한 자신이 착복한 것이 있으면 그 잘못을 인정하고 되돌리는 새로운 존재로서 삶을 살겠다며 주체적 결단을 한다. 예수는 바로 이러한 주체의 변화, 환대 실천의 행위를 한 삭개오에게 '구원의 도래'를 선언한다. 이는 예수가 전하는 '구원'의 진정한 의미가 무엇인지를 드러내는 매우 중요한 사건이다. 예수가 보여준바 구원이란 흔히 생각하듯 죽어서 천당에 가거나, 특정 종교에 소속되는 것이 아니다. '구원'이란 이 삶에서 타자와 함께 살아가는 삶, 책임적인 삶, 연민과 환대의 삶을 사는 것임을 예수는 선언하고 있다.

2) 예수의 종교, 경계를 넘어서는 환대의 실천

예수의 코즈모폴리터니즘의 또 다른 예는 '최후의 심판' 이야기에서 볼 수 있다. 예수는 사람들의 이해를 돕기 위해 많은 비유를 사용했다. 신약성서 마태복음에 나오는 '최후의 심판' 이야기(마태복음 25:35-46)에서 기독교의 중심점인 예수는 구원의 기준이 무엇인가를 전한다. 기독교적 용어에 익숙하지 않은 이들은 '최후의 심판'과 같은 용어가 낯설 것이다. 그럼에도 불구하고 내가 이 비유를 소개하는 것은, 기독교만이 아니라 종교의 의미가 무엇인지에 대해 중요한 메시지를 전해주기 때문이다. 이 비유는 예수의 가르침의 핵심을 담고 있는 매우 중요한 본문이다. 예수는 사람들에게 이제 '대심판관(the ruler)'이 최후의 시간에 당신들에 대해 심판할 것이라며, 심판의 기준이 무엇인지 전한다. 그 심판 기준은 여섯 가지다.

내가 배고플 때 내게 먹을 것을 주었는가.

내가 목마를 때 마실 것을 주었는가.

내가 낯선 존재(the stranger)였을 때 나를 환영했는가.

내가 입을 것이 없을 때 내게 입을 것을 주었는가.

내가 병들었을 때 돌보아주었는가.

내가 감옥에 갇혔을 때 나를 찾아왔는가.

이 여섯 가지 기준에 따라 '대심판관'은 사람들을 두 부류로 나눈다. 한쪽은 구원받을 사람들이고, 또 다른 한쪽은 구원받지 못하는 이들이다. 구원받는 쪽에 속한 사람들은 "언제 우리가 당신을 이렇게 돌보았습니까?"라고 묻는다. 또한 구원받지 못하는 쪽에 속한 사람들은 "우리는 당신이 그렇게 된 것을 몰랐습니다"라고 항변한다. 그때 대심판관은 어려움에 처한 모든 사람들에게 하는 것이 바로 '나에게 한 것'(마태복음 25:40)이며, 그들에게 도움을 주지 않은 것은 바로 '나에게 하지 않은 것'(마태복음 25:44)이라고 답변한다. 여기에서 '대심판관'은 신일 수도 있고, 예수일 수도 있다. 또는 각 종교가 그 중심에 놓고 있는 존재일 수도 있다. 관심·배려·환대가 필요한 이들에게 하는 것이 곧 '나에게 하는 것'이고, 그들에게 하지 않는 것이 '나에게 하지 않는 것'이라는 선언은, 종교가 무엇인지에 대한 심오한 의미를 담고 있다.

대심판관의 답변은 또한 코즈모폴리턴 환대에서 우리가 생각해야 할 점이 무엇인지를 보여준다. 첫째, 보살핌과 사랑이 필요한 사람의 존재를 '알지 못했다'는 것은 인정되지 않는다. 둘째, 타자에 대한 환대와 신에 대한 환대는 분리불가의 관계에 있다. 셋째, 내가 환대를 베푸는 타자·이웃이란 그 어떤 종류의 조건이나 경계 없이 '모든' 인간이다. 즉, 이웃의 범주는 어떠한 종교적 또는 교리적 잣대가 아니다. 다시 말해, 같은 종교나 국가에 속한 사람 또는 자신이 인정하는 삶의 방식을 따르는 사람만 환대의 대상으로 생각하는 범주는 최후의 심판에서 전혀 고려 사항이 아니다. 이러한 예수의 환대는 기독교 전통에서 가르쳐질 때 지나치게 제도화된 교리에 의해 왜곡되어왔다. 결국 예수적 환대는 그 중요한 의미가 왜곡되고, 교회 밖의 세계에서 어떤 적절성도 가지지 못한 채 공허한 종교적 외침으로만 남아 있게 되었다.

신은 이 세계에 대한 사랑(amor mundi) 때문에 "육신의 몸을 입고 성육"했다(요한복음 3:16). 성육한 신이 사랑하는 것은 특정 종교나 교회가 아니다. 이 '세계'다. 이러한 맥락에서 볼 때 가장 중요한 종교적 과제는, 특정한 종교 안에 있는 이들뿐 아니라 이 '세계'에 있는 다양한 이웃들의 존재를 '아는 일'이다. 왜 '아는 것'이 중요한가? 첫째, 현대사회에서 이러한 '이웃'의 존재는 종종 알아차리기 어렵다. 배고픈 이들, 목마른 이들, 헐벗은 이들, 아픈 이들, 감옥에 갇힌 이들, 이방인들 등 환대가 필요한 이들은 대부분 사회가 원하지 않거나 환영하지 않는 이들이다. 성소수자와 같이 사람들이 좋아하지 않는 이들일 수도 있고, 미등록 이주민이나 난민처럼 공적으로 인정받을 수 있는 근거로서 적절한 법적 문서들이 없는 이들일 수도 있다. 둘째, '아는 것'은 심층적인 사회적·정치적·종교적 예민성과 의식이 요청되기 때문이다. '아는 것'만큼 우리 눈에 보인다. 셋째, 환대가 필요한 이웃을 사랑하는 것은 곧 신·예수를 환대하는 것과 분리할 수 없는 일이기 때문이다(마태복음 25:44).

이 이야기는 예수의 가르침에서 핵심이 무엇인지 잘 보여준다. 종교든 그 무엇이든 가장 중요한 가치는 바로 타자에 대한 환대와 사랑이다. 타자에 대한 환대는 심오한 종교적 의미를 담고 있다. 최후의 심판 비유는 어려움에 처한 사람에게 베푸는 환대가 바로 신에 대한 환대임을 분명히 한다. 대심판관으로 상징되는 신의 말, 즉 타자에 대한 사랑과 환대의 행위가 바로 '나에게 한 것'이라는 말은, 예수가 강조해온 "이웃과 원수를 자신과 같이 사랑하라"는 맥락과 연결시켜볼 수 있다. 결국 '나·타자·신' 사랑은 분리될 수 없다.

예수의 메시지에서 핵심은 '사랑'이다. 또한 사랑의 다른 이름은 환대다. 많은 경우 사랑은 추상적 영역에 머물러 있는데, 사랑이란 매우 구체적인 것이다. 사랑에서 가장 중요한 것은 서로에 대한 보살핌이다. 따라서 어려움에 처한 사람들에 대한 책임적 보살핌이라는 사랑의 심오한 차원은, 어떠한 종교적 교리나 체제에 대한 것이 아니라 매우 구체적인 인간적 환대에 관한 것임을 드러낸다. 예수의 '최후의 심판'에서 종교적 소속성은 언급조차 되지 않는다. 기독교인들이 중요하게 생각하는 이른바 '최후의 심판'은 종교적 소속과 전혀 상관이 없다는 것을 예수는 분명히 하고 있다.

그런데 여기서 우리가 주목해야 할 것이 있다. 예수가 제시하는 여섯 가지 기준은 무엇을 의미하는가 하는 점이다. 21세기 현대사회에서 배고프고, 목마르고, 헐벗고, 감옥에 갇히고, 병들고, 낯선 이들은 누구인가. 예를 들면 이들은 세계 곳곳에서 기아로 허덕이는 사람들, 성소수자들과 같이 제도적으로 인간 됨이 거부되는 이들, 편견의 감옥에 갇힌 이들, 몸과 마음이 아파도 건강보험의 혜택조차 받지 못하는 난민들이나 미등록 이주민들, 종교적·문화적으로 낯선 사람으로 취급받는 이들일 수 있다. 예수의 여섯 가지 기준을 우리의 구체적인 삶에 적용하는 것은, 지속적으로 씨름해야 할 과제다.

타 종교에 대해 '구원이 없다'며 그 종교에 속한 사람들을 '지옥'으로 갈 사람들이라고 저주하는 이들이 있다. 이들은 예수의 '구원'이 무엇을 판단 기준으로 삼는지에 대해 세밀히 성찰해야 한다. 기독교가 아닌 종교에 속해서 구원받지 못하는 것이 아니라, 환대와 사랑의 행위를 하지 않는 이들이 '구원'받지 못한다는 것이 예수의 비유의 핵심이다.

3) 예수의 절대적 환대

기독교 전통에서 가장 중요한 예식 중의 하나가 있다. '성찬식 (Eucharist)'이다. 성찬식은 예수의 이른바 '최후의 만찬'으로부터 나왔다. 기독교인들에게는 매우 익숙한 예식이겠지만, 기독교 밖에 있는 이들에게는 생소한 예식일 것이다. 예수는 죽음에 앞서 제자들과 마지막으로 만찬을 한다. 미켈란젤로의 작품 〈최후의 만찬(The Last Supper)〉을 통해 대중적으로 잘 알려진 사건이다. 예수가 빵과 포도주로 제자들과 최후의 만찬을 나눈다. '최후'라는 말이 주는 함의처럼, 이 예식은 매우 비장한 분위기에서 이루어진다. 그런데 예수는 단순히 빵과 포도주로 식사하는 것이 아니라, 특이한 예식을 한다. 빵을 '나의 몸(body)'이라고 하며, 포도주를 '나의 피(blood)'라고 한 것이다(마가복음 14:22-24). 물론 예수가 자신의 '몸'과 '피'를 먹으라고 하는 것은 사실적 표현이 아닌 상징적 표현이다. 그런데 왜 예수는 '몸과 피'라는 메타포를 사용했을까. 또한 자신의 '몸과 피'를 제공한다는 행위는 무엇을 상징하는가.

한 인간에게서 몸과 피는 생명을 의미한다. 한 사람의 생명을 생명이게 하는 것은, 바로 그의 몸과 피다. 따라서 이러한 몸과 피를 제공한다는 것은 바로 자신의 '존재 전부'를 아무런 조건 없이 전적으로 타자에게 베푼다는 의미다. 이러한 의미에서 예수가 자신의 '몸과 피'를 제공한 최후의 만찬 사건은 매우 중요한 '절대적 환대'의 예증이라고 할 수 있다. 예수의 무조건적인 '절대적 환대'에는 어떠한 종교적 또는 정치적 '선행조건'이 전제되어 있지 않다. 만찬의 '주인'으로서 예수는 자신의 '몸과 피'로 상징되는 자기 존재 전부를 아무런 기대 없이, 전제조건 없이, 신분 증명도 요구하지 않고 '손님'들에게 제공한다. 자신의 존재 전부를 내어주는 예수의 절대적 환대에서, '주고받기'라는 '환대의 계산' 또는 '환대의 경제'는 존재하지 않는다.

그런데 이러한 '절대적 환대'으로서의 '최후의 만찬'은 종교적으로 제도화·교리화되었다. 이후 기독교 전통에서는 이것이 환대의 사건으로서가 아니라 다양한 조건으로 무수한 이들을 배제하는 '적대의 사건'으로서 자리매김하곤 했다. 즉, '종교 권력'이 행사되는 교리로 왜곡되어버린 것이다. 누가 그 성찬식의 테이블에 올 수 있는지 없는지가 고정되고, 그 굳어진 원칙에 의한 '배제의 예식'으로 변모된 것이다. 세계 곳곳의 교회에서 지금도 여전히 계속 이어지는 이 성만찬 예식은 기독교에 소속되었든 아니든, 교파가 동일하든 다르든 상관없이, 그 의미가 상실된 '종교적 예식'이 아니라 모든 타자를 향한 무조건적 '환대의 예식'으로 전이되어야 한다.

2. 성서의 코즈모폴리턴 환대

성서는 여러 곳에서 코즈모폴리턴 환대 사상을 담아낸다. 환대란 손님으로 오는 이방인·외국인에 관한 것이다. '외국인'으로서의 삶이란, 모든 인간의 삶의 조건이기도 하다. 외국인으로 살아간다는 것은 타자의 환대를 늘 필요로 하는 삶이며, 내 주변의 타자도 나의 환대가 필요하다. 〈시편〉에 나오는 "내가 이 지구 위에 어디에 있든지 나는 외국인입니다"(시편 119:19)라는 고백은, 인간의 보편적인 존재론적 상태를 선언하는 것이기도 하다. '외국인·이방인'으로 살아간다는 것은 '손님'의 삶을 산다는 것이다. 또한 생존하기 위해서는 언제나 '주인'의 환대를 받아야 함을 의미한다. 주인은 손님인 이방인들과 달리 그 공간의 절대적 소유권을 주장한다. 이러한 주인의 공간 소유의식은 '손님'인 이방인·외국인보다 자신을 우월한 위치에 놓게 한다. 이러한 관계는 '존재의 위계주의'를 형성하고, 두 집단의 관계는 '우월－열등'의 '윤리적 위계주의'의 가치구조까지 구성하면서 현실 세계를 지배하는 가치 체제가 되어버린다.

성서의 〈창세기〉에는 인류의 첫 이방인에 대한 이야기가 나온다. 아담과 하와는 자신의 '고향'인 에덴동산에서 추방당한다(창세기 3:23). 최초 인간이라고 하는 아담과 하와는 이렇게 '이방인·외국인'의 삶을 살기 시작한다. 첫 인간의 삶은 자신의 고향에서 추방당한 '난민' 또는 '디아스포라'의 삶으로 운명 지어졌다. 또한 신은 아브라함에게 "고향을 떠나라"고 명령한다. 아브라함은 '아브라함 종교들'로 불리는 이슬람교, 유대교, 기독교에서 가장 중요한 인물이다. 아브라함은 신의 명령을 받고 돌연히 고향을 떠나 이방인으로, 외국인으로, 디아스포라로 삶을 살게 된다.

이방인으로서의 삶 이전과 이후에 아브라함은 각기 다른 이름으로 불리게 된다. 이전에는 '아브람(Abram)'이었지만, 이방인의 삶이 시작되면서 신은 그의 이름을 '아브라함(Abraham)'으로 명명한다. 이방인으로서 아브라함의 시작은, 이렇게 분명한 '이전'과 '이후'가 있다는 점에서 중요한 '사건'으로 자리매김한다. 신이 왜 일흔다섯 나이의 아브람에게 익숙함의 공간인 고향을 돌연히 떠나라고 했는지에 대한 해명은 없다. 다만 신은 '고향 떠남'이 신의 축복으로 '보상'될 것이라고 일방적으로 선언할 뿐이다(창세기 12장). 아브라함은 아무런 이의제기도 하지 않은 채, 평생 살아온 고향에서 '주인'의 삶을 떠나 디아스포라인 '손님'의 삶으로 들어서게 된다.

익숙한 고향을 떠나 이방인, 외부자, 손님, 외국인으로 살아가야 하는 사람에게 가장 절실한 것은 무엇일까. 바로 자신의 여정에서 자신을 환대하는 사람들이다. 이방인의 삶을 명령하는 신은 어쩌면 환대의 필요성에 대한 분명한 메시지를 인간에게 전하려는 것인지 모른다. 이방인으로서 아브라함의 삶은 새로운 방식으로 세계를 보고, 새로운 방식으로 타자들과의 관계를 만들어가야 한다는 의미가 될 수 있다. 이러한 맥락에서 보자면, 아브라함이 고향 떠남을 통해 시작한 이방인으로서의 삶은 '절대적으로 새로운 역사의 시작'이 될 수 있다. '아브라함적 환대' 개념이 아브라함 전통의 종교들에서 중요하게 자리 잡은 것은, 생존을 위해 타자들의 환대가 절실하게 필요한 디아스포라의 삶을 살라는 신의 명령에 담긴 심오한 의미의 반영일 수 있는 것이다.

자신 스스로 이방인이 된 아브라함은 성서적 환대, 즉 '무조건적 환대'의 전형을 보여준다. '초대' 없이 돌연히 나타난 타자의 '얼굴'을 아무런 전제조건 없이 환대한다. 그는 세 명의 낯선 자들이 자신의 장막 근처에 나타나는 것을 보자마자 달려 나가서 땅에 엎드려 환영하며 그들을 맞이한다(창세기 18:2). 아브라함은 그들에게 "당신은 누구입니까?"라는 심문의 질문도 하지 않고, 이름도 묻지 않은 채 그들의 '얼굴'하나만으로, 그들이 누구인가라는 정체성도 모른 채 물·빵·고기를 제공하며 무조건적 환대를 베푼다. 이 환대의 장면에서 주인인 아브라함은 '초대에 의한 손님(guest by invitation)'이 아니라 초대받지도 않은 예상치 못한 '방문에 의한 손님(guest by visitation)'을 아무런 계산 없이 환대한다. 그들이 혹시 나에게 해를 끼칠 위험한 사람들은 아닌가 하는 의심이나 심문의 과정도 없이, 자신이 가진 것을 내어주며 환대를 베푼다.

아브라함적 환대의 중요한 의미는 흔히 환대란 '주인'이 행사하는 것이라는 통상적인 생각을 넘어, 환대가 궁극적으로는 '손님·이방인·외국인'이 초대장 없이 '주인'의 영토에 나타났을 때 적대가 아니라 환대를 받을 '권리'에 관한 것임을 시사하는 데 있다. 이는 칸트가 세계의 영구적 평화를 위해 제안한 '코즈모폴리턴 권리'가, 바로 이러한 외국인, 손님, 이방인이 적대가 아닌 무조건적 환대를 받을 권리가 있음을 보여주는 아브라함적 환대의 의미와 만나는 지점이다.

성서는 자신의 나라에 거주하는 외국인들을 '우리'에 속한 사람처럼 대하고, 우리 자신을 사랑하는 것처럼 그 외국인들을 사랑하라고 한다(레위기 19: 33-34). 또한 바울은 아무런 조건을 설정하지 말고 낯선 이들에게 환대를 베풀라고 권면한다(로마서 12:13). 외국인들 또는 이방인들에 대한 이러한 '무조건적 환대'의 성서적 가르침이 우리의 현실 세계에서 다양한 벽에 부딪힌다는 점은, '환대의 윤리'와 '환대의 정치' 또는 '무조건적 환대'와 '조건적 환대'라는 두 축이 존재함을 보여준다.

그렇다면 성서가 말하는 환대는 어떠한 환대인가. 환대는 '윤리적 규정'으로서 '무조건성'을 담고 있는 반면, 인간의 구체적인 사회정치적 정황에서 환대의 '법'은 다양한 제한을 지닌 '조건성'을 이미 담고 있다. 이러한 두 가지 상태의 환대를 이해하는 것은, 환대의 범주나 구체적 실천에서 어떠한 복합적인 문제들이 고려되어야 하는가를 이해하는 데 매우 중요하다. 이러한 관점에서 보자면, "낯선 이들에게 환대를 베푸십시오(로마서 12:13)"라는 단순한 듯한 바울의 말은 복잡한 우리 사회의 여러 문제들과 연관되어 있다. 한 국가·개인·집단·사회가 '손님'으로 등장하는 '외국인들'이나, 기존의 관습적 틀에서 벗어난 다양한 '소수자들'을 어떻게 대하는지가 환대의 핵심이다. 이러한 맥락에서 볼 때, 난민 문제를 포함해 외국인 혐오, 여성혐오, 성소수자 혐오 등 다층적 혐오 문제가 극대화되는 21세기 현대사회에서 환대의 문제는 개인적·집단적·문화적·사회정치적으로, 그리고 더 나아가 종교적으로 점점 더 긴급한 문제가 아닐 수 없다.

3. 호스티피탈리티,
   적대와 환대의 얽힘성

환대에 관한 논의에서 유의할 것이 있다. 환대를 단순하게 또는 낭만화된 양태로 생각하는 것이다. '손님을 환영'한다는 의미의 환대란 우리의 구체적인 일상 속에서 매우 복합적인 층들과 연계되어 있다. 환대의 복합적인 의미를 드러내기 위해서 데리다는 새로운 용어를 만든다. '적대(hostility)'와 '환대(hospitality)'를 합친 '호스티피탈리티(hostipitality)'다.[6] 담론과 실천으로서 환대에 관한 논의는, 환대와 연결된 다양한 문제들과 딜레마들을 고려하면서 전개해야 한다. 환대를 단지 낭만적이거나 피상적인 문제로 이해한다면, 구체적인 현실적 공간에서의 환대는 지극히 제한된 이해와 실천으로만 남게 되기 때문이다. 무엇이 환대 또는 적대인가는 개념적으로는 자명한 것 같다. 많은 경우 적대와 환대를 양극단에 있는 것처럼 생각하곤 하지만, 우리의 구체적인 사회정치적 현실 세계에서 환대와 적대 사이에 분명한 경계를 긋는 것은 매우 복잡한 문제다.

환대의 범주가 지닌 복합적인 의미를 이해하기 위해서는 '환대'라는 개념 자체의 양가적 의미를 들여다보아야 한다. '환대(hospitality)'의 라틴어 단어를 살펴보면, 흥미롭게도 환대는 자기상충적인 의미를 그 자체에 담고 있다. 손님(guest)의 라틴어인 '호스티페트(hosti-pet)'는, '호스티스(hostis)'와 '호스페스(hospes)'를 조합한 용어이다. 따라서 손님이라는 의미의 '호스티페트'라는 용어는, '환대(hospi-tality)'를 의미하는 '호스티(hosti)'로 해석할 수도 있다. 즉, '호스티페트'는 환대 그 자체를 의미한다. 또한 '호스티페트'에서 '페트(pet)'는 주인을 의미한다. 이러한 어원적인 의미를 따라가 볼 때, '호스페스'의 문자적 의미는 '손님-주인' 모두를 의미하며, 동시에 '호스티스'는 '적'을 의미하기도 한다. 즉, '호감이 가는 낯선 자'는 '손님'이 되며 '적대적인 낯선 자'는 '적'이 되는 것이다.[7]

이러한 의미에서 '환대'라는 말은 그 자체에 '적대'라는 의미도 품고 있다고 할 수 있다. 데리다는 '환대'라는 개념 자체가 '적대'의 의미도 품고 있다는 환대의 양가성을 드러내기 위해 '호스티피탈리티'라는 새 용어를 만들게 되었다고 밝힌다.[8] 직역하면 '적환대'라고 번역될 수 있는 신조어 '호스티피탈리티'는 우리가 '친구(호감이 가는 낯선 자)와 적(적대적인 낯선 자)', '환대와 적대'를 나누는 것이 통상적으로 생각하듯 그렇게 단순하거나 자명한 것이 아님을 인식하게 한다. 더 나아가 환대의 낭만화나 단순화의 위험에서 벗어나, 그 복합성에 대해 좀 더 근원적인 새로운 방식으로 접근하도록 한다.

성서의 환대 이야기를 통해서 환대와 적대가 어떻게 동시적으로 일어날 수 있는지, 또한 환대와 적대가 어떠한 방식으로 복잡하게 얽혀 있는지 조명해보자. 성서는 이 세계에서 가장 많이 번역되어 읽혀온 책이다. 군이 기독교와 같은 특정 종교에 속하지 않았다고 해도, 이렇게 세계에 가장 많은 언어로 번역되어 읽히는 책인 만큼 성서가 어떠한 환대 이야기를 담고 있는지를 보는 것은 중요하다. 환대에 관한 성서 속 이야기들은 환대의 종교가 감지해야 할 여러 복합적인 층들을 드러낸다. 특히 아브라함 종교의 대표적인 환대 이야기들은 남성 손님들을 위한 남성 주인의 환대 과정에서 희생당하는 여성의 이야기, 즉 성차별적 적대의 어두운 이면을 동전의 양면처럼 담고 있다. 그런데 성서에 나오는 전형적인 환대 이야기는 그 이면에 여성을 '비존재'로 전제하고 있었기 때문에, 이러한 고도의 적대는 사람들의 별다른 관심을 받지 못했다.

예를 들어 '아브라함 전통의 환대'의 예로 거론되곤 하는 〈창세기〉 19장 속 롯의 이야기를 보자. 자세히 들여다보면, 이 이야기는 적극적 환대에 관한 것만이 아니라 끔찍한 적대에 관한 것이다. 롯은 자신의 집에 손님으로 찾아온 여행자들을 환대한다. 그런데 동네 사람들이 그 손님들을 내어놓으라고 공격하자, 이들을 보호하기 위해 자신의 집을 둘러싼 남자들에게 두 딸을 내어준다. 남성 손님들을 환대하기 위해 롯은 '처녀'인 자신의 두 딸을 공격자들에게 내어주면서 '마음대로(whatever you want)' 하라고 말한다.

> 나에게는 아직 처녀인 어린 두 딸이 있습니다. 그 아이들을 데리고 가서 당신들이 하고 싶은 대로 무엇이든 하십시오. 그러나 이 두 여행자에게는 아무것도 하지 마십시오. 이분들은 나의 환대의 보호(protection of my hospitality)를 즐기고 있기 때문입니다.[9]

두 명의 남자 손님들이 주인의 지극한 환대로 보호받는 동안 롯의 두 딸은 자신의 아버지에 의해, 그리고 공격적인 주변 남자들에 의해 성적 노리개가 되는 고도의 적대를 경험하게 된다. 아내나 딸 등 모든 여자들이 남성의 소유물인 사회에서 남성 주인은, 남성 손님에 대한 환대를 자신의 딸을 향한 비인간적 적대보다 중요하게 생각하고 행동한다. 여성이 남성의 소유물인 사회에서, 인간으로서 그 두 딸의 존엄이나 가치는 존재하지 않는다. 성서의 저자 역시 남성중심적 시각을 가졌기에, 두 여자 '사람'들이 무엇을 경험하고 느끼는지에 대해 이 환대의 이야기는 기록하고 있지 않다. 그 두 여성은 목소리 없는 인간이다. 이 세계 내의 존재감을 박탈당하는 인간으로서 롯의 딸들은 롯이 손님에게 베푸는 '환대의 현장' 한가운데에서 극도의 생명위협적인 '적대의 현장' 속으로 던져진다. 그리고 '살아 있는 죽은 자(living dead)'들로 전락한다.

이와 유사한 환대의 이야기는 하나가 아니다. 〈사사기〉에도 등장한다. 한 집안의 주인이 자기 동네를 지나가던 한 레위인에게 환대를 베풀어 손님으로 영접한다. 그런데 성읍의 불량배들이 이 손님을 공격하고 위협한다. 그러자 주인은 불량배들부터 손님을 보호하기 위해 그 불량배들에게 딸과 손님의 첩(concubine)을 제공하겠다고 한다.

> "형제들 여러분, 그런 나쁜 짓은 하지 마십시오! 그는 나의 보호 아래 있는 나의 손님입니다. 그러니까 그에게 사악한 짓을 해서는 안 됩니다. 처녀인 나의 딸과 내 손님의 첩이 있습니다. 내가 그 둘을 당신들에게 내어주겠습니다. 그들을 당신들이 원하는 대로 마음대로 해도 됩니다. 그러나 나의 손님인 이 사람에게는 사악한 일을 해서는 안 됩니다." 남자들이 말을 듣지 않자, 레위인은 밖에 있는 사람들에게 자신의 첩을 떠밀쳐 문밖으로 내어주었다. 그들은 여자를 데리고 가서 밤새 새벽까지 돌아가며 강간하고, 동이 트기 시작하자 그 집 문밖에 그 여자를 데려다 놓았다.[10]

남자 주인은 자신의 손님에게 환대를 베풀며 보호하기 위해 딸을 제공하겠다고 하고, 남자 손님은 자신의 첩이 거의 죽음에 이를 지경까지 윤간을 당하도록 내어준다. 결국 그 레위인 손님은 문 앞에 버려진 자신의 첩을 집에 데리고 와 칼로 열두 토막을 내어 이스라엘 전국에 보낸다(사사기 19:29). 이는 토막 살인이다. 자신의 '소유물'을 침해한 것에 대한 '경고'의 의미로 해석할 수밖에 없는 상황이다. 이러한 끔찍한 '적대'의 사건이 '환대'의 이름으로 자행되었다. 한 여성에 대한 폭력적 윤간과 토막 살인이 바로 성서의 '환대'에서 벌어진 일이다.

밤새 불량배들로부터 윤간과 폭행을 당한 그녀가 무슨 생각을 했는지, 어떠한 폭력을 겪고 끔찍한 경험을 했는지 성서의 '환대' 이야기는 역시 침묵하고 있다. 자신과 함께 몸을 나누며 살던 그 레위인이 자신의 팔을 붙잡고 문밖으로 물건 던지듯 불량배들에게 내어주는 그 순간 그 여자 사람이 어떤 두려움과 배반감을 느꼈을지, 성서는 그 끔찍한 적대의 경험을 기록하고 있지 않다. 그 레위인의 첩은 '손님'의 범주에 들어가지조차 않는다. 레위인의 첩은 '존재하지만 존재하지 않는 비인간'이었기 때문이다. 결국 그 '환대'의 수혜자였던 레위인은, 자신에게 베풀어진 환대를 지켜내기 위한 과정에서 자신과 함께 사는 첩을 극심한 '적대'의 희생자로 만든 것이다.

〈창세기〉와 〈사사기〉에 등장하는 각기 다른 정황 속 환대에 관한 두 가지 이야기는, 다음과 같은 공통점이 하나 있다. 환대의 주체인 주인도, 환대의 대상인 손님도 남성이어야 한다는 것이다. 그렇기에 '남성-주인'이 '남성-손님'에게 제공한 '환대의 공간'은 정작 여성들에게는 처참하고 끔찍한 '적대의 공간'이 되어버린다. 한편 타자에게 환대를 베푸는 친절함을 지닌 '남성-주인'과 그 환대의 대상인 '남성-손님'은, 다른 한편으로 자신의 딸이나 첩인 여성을 '비존재', '살아 있는 죽은 자'로 취급하며 근원적인 적대를 행사한다. 호모 사케르(homo sacer), 즉 생물학적으로 살아 있지만 어떤 정치적 보호나 종교적 가치도 부여받지 못하는 생명으로 취급한 것이다. '호모 사케르'는 고대 로마에서 "죽일 수 있지만 종교적 희생물로 바쳐질 수 없는 존재"를 의미한다.[11] 성서의 환대 이야기에서 여성들은 환대의 주체인 '주인'이나 환대의 대상인 손님으로 등장하지 않는다. 다만 환대를 행사하기 위한 소모품일 뿐이다. 이들은 폭력적 적대의 가능성에 늘 노출되는 대상일 뿐이다. 폭도들 또한 남성들이다.

〈창세기〉와 〈사사기〉 속 환대에 관한 이야기에 등장하는 이러한 환대와 적대의 얽힘은 우리의 현실에서도 다양한 모습으로 존재한다. '믿음의 조상'으로 칭송받는 아브라함 역시 남성 손님에게는 환대를, 여성에게는 적대를 행사했다. 아브라함은 세 명의 '먼 타자들(distant others)', 즉 '낯선 자들'에게 무조건적 환대를 베푼다(창세기 18: 1-8). 이른바 '아브라함적 환대' 개념이 중요한 것으로 등장하게 된 이유다. 그런데 그 환대의 모범적 인물로 존경받는 아브라함은, 자신의 첩인 하갈에 대한 '적대'는 묵인한다. 표면적으로는 아내인 사라가 그 적대를 행사한 주체로 보인다. 그러나 사라에게 "당신의 몸종이니, 당신 마음대로 하시오"(창세기 16: 6)라고 한 것은 아브라함이었다. 그럼으로써 정작 자신

의 아이를 임신한 '가까운 타자'인 하갈의 권리에 대한 보호는 외면한
다. 결국 하갈이 견디다 못해 도망치도록 사라가 하갈을 박대하는 것을
묵인한다.

성서에 등장하는 이러한 환대의 이야기들은 물론 당시 시대가 여
성을 한 인간이 아니라, 남편·아버지와 같은 남성의 소유물로 간주했다
는 배경을 전제하고서 읽어야 한다. 그러나 문제는 그러한 시대적 제한
성과 상관없이, 성서라는 종교적 경전에 담겨 있다는 이유로 이러한 가
부장제적인 남성중심적 사건들을 지금도 여전히 '절대적 진리'로 생각
하는 이들이 많다는 것이다. 이러한 노골적인 여성 소유화가 21세기에
도 다양한 '종교적 진리'의 이름으로 세계 곳곳에서 벌어진다는 것을
부정하기 어려운 상황이다. 성서의 환대 이야기들 속에서 성서 저자들
은 처참한 적대의 대상이 되어버린 여성들의 목소리를 전혀 기록하지
않는다. 그 여성들은 철저히 '비존재'로 처리된다는 점에서 '절대적 희
생자들(absolute victims)'로 존재한다.

'서발턴(subaltern)'은 '절대적 희생자'라는 의미다. 절대적 희생자란
단지 억압받는 자, 착취당하는 자, 배제된 자, 주변화된 자라는 의미만
이 아니다. '절대적 희생자'들은 자신이 희생되었다는 것조차 드러낼
수 없다. 또한 구조적·조직적으로 공적 역사에서 배제되고 사라짐으로
써 그 누구도 대변조차 해줄 수 없는 희생자들을 의미한다.[12] 이들 절대
적 희생자들은 철저한 '부재 속에서만 존재'하는 것이다. 그 절대적 희
생자, 서발턴은 다음과 같은 이들이다.

항의조차 할 수 없고 … 희생자를 희생자라고 알아차릴 수 없으며 … 자기 자신을
희생자라고 소개할 수조차 없고 … 언어에 의해 철저히 배제되거나 은폐되고 …
역사에 의해 전멸되는 ….[13]

이러한 의미에서 가야트리 스피박은 유명한 논쟁적인 글 〈서발턴은
말할 수 있는가?〉에서 "그들은 말할 수 없다"[14]라고 결론 내린다. "만약
서발턴이 말할 수 있다면 … 서발턴은 더 이상 서발턴이 아니"기 때문이
다.[15] 설사 그 절대적 희생자들인 서발턴이 '말을 한다'고 해도 누가 들을
것인가? '말한다(speaking)'는 행위는 누군가가 '듣는다(listening)'는 것을 전
제로 한다. 결국 절대적 희생자가 말을 해도, 그 누구도 듣지 않는다는 의
미다. '절대적 희생자'들은 언제나 묘사·언급되는 '발화 객체'로만 존재
한다. 스스로의 목소리를 내는 '발화 주체'로는 존재하지 않는다. 이것이
스피박의 〈서발턴은 말할 수 있는가?〉가 강조하는 것이다.

여기서 스피박이 언급한 '말한다'는 것의 의미를 살펴보아야 한
다. '말한다'는 것은 단지 육체적 목소리를 낸다는 단순한 의미가 아니
기 때문이다. 영어로 '말한다'는 두 단어가 있다. '토킹(talking)'과 '스피
킹(speaking)'이다. 누군가가 경청할 때, 우리의 말하기 행위는 '스피킹'이
다. 아무도 경청하는 이가 없는 독백과 같은 말하기는 '토킹'일 뿐이다.
이런 의미에서 진정한 '말하기' 행위는 진정으로 이해하려 하는 누군가
의 '듣기'가 가능할 때 형성된다. 그 누구도 듣지 않을 때, 그 누구도 귀
기울여서 이해하고자 하지 않을 때, 절대적 희생자의 육체적 목소리를

통한 '말하기'는 스피박이 언급했던 진정한 '말하기'의 복합적 의미를 충족하지 못한다. 이러한 맥락에서 보자면, '말하기'와 '듣기'는 이 현실 세계에서 서로 긴밀하게 얽혀 있는 매우 복합적인 사회정치적 행위가 된다.

이는 어떤 특정한 그룹의 사람들에게 베푸는 환대의 이면에서, 다른 그룹의 사람들에게는 극도의 적대가 행해지고 있음을 보여준다. 즉, 환대가 행해지는 보이는 세계의 이면에서 외국인 혐오, 성소수자 혐오, 여성혐오와 같은 적대들이 다양하고 은밀한 방식으로 행사될 가능성이 있음을 보여준다. '환대의 성공'의 어두운 이면에서 대변되지 못하는 이들의 존재를 '비존재'로 전락시킴으로써 그 환대의 성공 안에 이미 '환대의 실패', 즉 적대가 행사될 수 있다. 이러한 맥락에서 볼 때, 성서의 환대 이야기에 언급되기만 할 뿐인 여성들 같은 '서발턴' 또는 '절대적 희생자'들은, 지금 이 현대 세계에서 펼쳐지는 개인적·국가적·집단적 환대의 행위들 안에 여전히 존재하고 있다. 그러한 상충적 기능을 인지하는 것은 환대에 관한 담론과 실천에서 매우 중요하다.

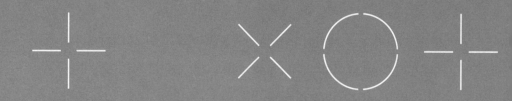

10장

코즈모폴리턴 타자 사랑과 종교

이웃을 당신 자신처럼 사랑하십시오.
… 원수를 사랑하십시오.
_예수[1]

종교란 사랑하는 이들을 위한 것이다.
_존 카푸토[2]

신은 사랑입니다.
사랑 안에서 존재하는 이들은 신 안에 존재합니다.
그리고 신은 사랑하는 이들 안에 존재합니다.
_요한[3]

1. 종교적 사유의
전환

▶　종교적 담론의 주제들은 크게 보면 두 가지로 나눌 수 있다. 첫째
　　는 의미의 추구에 관한 것이고, 둘째는 타자에 대한 책임성에 관
한 것이다. 그러나 이 두 주제는 각기 분리되지 않고 상호 연결되어 있
다. 코즈모폴리턴 사랑의 개념은 타자에 대한 책임성과 우선적으로 관
련된 매우 중요한 종교적 담론이라고 할 수 있다. 코즈모폴리턴 사상은
타자를 동료인간으로 보는 시선으로부터 출발한다. 그리고 타자에 대한
상호책임성의 문제와 연계되어 있다. 기독교인들에게 '신·예수를 사랑
한다'는 선언은 종교적 정체성을 구성하는 데 핵심적 요소다. 그러나
이러한 종교적 고백 자체가 그 사람의 종교성이나 신앙세계의 진정성과

성숙성을 가늠하는 기준이 되는 것은 전혀 아니다. 이러한 고백을 하는 사람이 사랑한다는 그 '신' 또는 '예수'는 어떠한 존재이며, '사랑한다'는 고백이 구체적인 현실 속에서 무엇을 의미하는지 짚어보는 것이 더 우선적인 문제이기 때문이다.

기독교에서는 '타자'라는 용어 대신 '이웃'이라는 용어를 사용한다. 그런데 여기서 주목할 점이 있다. 이웃의 범주다. 유대 전통에서 이웃이란 동족인 유대인을 의미했다. 즉, 구약성서의 배경에서 유대인이 아닌 사람은 그 이웃의 범주에 들어갈 수 없다. 예수가 활동하던 시기에 사람들이 생각하는 '이웃'이란 이렇게 배타적인 범주였다. 그런데 예수는 이런 정황에서 '이웃'만이 아니라 '원수'까지 사랑하라고 한다. 사랑의 대상을 이웃만이 아니라 원수까지 확대하는 것은 무엇을 의미하는가. 결국 '모든' 사람들을 환대하고 사랑하라는 것이다. 이런 이유에서 나는 배타적 친근성의 의미가 담긴 '이웃'이라는 용어만이 아니라, 이웃과 원수를 모두 포괄하는 의미로서 모든 동료인간을 지칭하는 '타자'라는 용어를 사용한다.

예수의 가르침에서 중심을 차지하는 '이웃 사랑'은 '신 사랑'과 분리불가의 관계에 있다. 이웃 사랑이란 타자에 대한 책임과 연대의 의미를 총괄한다. 이러한 의미에서 '신·예수를 사랑한다'고 고백하는 사람들은 그 고백이 담고 있는 '타자에 대한 책임성'의 의미까지 짚어내야 한다. 이러한 맥락에서 신에 대한 사랑을 타자에 대한 사랑과 분리해서는 안 된다. 상투적으로 고백되곤 하는 "신을 사랑한다"는 말을 새로운 방식으로 재조명해야 한다. 이러한 상투적 표현을 넘어 그 심오한 의미를 조명하려면 다음과 같은 근원적인 질문을 다시 해야 한다. 사랑한다는 것은 도대체 무엇인가? 사랑은 자명한 것이 아니다. 단지 "이웃과 원수를 사랑하고 신을 사랑하라"고 암송만 한다면, 사랑한다는 고백이 말해주는 것은 아무것도 없다. '신 사랑, 이웃 사랑, 원수 사랑'의 의미가 무엇인지에 대한 새로운 조명과 시각이 필요한 이유다.

새로운 시각은 정형화된 답으로부터가 아니라, 새로운 물음으로부터 시작된다. 새로운 물음 없이 새로운 답은 불가능하다. 이런 의미에서 어떠한 '새로운 물음'을 물어야 하는가는 매우 중요한 작업일 수밖에 없다. 좋고 나쁨이라는 단순한 이분법적 흑백논리가 아니라, 분석과 설명을 위한 잠정적 표현으로서 '좋은 질문'과 '나쁜 질문'의 범주로 우리의 질문하기 방식을 생각해보고자 한다. 어떠한 질문을 하는지는 해답을 찾으려는 시도보다 선행된다. 또한 그 질문의 성격과 특성에 따라서 찾으려는 해답의 방향과 인식론적 전제들이 달라지기 때문에, '좋은' 질문을 하는 것을 배우는 일은 매우 중요하다.

"신을 사랑하는가" 또는 "예수를 사랑하는가"의 물음은 기독교 전통 안에서 매우 흔하게 들을 수 있는 질문이다. 그런데 이러한 종류의 질문에 답을 한다고 해도, 정작 그 답 자체가 어떤 의미를 전달해주지는 않는다. 설사 답하는 이가 '예'라고 했어도 그러한 답은 그가 신이나 예수를 어떻게 이해하고 있으며, 또는 '사랑한다'는 것을 도대체 어떻게 이해하고 있는가에 대해서는 전혀 알려주지 않는다. 그 신이 성소수자를 혐오하는 신, 여성혐오를 하는 신, 기독교 아닌 종교에 소속한 사람을 혐오하는 신이라면 "신을 사랑하는가"의 물음에 '예'를 하든 '아니오'라고 하든 큰 의미가 없다. 따라서 이런 방식의 질문이 우리에게 전해주는 것은 아무것도 없다. 그렇기에 '좋은' 질문이라기보다는 '나쁜' 질문이다. 이러한 맥락에서 '나쁜' 질문을 새로운 '좋은' 질문'으로 전환시킨 아우구스티누스의 유명한 질문을 조명해보는 것은 의미가 있다.

아우구스티누스는 "신을 사랑하는가"라는 어찌 보면 매우 상투적인 종교적 물음을, "내가 나의 신을 사랑할 때, 나는 무엇을 사랑하는가"라는 물음으로 전환시킨다.[4] 이 질문은 전혀 다른 차원의 사유 세계로 우리를 초대한다. 이러한 의미에서 '좋은' 질문이란 심오한 사유 세계로의 초대장이다. "내가 나의 신을 사랑할 때, 나는 무엇을 사랑하는가"라는 물음은 우리에게 이전에 생각하지 않았던 세계에 대해 성찰하게 한다. 이러한 의미에서 '좋은' 물음이라고 나는 본다. 이 질문은 다음과 같은 세 가지 중요한 문제에 대해 성찰하도록 촉구한다.

첫째, 신을 사랑한다고 고백하는 나의 신 개념은 무엇인가. 둘째, 사랑함의 의미란 무엇인가. 셋째, 신에 대한 사랑과 내가 이 세계에서 사랑하는 것의 연관성은 무엇인가. 이러한 관점에서 보자면, "신을 사랑하는가"라는 질문에 누군가가 '예'라고 했다고 해서, 그것이 진정 신을 사랑하는 것이라고 결론 내리는 것은 매우 위험하다. 다양한 종교들이 타자들에 대한 살상·증오·폭력 등을 신의 이름으로 자행한 '죄의 역사'가 있다. 기독교 역사에서 십자군 전쟁, 마녀화형, 종교재판과 같은 역사적 사건들은 신의 이름으로 자행된 폭력과 살상이라는 죄의 역사다. 그렇기 때문에 "신을 사랑한다"고 고백하는 무수한 사람들이 동일하게 '신'의 이름을 사용한다고 해도, 그 의미가 동일하다고 전제할 수 없다. 아우구스티누스의 물음은 이 점을 분명히 보여준다. 여기에서 초점은 신을 '사랑하는가 아닌가'가 아니다. 신을 사랑한다고 할 때 그 신은 '어떠한 신'인가 하는 것이다. 그러한 신에 대한 사랑이 구체적으로 이 현실 속에서 무엇을 또는 어떻게 사랑하는 것으로 드러나는지 성찰하는 것이 중요하다. 많은 사람들이 '신을 사랑한다'고 하면서 실상은 탐욕, 권력, 독선과 아집을 표출하거나 종교, 국가 등의 권력 확장과 승리주의적 욕망을 '신 사랑'으로 혼동하기 때문이다.

성서는 타자에 대한 사랑이 신에 대한 사랑과 필연적으로 연결되어 있음을 여러 곳에서 보여준다. 예수를, 또는 신을 믿고 따른다고 고백하는 종교인이라면 이러한 사실에 주목해야만 한다. 성서는 ① 사랑할 줄 아는 사람들만이 신을 알 수 있으며(요한일서 4:8), ② 사랑하는 이들 속에서만 신이 거주하고 있고(요한일서 4:16), ③ 소외되고 어려움에 처한 이웃들을 보살피고 사랑하는 것이 바로 신을 사랑하는 것(마태복음 25:40)이라고 강조한다. '신을 사랑한다'는 것은 어떤 교리적 고백이나 종교적 예식을 통해서가 아니라, 오직 타자를 사랑하는 행위를 통해서만 보여줄 수 있다.

이 점에서 아우구스티누스의 물음 "내가 나의 신을 사랑할 때, 나는 무엇을 사랑하는가"라는 물음은 매우 중요한 점을 시사해준다. 신에 대한 사랑 또는 예수에 대한 사랑은 사실상 교리적 고백이나 제도적 종교에 대한 가시적 헌신을 통해서가 아니라, 타자에 대한 사랑·책임·연대를 통해서만 그 진정한 의미가 드러난다는 것이다. "신을 사랑한다"고 하면서 타자에 대해 다양한 편견과 혐오를 지니고 있다면, 자기의 권력 확장과 유지를 정당화하는 신이라면, 자신의 욕망과 집착을 실현하기 위한 지름길로 신이 이용되고 있다면, '신 사랑'이란 결국 매우 위선적이며 기만적이기까지 한 자기정당화적 독백일 수밖에 없다.

신 사랑이란 결국 신에 대한 나의 이해가 무엇인지를 드러낸다. 따라서 신 사랑의 진정한 의미는 이 세계에서 내가 사랑하는 것, 내가 헌신하는 것이 무엇이며 어떠한 사람들인가를 통해서만 드러날 수 있다. 이러한 의미에서 존 카푸토가 강조하듯, "종교란 사랑하는 이들을 위한 것(Religion is for lovers)"이다.[5] 이러한 카푸토의 종교 이해는 종교란 무엇이며, 신을 믿는 종교인이 된다는 것의 본질은 무엇인가에 대해 근원적으로 다시 생각하게 한다. '예수 사랑' 또는 '신 사랑'은 어떤 종교적 교리의 고백이나 예식에의 참여가 아니라 '타자에 대한 사랑'을 통해 드러나는 것임을 성서는 보여준다. 예수는 전통적인 '이웃 사랑'(레위기 19:18)의 범주에 '원수 사랑'(마가복음 5:44; 누가복음 6:27)까지 포함시킴으로써, 이웃 사랑의 의미와 범주를 근원적으로 확대하고 급진화한다. 그렇다면 '신·이웃·원수·나'에 대한 사랑이 결국 분리될 수 없는 것이라는 예수의 사랑 명령이 지닌 의미를 이 현대 세계에서 어떻게 이해하고 실천해야 하는가.

① 사랑할 줄 아는 사람들만이 신을 알 수 있음
② 사랑하는 이들 속에 신이 거주하고 있
③ '신 사랑'은 타자에 대한 연민과 사랑

2. 타자 사랑:
나·타자·신 사랑의 분리불가성

예수는 '나·이웃·원수 사랑'과 '신 사랑'이 분리될 수 없다고 가르친다. 사랑에 대한 예수의 이러한 가르침은, 제도화된 종교에 깊숙이 연계된 삶을 사는 사람들에게는 매우 당혹스러운 것일 수 있다. 신을 사랑한다는 행위가 이렇게 매우 '인간적인 것'으로 보이는 행위와 분리불가의 관계에 있다는 것은, 제도화된 종교들이 양산해내는 전통적이고 복합적인 찬란한 예식들과 교리들을 무색하게 만들기 때문이다. 예수의 '최후의 심판' 이야기(마태복음 25장)에 종교에 관한 내용이 전혀 없다는 것은 종교인들에게 당혹스러움을 더욱 가중시킨다. 또한 사랑은 모든 것을 참고, 친절하고, 믿고, 희망하고, 견디는 것(고린도전서 13장)이라고 한다. 진정한 사랑이란 도대체 어떻게 가능한 것인가. 그것도 자신이 사랑하는 가족과 같은 사람들만이 아니라 가까운 타자, 낯선 타자, 적대적 타자인 '원수'까지 이러한 사랑의 대상이 되어야 한다는 예수의 가르침은 불가능한 요구로 들린다.

여기에 '타자 사랑'의 역설적 딜레마가 있다. 바로 '필요성'과 '불가능성'이다. 타자 사랑은 절실하게 필요하다. 동시에 진정한 코즈모폴리턴 타자 사랑이란 그 온전한 의미를 실현하기가 불가능해 보인다. 이 불가능성의 인식은 종교란 과연 무엇인가라는 근원적 물음과 대면하게 한다. 진정한 사랑은 '주고받음(give and take)'이라는 '교환적 가치'에 의해서가 아니라, 교환적 계산성을 홀연히 넘어 자신을 내어주는 무한한 기투에 의해 비로소 가능한 것이다. 이러한 의미에서 볼 때 타자 사랑이란 결국 필요성과 불가능성, 이 두 축 사이의 끊임없는 긴장 속에서 그 한 자락의 가능성을 희미하게나마 보여줄 것이다. 다음의 네 가지 문제를 조명해보자.

1) 이웃의 범주

누가 나의 이웃인가? 유대교 전통에서 이웃이란 같은 동족인 히브리 민족을 의미했다. 예를 들어 십계명에는 "이웃의 아내나 그의 남종이나 그의 여종이나 그의 소나 그의 나귀나 네 이웃의 소유 중 아무것도 탐내지 말라"는 항목이 있다.[6] 유대인에게 이웃이란 '민족적 동질성'을 나누는 사람이며, 동시에 남성이라는 '젠더 동질성'을 나누는 사람이다. 십계명을 포함해 성서의 독자가 남성이라는 것은 놀랍지 않다. 성서의 저자들은 극도의 남성중심적 가부장제 사회에서 살았던 이들이기 때문이다.

여성은 사회적 계층에 상관없이 남성의 소유물로 간주되던 시대다.

기독교에서 중요한 희년 사상에서도 '형제'와 '이웃'은 동일한 의미로 쓰인다. '이웃·형제'와 '비이웃·이방인'의 경계는 극도로 배타적이다. 따라서 희년은 '이웃·형제'에게만 적용된다(신명기 15:2). 성서는 희년의 실천에 대해 "이방 사람에게 준 빚은 갚으라고 할 수 있으나, 이스라엘 사람인 동족에게 준 빚은 면제해주어야 합니다"(신명기 15:3)라고 구체적으로 명시한다. 즉, 이웃의 범주에 들지 않은 '비이웃·이방인'에게까지 희년의 의미가 확대 적용되진 않는다는 것이다. 따라서 레위기 19장에 나오는 '이웃 사랑'의 명령은, 인류 보편적인 이웃 사랑의 차원으로 간주할 수 없다.[7] 즉, '이웃'이라는 용어를 사용하지만 그 범주는 지극히 제한되어 있다. 프랑스혁명에서도 "모든 인간의 자유와 평등"이라고 표현했지만, 그 '모든 인간'은 여성이 배제된 채 남성만을 의미했다. 이렇게 이웃이나 인간이라는 보편 범주를 사용하지만, 그 실질적 내용에서는 특정 그룹의 사람에 대한 배제가 자연화되는 현상은 곳곳에서 볼 수 있다. 우리가 무심히 사용하거나 만나는 개념의 함의에 대한 비판적 조명이 언제나 필요한 이유다.

이러한 의미에서 예수의 이웃 사랑 가르침에는, 레위기적 '이웃 사랑'의 범주를 뛰어넘어 새로운 범주인 '원수 사랑'으로까지 확대해야 한다는 중요한 의미가 담겨 있다. 유대인만을 의미하는 이웃의 범주를 '인간 보편'으로 확장하는 의미를 지니기 때문이다. 예수의 이러한 보편주의는 그 이웃이 동일한 종족이나 종교의 범주로 제한되지 않고 '모든 인간'의 의미로 급진적으로 확장된다는 점에서 중요한 의미가 있다. '이웃 사랑 – 원수 사랑'이라는 예수의 강력한 윤리적 명령은 한 사람의 인종, 종교, 성별, 국적 등의 경계를 넘어 이 '모든 인간'을 사랑해야 하는 대상으로 보라는 것이다.

8장에서 논의한 바와 같이, 예수의 급진적 사랑의 메시지는 '선한 사마리아인'의 비유(누가복음 10장)에서 분명하게 드러난다. 이 비유에서 예수는 당시의 가장 '대립적 타자들'이라고 할 수 있는 유대인과 사마리아인을 함께 등장시킨다. 그 당시 사마리아인은 '이방인 – 비이웃'으로 간주되었던 사람이다. 그리고 강도 만난 사람에게 '이웃 사랑'을 실천한 사람은 유대인이 아닌 사마리아인이라는 비유를 구성한다. 예수는 이 비유를 통해서 어떤 메시지를 전하고자 했을까. 그 누구도 예수의 '본래 의도'를 알 수 없다. 이 점에서 모든 것은 '사실'이 아닌 우리의 '해석'일 수밖에 없다. 니체가 "사실이란 없다, 오직 해석만이 있을 뿐"이라고 한 이유다. 왜 예수는 유대사회에서 '이웃'의 범주에 들지도 못했던 비유대인, 비이웃인 사마리아인을 '모범적 이웃'으로 등장시켰는가. 현대적 정황에서 예수의 비유가 지닌 함의는 종교, 인종, 성별, 계층 등 다양한 범주들로 나뉜 사람들을 모두 나의 '이웃'으로, 또한 나의 돌봄과 사랑이 필요한 사람으로 간주해야 한다는 것이다.

2) 사랑 행위의 복합적 의미

예수의 가르침을 통해 생각해보아야 할 또 다른 중요한 물음은 무엇이 사랑하는 것인가 하는 문제이다. 사랑하는 행위가 무엇을 의미하는지에 대해서는 다양한 논의들이 있다. 사랑의 이름 아래 무수한 폭력적 행위들이 정당화되고 있는 현실 세계에서 과연 무엇이 사랑하는 행위인지에 대해서는 두 측면, 즉 개인적·사적 차원과 집단적·공적 차원에서 조명해보아야 한다. 타자 사랑의 행위는 단순한 개인적 자선이나 친절함의 차원을 넘어, 제도적이고 정치—사회구조적인 문제와 연관되어 있다. 이 점에서 타자 사랑과 정의는 동전의 양면과도 같다.

다수의 기독교 교회가 이웃·타자 사랑의 의미를 사유화하고 개인화한다. 현대사회에서 이웃·타자 사랑의 의미가 지닌 매우 복합적인 정치적·사회구조적 함축성을 간과하곤 한다. 예를 들어 노숙인에게 식사를 제공하는 것, 또는 구걸하는 이에게 금전적 도움을 주는 것과 같은 자선 행위는 물론 매우 중요하다. 그러나 이러한 자선 행위는 진정한 이웃 사랑에 요청되는 여러 필요조건 중 한 요소가 될 수 있겠지만, 충분조건은 아니다. 개인적 또는 집단적 자선 행위가 사회의 구조적 문제들과 정치적 제도의 문제들에 관심하는 정의 의식과 연계되지 않을 때, 타자 사랑의 담론은 낭만화된 구호에 지나지 않는다.

더 나아가, 정의 의식이 부재한 자선(charity)에는 그 자선의 시혜자와 수혜자 사이에 '윤리적 위계'가 형성된다. 자선을 베푸는 사람들이 경제적으로 더 나은 상태에 있다고 해서 그들이 윤리적으로도 우월한 자리에 있는 것은 아니다. 그러나 현실 세계의 불공평한 구조에 대해서는 전혀 관심을 두지 않는 자선 행위가 개인적이고 사적인 의미에서만 이해될 때, 이러한 윤리적 위계주의를 피하기 어렵다. 타자 사랑은 자선을 넘어 정의와 한 인간으로서의 권리 문제로 연결될 때 그 의미가 확보될 수 있다. 그럴 때 타자 사랑의 수혜자는 인간으로서 자신들의 권리를 인정받게 된다. 따라서 타자 사랑의 시혜자와 수혜자 사이에 윤리적 위계주의가 형성될 필요가 없다.

국가권력이 막강한 권력을 행사하는 현대사회에서 타자 사랑의 가능성은 개인의 자선에만 의존할 수 없다. 오히려 사회보장제도라든지 건강보험제도 등 제도적 구조를 통해 비로소 총체적으로 가능해진다는 사실을 외면하면 안 된다. 칸트적 코즈모폴리터니즘의 핵심 개념인 코즈모폴리턴 권리와 정의란, '지구상에 거하는 인간'이라는 그 사실 하나로 모든 개별 인간은 국적과 상관없이 인간으로서의 삶을 영위할 권리를 보장받아야 한다는 것이다. 동시에 그들이 다른 동료인간의 권리도 지켜내고 보장해야 할 개인적·집단적 책임과 의무가 있다는 사실은, 예수의 급진적인 '이웃·원수 사랑'의 심오한 의미와 맞닿아 있다.

3) 자기 사랑: 타자 사랑의 전제조건

"이웃을 당신 자신과 같이 사랑"(마가복음 12:31)하라는 예수의 가르침은, '자기 사랑'이란 과연 무엇을 의미하는가라는 중요한 물음과 대면하게 한다. 타자 사랑은 자기 사랑이 전제될 때 비로소 가능해진다. 그렇다면 자신을 사랑하지 않는 사람 또는 자기 사랑이 무엇인지 모르는 이들은 어떠한가. 자신을 사랑하지 않거나 사랑하지 못하는 사람들은 이웃 사랑의 의미를 실천할 수 없다. 여기에서 '자기 사랑'과 '자기 중심적 이기성'을 혼돈하지 말아야 한다.

예수의 가르침은 '나 자신'과 같이 사랑해야 하는 이웃이 결국 '자기(self)'라는 주체, 가족, 친구와 동일한 범주의 연장선상에 있는지, 아니면 내가 모르는 타자나 이른바 '원수'까지 그 이웃의 범주가 확장되는지의 문제에 대해 진지하게 성찰할 것을 요청하고 있다. 따라서 '나 사랑'이란 무엇인가의 물음은 이웃 사랑의 범주·주체·내용을 규정하는 데 매우 중요한 연결점을 지닌다. "나를 사랑하듯이 이웃을 사랑하라"는 예수의 가르침은 우선적으로 나 자신이 한 인간으로서 무수한 가능성과 잠재성을 키워나가야 한다는 것을 의미한다. 또한 나 자신이 인간으로서 존엄성을 지닌 존재라는 존재론적 자기긍정은, 나 자신만이 아니라 무수한 타자들의 존엄성도 인정해야 한다는 것을 의미한다. 나의 소중함, 존엄성, 권리, 자기실현의 가능성을 지켜나가기 위해 나는 '너' 속의 이러한 사실들도 인정하고 받아들여야 한다.

4) 다름의 사랑: 동질성의 사랑을 넘어서

이러한 '이웃·원수 사랑'의 명령은 사랑을 나 자신과 동질성을 지닌 사람들에게만이 아니라, 다름(alterity)을 지닌 사람들에게까지 확장해야 한다는 것의 의미를 성찰하도록 한다. 선한 사마리아인의 비유에서와 같이 자신과 동질성을 나누는 가까운 이웃뿐 아니라 '보편적 타자'로까지 이웃의 범주를 확장해야 한다. 예수의 이러한 보편주의적 맥락에서 보자면, 예수를 따르는 이들이라면 이 세계 곳곳에서 무수하게 벌어지는 다양한 형태의 살상, 전쟁, 폭력, 기아 등 비인간적 사건들에 대해 관심해야 함을 의미한다. 그렇지 않다면 사실상 예수의 '이웃·원수 사랑'에 대해 무관심한 것임을 의미한다. 이웃 사랑이란 '나'와 인종적·민족적·종교적 동질성을 지닌 사람에 대한 사랑만이 아니다. 나와 '다름'을 지닌 사람들에 대한 사랑으로까지 확장되어야 한다는 것이다.

"누가 나의 이웃입니까?"(누가복음 10:29)라는 물음에 대해 예수는 직접적인 답을 제시하지 않는다. 그 대신 '선한 사마리아인'(누가복음 10:30-35)'이라고 알려진 이야기 속에서 두 종류의 사람, 즉 유대인과 사마리아인의 예를 든다. 사회적 중심부에 있는 사람인 유대인과, 주변부에 있는 사람인 사마리아인이 등장한다는 것은 어떤 함의가 있는가. 나는 이 두 종류의 사람이 등장한다는 것은 중요한 의미가 있다고 본다. '친구-이웃-원수'의 전통적인 경계를 단호히 넘어설 것을 요청하는 강력한 메시지가 될 수 있기 때문이다.

유대인들에게 '전적 타자' 또는 '적대적 타자'로 간주되는 사마리아인의 등장은, 우리의 통상적인 이해에 따른 '친구-이웃-원수'의 의미에 근원적으로 도전한다. 전통적으로 유대사회에서 '선한 사람·이웃'이라고 간주되곤 하는 종교 지도자인 제사장이나 레위인이 아니라, '이방인·원수'로 간주되는 사마리아인이 '진정한 이웃'으로서 책임과 보살핌의 역할을 한다. 여기에서 예수는 "누가 나의 이웃인가?"라는 질

문을, "강도 만난 사람에게 이 세 사람 중 누가 이웃인가?"(누가복음 10:36)
라는 질문으로 바꾼다. 이 질문은 '나'가 누군가의 이웃이 될 수도 있지
만, 동시에 '나'는 강도를 만난 사람처럼 누군가의 환대·연민·보살핌이
절실히 필요한, 즉 진정한 '이웃'이 절실히 필요한 상황 속에 놓일 수
있는 존재이기도 하다는 사실을 상기시킨다.

　　더 나아가, 이웃만이 아니라 원수까지 사랑하라는 예수의 요구
는, 사실상 원수에 대한 우리의 이해를 근원적으로 전환해야 한다는 강
력한 메시지를 담고 있다. '원수'가 끊임없이 '원수'로 남아 있는 한,
마음을 담은 진정한 사랑은 불가능하다. 따라서 "원수를 사랑하라"는
예수의 메시지는, 이른바 '원수'로 지칭되거나 간주되는 사람들에 대
한 이해를 바꾸어 진정한 '이웃'으로 전환시키라는 근원적인 인식론적
전환을 요청하는 정언적 명령을 담고 있다고 나는 본다. 한 사람의 국
적, 인종, 종교, 계층, 성별, 성적 지향, 적대적·호의적 관계 등의 구분
을 홀연히 넘어서야, 비로소 예수의 이웃 사랑의 가능성이 조금씩 열리
기 시작한다. 이러한 경계를 넘어서는 이웃 사랑의 의식은 코즈모폴리
턴 정신과 근원적으로 만난다. 예수의 "자신을 사랑하듯 이웃과 원수
까지 사랑하십시오"라는 명령, 그리고 이러한 사랑의 세계만이 '신을
사랑하는 것'이라는 가르침은 예수의 코즈모폴리터니즘 사상의 핵심
을 담고 있다.

3. 네이털리티,
타자 사랑의 전제조건

인간이라면 누구나 죽음을 대면해야 하는 운명 속에 놓여 있다. 그러한 죽음의 운명성과 인간의 절멸성을 '모털리티(mortality)'라고 한다. 반대로 인간은 누구나 새롭게 태어날 수 있는 탄생성, 즉 '네이털리티(natality)'를 지닌 존재이기도 하다. 내가 네이털리티를 '출생' 또는 '탄생'이라는 의미로 번역하지 않고 이렇게 음역하는 이유는, 이러한 사전적 의미가 '네이털리티' 개념이 지닌 복합적 의미를 단순화할 수 있기 때문이다. 인간은 누구나 죽음을 맞이해야 한다는 모털리티는 수많은 철학자나 신학자가 다루는 주제가 되어왔다. 그러나 이러한 죽음을 자신의 운명으로 받아들여야 하는 인간에게, 동시에 새로운 존재로 태어날 수 있는 네이털리티는 별로 관심을 받지 못했다. 한나 아렌트는 철학이나 종교에서 외면되어오던 이 네이털리티 개념을, 자신의 주요한 분석적 개념으로 삼는다. 아렌트는 인간의 생물학적 탄생을 '네이털리티'라는 개념으로 철학화했다는 점에서, 그리고 더 나아가 이 네이털리티 개념을 타자 사랑의 가능성으로 연결시킨다는 점에서 중요한 종교적 기여를 하고 있다.

아렌트에 따르면 "이웃 사랑이란 타자를 모털리티, 즉 절멸성 속에서 사랑하는 것이 아니라 타자 속에 있는 영원히 변치 않는 어떤 것을 사랑하는 것을 의미한다."[8] 여기에서 한 사람 속에 있는 영원한 것이란 죽음성이 아니라, 끊임없이 새로 태어남의 가능성을 의미하는 '네이털리티'이다. 나 자신과 같이 이웃을 사랑하는 것이 가능하려면, 나 자신은 물론 타자가 언제나 새로운 존재로 태어날 수 있다는 사실을 인식하는 것이 필요하다. 인간의 삶이란 생물학적 의미에서뿐 아니라 다양한 의미에서 '새로운 태어남'과 죽음 사이에 존재한다.

아렌트는 네이털리티를 세 가지, 즉 사실적(factual) 네이털리티, 정치적(political) 네이털리티, 이론적(theoretical) 네이털리티로 분류한다. 첫째, '사실적 네이털리티'는 인간의 육체적 탄생성을 의미한다. 이 세계 내에 생물학적으로 탄생하면서 인간이 이 세계에 존재하기 시작한다는 의미다. 둘째, '정치적 네이털리티'는 행동의 공간으로의 정신적 탄생성을 의미한다. 즉, 인간의 정치적 자유, 행동, 공적 공간의 상호적 창출 속에 명시된다. 셋째, '이론적 네이털리티'는 사유의 초시간성으로의 탄생성을 지칭한다. 이는 인간의 내면세계가 지닌 희망적인 능력으로서, 인간의 사유(thinking)·의지(willing)·판단(judging) 속에서 드러난다.

이러한 세 종류의 네이털리티 개념을, 아렌트는 인간이 공동으로 거주하는 이 "세계에 대한 사랑(amor mundi)"을 위한 '새로운 시작'의 잠재성과 연결시킨다.[9] 드러난 과거의 모습에 나·타자를 고착시키지 않고, 새로운 존재로 끊임없이 태어날 수 있다는 희망(hope)을 담은 네이털리티에 대한 믿음(faith)은, 자신이나 타자에 대한 사랑(love)에서 매우 중요한 요소이다. 기독교 전통에서 믿음·희망·사랑에 관한 이 구절은 각각의 개념이 담아내는 심오한 의미에 대한 성찰 없이 호출되곤 한다. 이러한 맥락에서 아렌트의 네이털리티의 개념은 기독교에서 가장 핵심적 메시지의 근간을 이루는 믿음·희망·사랑(고린도전서 13:13)의 신학적 담론을 구성하는 데 의미심장한 기여를 한다.

　　아렌트에 따르면 인간사의 다양한 영역들로서 이 세계의 훼손들로부터 세계를 구원할 수 있는 '기적'이 가능한 공간은, 궁극적으로 인간의 행동 능력이 존재론적으로 뿌리내리고 있는 '네이털리티'이다. 즉, 새로운 인간의 탄생과 새로운 시작, 그리고 그들이 새롭게 태어난 존재로서 취하는 행동들에 의해 이 세계의 변화가 가능하게 된다. 인간이 탄생성의 역량을 온전히 발휘하게 하는 것은, 인간 실존의 두 가지 본질적 특성인 '믿음'과 '희망'을 인간사에 부여하는 것이다. 인간이 지닌 다양한 어두운 면들에도 불구하고 인간에 대한 포기하지 않는 '믿음', 그리고 새로운 시작에 대한 '희망'을 부여잡음으로써 진정한 이웃 사랑이 가능해진다고 아렌트는 본다.[10]

아렌트의 네이털리티 분류 3가지

① 사실적 네이털리티: 인간의 육체적 탄생성
② 정치적 네이털리티: 행동의 공간으로의 정신적 탄생성
③ 이론적 네이털리티: 사유의 초시간성으로의 탄생성

성서에서 천사는 예수의 탄생에 대한 소식을 '기쁜 소식'으로 선포한다(누가복음 2:10-11). 신이 인간이 되었다고 하는 '성육신' 사건이다. 즉, 신이 육체적 몸을 가지고 이 세계 속에 그 존재를 드러내는 예수의 네이털리티는, 세계에 대한 신의 사랑이 불러온 결과다. 신은 이 세계를 사랑하므로 신의 유일한 자녀를 이 세계에 보낸다고 성서는 말한다(요한복음 3:16). 신이 이 세계를 사랑해 인간의 육체성을 입고 이 세계에서 탄생했다는 '기쁜 소식'은 인간의 합리성 너머의 역설적 네이털리티의 신비와 그 중요한 의미성을 드러낸다. 모든 탄생에는 새로운 시작이 본래적으로 담겨 있다. 이러한 탄생성의 가능성을 이 세계가 느끼는 것은, 새롭게 등장하는 존재가 새로운 세계를 창출할 수 있는 '새로운 시작'의 능력을 보유하고 있기 때문이다.[11] 아렌트가 말하는 것은 네이털리티의 추상적인 철학적 의미만이 아니다. 우리의 구체적인 정황에 적용해보면, 생물학적으로 태어난 순간부터 그 존재는 내면적 세계에 새로운 탄생의 가능성을 품고 있다. 외면적으로는 한 번 태어나지만 내면의 세계, 즉 정신세계는 끊임없이 새롭게 태어날 수 있는 존재라는 것이다.

〈창세기〉에 나타난 신의 세계 창조를 보면, 집단화된 방식으로 창조된 다른 창조물과 달리 인간 창조는 매우 독특한 측면을 보여준다. 빛·창공·식물·동물 등 신의 창조물 중 인간만이 신의 형상을 한 '남자와 여자'로 개별적으로 창조된다. 즉, '집합적 존재'가 아니라 '개별적 존재'로서 창조되는 것이다(창세기 1:27). 〈창세기〉의 이러한 첫 번째 인간 창조 이야기는, 인간의 네이털리티란 언제나 대체 불가능한 '유일한 개별인'으로서의 태어남이라는 것을 보여준다. 이러한 네이털리티의 개별성은, 인간 모두가 자유를 지닌 존재여야 함을 시사한다.

〈창세기〉에는 각기 다른 두 종류의 인간 창조 이야기가 등장한다. 〈창세기〉 1장 첫 번째 창조 이야기에 이어, 2장에 나오는 두 번째 인간 창조 이야기는 신이 남성·사람(아담)을 먼저 창조한 후, 그 갈비뼈를 취해 또 다른 인간을 창조한다고 나온다. 즉, 남자와 여자의 분기점이 이루어진다. 그런데 사람들은 이 두 번째 인간 창조 이야기를 종종 남성의 우월성과 여성의 열등성을 신적 질서로 정당화하기 위한 성서적 근거로 사용해왔다. 남성은 신의 이미지와 영광이므로 머리를 가릴 필요가 없지만, 여성은 남성의 영광이므로 머리를 가려야 한다고 바울은 말한다. 남성은 신으로부터 나온 존재지만, 여성은 남성으로부터 나온 존재라고 함으로써 두 번째 창조 이야기를 차용한다(고린도전서 11:8-12). 반면 예수는 신이 여자와 남자로 창조했다는 첫 번째 인간 창조를 언급한다(마태복음 19:4). 아우구스티누스는 첫 번째 창조 이야기에서 예시되었듯이, 인간 실존의 개별성은 집단적 집합체로 창조된 동물들과의 구분을 드러낸다고 해석하고 있다. 이 개별성의 강조는 신학적으로 중요한 통찰을 준다.[12]

그런데 예수와 조우한 사람들은 예수가 던진 언어들에 담긴 그 심오성을 온전히 파악하지 못하곤 한다. 예를 들어 예수가 인간이 지닌 네이털리티의 중요성에 대해 언급하는 이야기가 있다. 예수를 심야에 찾아온 니고데모는 학식을 갖추고 사회적 입지가 확고한 사람이다. 심야에 예수를 찾아온 니고데모는 예수를 만나자마자 "랍비님, 우리는 선생

님이 신으로부터 오신 분임을 압니다"(요한복음 3:2)라고 첫마디를 뗀다. 여기에서 니고데모는 '나'가 아니라 '우리'라는 주어를 사용한다. 그 '우리'가 누구를 지칭하는지 성서는 보여주지 않는다. 성서를 읽는 이들이 상상력을 동원해 해석할 수 있을 뿐이다. 그는 예수를 '위대한 선생'이라고 칭송한다. 그런데 이러한 격식을 갖춘 니고데모의 인사에, 흥미롭게도 예수는 전혀 직접적 반응을 보이지 않는다. 그 대신 "누구든지 다시 나지 않으면 신의 나라(kindom of God)를 볼 수 없습니다"(요한복음 3:3)라는 동문서답의 선언을 한다. 학식을 겸비한 유대인 지도자인 니고데모는 다시 태어나야 한다는 이러한 예수의 돌연한 선언에, "어떻게 사람이 자신의 어머니의 자궁으로 들어가서 두 번 태어날 수 있습니까?"라고 반문하고, '어떻게 이런 일이 가능할 수 있는가'(요한복음 3:4, 3:9)라며 곤혹스러워 한다. 성서는 예수와의 만남 이후 니고데모에게 어떠한 일이 벌어졌는지 전하고 있진 않다. 그러나 분명한 것은, 니고데모는 예수가 사용한 메타포적 표현을 이해하지 못했다는 점이다. 예수가 언급한 '다시 태어남'이란 생물학적인 '사실적 네이털리티'가 아니라 하나의 '은유적 네이털리티'임을, 학식 많은 니고데모도 전혀 이해하지 못한다.

이렇듯 기독교에서 자신의 종교적 정체성을 주장하는 이들은, 예수가 말하는 이 '다시 태어남'의 의미를 오역하고 왜곡해 이해한다. 대부분의 기독교인들은 '다시 태어남'이 단지 다른 종교로부터 기독교로 종교적 소속을 바꾸는 것으로만 이해하곤 한다. 예수가 전하고자 한 메시지를 이렇게 제도화하고 종교적 교리의 틀에 고정시킬 때, 네이털리티의 개념이 지닌 심오한 의미는 상실되고 만다. 결국 예수는 기독교라는 제도화된 종교에 갇히고 제한되며, 예수 가르침의 진정한 의미는 종교적으로 상품화되어 왜곡되고 만다.

예수의 '다시 태어남'의 가르침을 통해서 보자면, '신의 나라'로 상징되는 의미 있는 삶과 '통전적 안녕(holistic wellbeing)'의 의미로서 '구원'의 경험을 가능하게 하는 것은 지속적인 '다시 태어남'이다. 이러한 네이털리티 개념은 개별적 인간들, 제도들, 공동체들, 그리고 세계 안에 끊임없이 새로운 존재로 다시 태어나는 것의 희망과 가능성, 즉 '기적'의 문을 열어놓는다. 프란츠 로젠츠바이크(Franz Rosenzweig)에 따르면 "이웃 사랑이란 언제나 새롭게 일어나는 것이며, 그것은 언제나 새로운 시작"을 의미한다.[13] 이러한 예수가 말하는 이웃 사랑에서, 자신을 사랑하듯 이웃과 원수를 사랑하는 행위의 우선적 전제조건이 있다. 나와 타자 속에 존재하고 있는 네이털리티의 가능성을 믿는 것이다. 아무리 '나쁜' 또는 '실패한' 사람이라고 해도, 그 사람이 변화되어 새로운 존재로 태어날 수 있는 가능성을 언제나 믿어야, 비로소 나 자신은 물론 원수를 포함한 타자 사랑의 가능성의 문이 열리기 시작하는 것이기 때문이다.

4. 코즈모폴리턴
이웃 사랑

코즈모폴리턴 의식이란 자신과 타자를 '우주의 시민'으로, 또한 동료인간으로 보는 시각으로부터 출발한다. 이러한 의식은 자신과 타자가 끊임없이 새로운 존재로 '다시 태어남'을 가능하게 한다. 예수가 니고데모를 통해 예시한 '다시 태어남'이란 탈일상성의 공간에서, 그리고 탈영토화의 의식을 통해서만 가능하다. '누가' 나의 이웃인가, 또는 나는 '누구에게' 이웃인가라는 물음은 개인적이기만 하지 않다. 매우 정치적인 것이다. 여기에서 '정치적'이라는 말은 포괄적인 의미로서, 다양한 권력의 문제와 연결되어 있다는 의미다.

"개인적인 것은 정치적인 것이다"라는 페미니스트 모토는 우리의 일상적 삶에서 벌어지는 다양한 문제들이 표면적으로는 매우 개인적인 것으로 보일지라도, 다양한 차원의 권력 문제들과 밀접하게 연결되어 있다는 사실을 드러내고자 한 것이다. 예를 들어 가정폭력 문제와 양육 문제 등은 표면적으로는 매우 개인적이고 사적인 문제로 보일 수 있지만, 그러한 개인적인 문제들이 사회의 다양한 공적 영역에서 어떻게 수용·제도화되는가라는 사회적·정치적·제도적·구조적 권력의 문제들과 분리불가의 관계에 있다.

'이웃 사랑'이 다양한 차원에서 매우 정치적이라는 사실은 한두 가지 단순한 예를 통해서도 드러난다. 예컨대 내가 어떤 사람에게 사랑을 실천하려 하는데, 그 사람이 국가가 정한 법률에 의해 '범죄자'가 된 사람이라고 하자. 나는 그 '범죄자'인 이웃에게 나의 개인적 의지만으로 사랑을 실천할 수 없다. 즉, 나의 이웃 사랑은 국가라는 권력기관에 의해 검증받고 허가받아야 한다. 담론과 실천으로서 '이웃 사랑'은 두 가지 커다란 주제, 즉 이웃의 범주, 그리고 사랑의 행위를 '누가·어떻게' 규정하는가라는 개인적인 동시에 사회정치적인 차원들과 연계되어 있다. 따라서 다음과 같은 질문과 씨름하는 것이 지속적인 과제가 된다.

- 나와 내가 속한 공동체는 미등록 이주자들, 난민들, 다양한 종교적 정체성을 가진 사람들, 성적 소수자들을 이웃으로 보고 있는가.
- 예수가 가르친, 경계를 넘어서는 보살핌과 환대와 연대를 국가의 실정법과 상관없이 그들에게 보여줄 수 있는가.
- 나는 그들의 이웃이 될 결단과 행동을 할 수 있는가.
- 나의 개인적 결단에 가족·교회·사회공동체 등 내가 속한 집단이 동의하지 않고 거부할 때, 나는 나의 '이웃 사랑'을 어떻게 실천할 것인가.
- 그들을 이웃으로 대하고 사랑한다는 것은 구체적인 나의 일상에서 어떤 의미를 지니는가.

이러한 구체적인 물음들과 대면해 씨름하지 않고 이웃 사랑의 구호를 낭만적으로 외치기만 한다면, 기독교의 이웃 사랑이란 이 세계 내에서 의미 있는 개혁적 실천이나 적절성이 부재한 공허하고 종교적인 구호일 뿐이다. 이러한 이유들에서 '탈정치화된 이웃 사랑'은 부적절할 뿐 아니라 매우 위험하다.

미셸 푸코에 따르면, 통치권력(sovereign power)이란 생명과 죽음에 대한 권력이다. 즉, 한 인간의 생명을 박탈할 수도 있고 생명을 유지하게 할 수도 있는 권력이다.[14] 17~18세기 정치 영역에서 '통치 권력'으로부터 '생명권력(bio power)'으로의 이행은, 규율권력(disciplinary power)을 통해 개인들을 통제하는 방식으로 일어났다. 푸코에 따르면 '비통치권력'으로서 '규율권력'이란 "통치 이론만을 가지고 묘사되거나 정당화될 수 없다." 규율권력은 단일한 것이 아니라 이질적으로 다양하며, 통치에 관한 법적 체계의 전적인 소멸이라는 논리로 이어지기 때문이다.[15] 개인이나 국가는 법과 폭력을 수단으로 '통치권력'을 행사하는 반면, 생물학적인 기제들을 '정상화'하는 방식으로 '생명권력'을 행사한다. 즉, 통치권력은 법과 폭력이라는 강제권이 행사되지만, 생명권력은 '정상적'인 것처럼 보이는 다양한 방식으로 행사되는 것이다. 여기에서 정치란 인간의 생명에 대한 권력이 되며, 생명에 대한 권력은 생명을 허용하지 않을 수 있는 권력, 즉 죽음에의 권력을 의미한다.[16] 타자 사랑이란 이렇듯 다양한 권력구조들과 연결되어 있음을 푸코의 권력 이론은 우리에게 보여준다.

프리모 레비(Primo Levi)는 생물학적이고 사회적인 거대한 실험 장소였던 나치 수용소에서 전체주의 체제가 행사했던 생명권력의 끔찍한 경험을 상기한다. 그리고 그 수용소에서 '무셀맨(Muselmann)'이라고 불리던, 가스실로 '갈 수밖에 없었던' 병약한 사람들에 대해 다음과 같이 소개한다.

> 모두 동일한 이야기를 가지고 있으며, 좀 더 정확하게는 아무런 이야기를 가지고 있지 않다. … 그들의 삶은 매우 짧으나, 그들의 숫자는 끝이 없다. … 그들은 이미 이름을 상실한 익명의 대중들이며, 침묵 속에서 행진하고 노동하는 비인간(non-men)들로서, 고통을 느끼기에는 이미 너무나 비어 있다. … 그들을 살아 있다고 부를 수도 없고, 또한 그들의 죽음을 죽음이라고 부를 수도 없다.[17]

조르조 아감벤에 따르면, 이렇게 탈인간화된 '얼굴 없는 현존(faceless presences)'으로서 인간의 생명은 '목숨만을 유지한 생명(bare life)'이다.[18] 아감벤은 그러한 얼굴 없는 현존으로서의 생명을 고대 로마의 개념인 '호모 사케르'로 명명하며, 현대 세계에서 '호모 사케르'의 문제를 다룬다. 고대 로마법에서 어떤 범죄에 의해 '호모 사케르'로 규정된 사람들은, 인간이 아닌 존재다. 즉, '비인간(unperson)'으로서, 지하세계의 신들에게 이미 볼모로 잡힌 존재들이다. 따라서 신들도 그들의 생명을 희생물로 받지 않고, 그들은 인간으로서도 아무런 법적 보호를 받지 못한다.

아감벤의 호모 사케르 개념은 우리에게 현대사회에서 이웃 사랑의 문제를 어떻게 볼 것인가에 대한 심오한 통찰을 준다. '호모 사케르'는 고대 로마에서 "죽일 수 있지만 종교적 희생물로 바쳐질 수 없는 존재"를 의미한다.[19] 생물학적으로 살아 있지만 아무런 정치적 보호 또는 종교적 가치를 부여받지 못하는 생명인 것이다. 누군가가 그들을 죽여도 법적 제재를 받지 않으며, 그 죽음이 종교적 제물로도 바쳐질 수 없는, 전적으로 '무가치한 생명'이 바로 호모 사케르다.

그런데 이러한 고대 로마 세계의 호모 사케르와 21세기를 살아가는 우리는 어떤 연관성이 있는가. 아감벤은 지금도 세계 곳곳에는 실존으로서의 삶이 아니라, 단순히 생물학적으로 '목숨만을 유지한 생명'의 삶을 살아가는 호모 사케르들이 다양한 양태로 존재한다고 분석한다. 아감벤에 따르면, "단순히 목숨만을 유지하고 있는 생명"으로서 호모 사케르는 원래 정치적 질서의 주변부에 위치해 있었다. 그러나 점차적으로 정치적 영역과 겹쳐지면서 배제와 포용, 외부와 내부, 그리고 특정한 양태의 생명들(bios)과 자연적 생명(zoe), 권리와 사실의 영역들과 겹쳐지면서 환원 불가능한 '비구분성의 영역(zone of indistiction)'으로 들어가게 된다.[20]

'비구분성의 영역'에 들어가 있는 호모 사케르들은 법적·정치적 공동체로부터 완전히 추방당한다는 점에서, 적어도 여전히 법적 규제와 보호를 받는 일반 범죄자들과 다르다. 개별적 존재로서 인간 실존은 사라지며, 아무런 사회정치적 또는 종교적 연계를 지니지 않는다. 단순히 육체적 몸으로서 생물학적 생명만을 유지하는 호모 사케르들은 결국 '살아 있는 죽은 자'가 되어버린다. 통치권을 지닌 국가권력이 인간으로서의 인정과 권리를 모두 박탈하고, 어떠한 보호 장치도 부정하면서 외계인의 자리로 추방할 때, 호모 사케르는 '목숨만을 유지한 생명', 즉 '살아 있는 죽은 자'로 전락하고 만다. 그렇다면 "죽임을 당할 수 있지만 종교적 희생물로도 쓰일 수 없는, 인간의 법과 신의 법 이 두 가지 법적 세계의 외부에 존재하는 호모 사케르의 삶이란 무엇인가?"[21]

호모 사케르에 대한 아감벤의 분석은 고대만이 아니라 현대의 정치적 상황에서 벌어지는 '생명정치학' 문제에 대한 복합적 통찰을 준다. 호모 사케르, 즉 '목숨만을 유지한 생명'이란 식물인간과 같은 생명을 말하는 것이 아니다. 통치권력을 행사하는 국가가 인간의 생명을 그 정치적 기제로 사용하는 '생명정치학'에 의해 형성된 매우 '인위적인 생산물'이다. 그리스어로 '생명'이라는 단어는 '조에(zoe)'와 '비오스(bios)' 이 두 가지를 지칭한다. '조에'는 모든 살아 있는 존재들의 공통적인 상태, 즉 단순히 생명이 붙어 있는 상태를 가리킨다. 반면 '비오스'

두 종류의 생명

그리스어로 '생명'을 나타내는 용어는 한 단어가 아니라, 다음의 두 가지로 나타난다.

① 조에: 모든 살아 있는 존재들에게 공통적으로 나타나는, 단순히 생명이 붙어 있는 상태. 인간으로서의 모든 권리가 박탈당한 권리 없는 존재인 '호모 사케르'로서의 인간
② 비오스: 인간으로서 사회적·정치적·종교적 삶을 살아가는 생명. 모든 권리를 지닌 정치적 존재로서의 인간

는 한 개인이나 집단에 적절한 삶의 방식, 즉 인간으로서 사회적·정치적·종교적 삶을 살아가는 생명을 지칭한다.[22] 생명정치학적 메커니즘은 인간으로서의 모든 권리가 박탈당한 '권리 없는 존재'인 '호모 사케르로서의 인간'(zoe)과, 모든 권리를 지닌 '정치적 존재로서의 인간'(bios)이라는 두 종류의 구분을 제도화한다.

아감벤은 나치의 아우슈비츠 수용소가 출현한 것에서 현대판 호모 사케르의 예를 찾았다. 더 나아가 이 수용소는 단지 과거에 일어났던 비정상적인 역사적 사건이기만 한 것이 아니라, 우리 모두가 살고 있는 현대 정치적 공간에 은닉된 법칙들과 매트릭스 속에 존재한다고 본다. 다양한 양태의 '수용소'는 예외적 상태를 '정상적인 것'으로 구체화하면서, 호모 사케르들의 존재를 '일상적인 것'으로 간주하게 만든다. 예를 들어 1991년 이탈리아 경찰은 모든 알바니아 미등록 이민자들을 그들의 고국으로 추방하기 전, 바리(Bari)의 운동 경기장에 집단으로 몰아넣었다. 이들을 구금하는 '수용소' 공간은 사실상 모든 '정상적' 질서나 규범의 효력이 중지되는 공간이 된다.[23] 국가적 지배권력이 어떤 특정한 사람이나 집단 내 생명들의 죽음에 관해서 결정을 내릴 때, 그것이 생물학적 죽음이든 정치사회적 또는 도덕적 죽음이든, '생명정치학'은 죽음을 정치적 권력의 유지와 작동기제로 이용하는 '죽음정치학(thanatopolitics)'으로 전이된다.[24] 이러한 맥락에서 보자면, '생명정치학'은 본질적으로 '죽음정치학'이라고 할 수 있다.

여기에서 아감벤은 푸코가 '생명권력'과 '통치권력'을 분리한 것에 대해 비판한다. 생명권력에서 통치권력을 실제적으로 분리시키는 것은 불가능하다는 것이다. 아감벤에 따르면 사실상 간신히 '목숨만을 유지한 생명'이란 생명에 대한 통치권력의 권력행사에 의해 양산된 것으로, 통치권력의 본래 행위 자체이다. 호모 사케르라는 개념을 도입하면서 아감벤은, 푸코의 주장이 호모 사케르처럼 목숨만을 유지한 생명들은 본래 정치적 질서의 주변부적 영역에 있다가 배제와 포괄, 외부와 내부, 비오스와 조에로 나뉘는 정치적 영역과 겹치면서 점차적으로 양산되기 시작했다는 사실을 간과한다고 비판한다. 이러한 맥락에서 보자면, 호모 사케르의 양산은 정치구조 전체가 바탕이 된 감추어진 토대가 된다.[25] 생물학적 생명이 근대 국가의 우선적인 대상이 될 때, 통치권력과 생명권력 사이의 보이지 않는 연결성이 잘 드러나게 된다.

이는 나치 시대에 통치권을 지닌 국가권력의 생명정치학이 원하지 않은 부류의 사람들, 즉 유대인들, 집시들, 동성애자들, 육체적·정신적 장애가 있는 사람들을 어떻게 호모 사케르로 만들었는지 잘 보여준다. 이들은 아렌트가 말하는 '국가 없는 이들'로서, 정치적 또는 종교적 보호의 영역 밖에 존재한다.[26] 전체주의 정권이 의도하는 것처럼 '국가 없는 이들'은 인간으로서 권리·개체성·고유성이 말살되고 만다. 이러한 의미에서 이 '국가 없는 이들'은 생물학적 생명은 유지하고 있지만, 사회정치적·종교적 의미를 부여받지 못하는 존재들이다. 이 점에서 그들은 호모 사케르들이 된다. 빌럼 싱켈(Willem Schinkel)은 '불법(illegal) 이주자'라는 개념 대신 '비정규적(irregular) 이주자'라는 개념을 만들면서, 이들을 현대판 호모 사케르로 분류한다. 그리고 이들을 억류해 가두는 수용소는 아감벤의 개념대로 '예외의 공간'인 '캠프'의 의미를 지닌다고 본다.[27]

현대사회의 다양한 국가정치적 장치들을 통해 무수한 사람들이 이웃·동료인간이 아닌 '얼굴 없는 존재들·비존재들'로 살아간다. 구치소, 난민 수용소, 미등록 이주자 수용소 등에서 사람들은 고유명사로서의 이름이 아닌 번호를 달고 살아간다. 이러한 '얼굴 없는 타자'들이 나에게 또는 내가 속한 공동체에서 우리의 관심과 보살핌의 대상인 '이웃'으로 간주되고 있는가. 더 나아가 '이웃'과 '비이웃(non-neighbor)'을 가르는 기준들과 범주들은 누가 어떠한 기준으로 설정하는가. '불법 이주자(illegal migrant)'와 같이 국가가 규정한 '불법' 표지가 붙은 이들의 이웃은 누구인가. 나는 그들을 나·우리의 이웃이라고 보고 있는가. 이러한 물음들은 단지 개인적이기만 한 것이 아니다. 다양한 종교 권력, 정치 권력, 사회문화 권력의 차원과 밀접하게 연관되어 있다.

이러한 맥락에서 볼 때, 예수의 이웃 사랑 명령은 개인적이기만 한 것이 아니다. 개인적인 동시에 사회정치적인 담론이며 실천이다. 단순히 영적이거나 종교적인 문제, 또는 개인적인 문제가 아니다. 이것이 이주자 문제, 이민법, 국적, 종교적 배경, 성적 지향 등 다양한 사회적·정치적·문화적·종교적 주제들과 밀접하게 연계되어 있다는 사실을 인식하는 것은 '타자 사랑' 담론과 그 실천성의 차원에서 매우 중요하다. 이웃 사랑의 의미가 낭만화·탈정치화될 때, 무수한 이웃들은 그들의 국적, 정치적 소속, 종교, 성적 지향 등으로 인해 이웃이 아닌 단순한 생명, 얼굴 없는 존재들, 즉 호모 사케르의 범주 속에 들어가고 만다. 개별적인 단수적 존재가 아닌 복수적 존재(plural being)로 전락한다. 그리고 아무런 사회정치적·종교적 의미도 부여받지 못하게 된다. 현대사회에서 생물학적으로 생명 유지만을 하고 있는 다양한 얼굴의 호모 사케르들을 어떻게 나·우리의 진정한 이웃으로 바라보고, 동시에 그들의 이웃이 될 수 있겠는가. 또한 내가 그러한 현대판 호모 사케르의 범주에 들어가는 사람일 때, 누가 나의 이웃이 될 것인가. 이러한 문제들은 종교인만이 아니라 21세기를 살아가는 모든 인류가 씨름해야 하는 중요한 과제다.

　　아렌트의 네이털리티 개념은 '죽음 사랑의 정치(necrophillic politics)'를 진정한 '생명 사랑의 정치(biophillic politics)'로 전환시킬 수 있는 가능성을 보여준다. 한 개별인들 속에 잠재해 있는 '다시 태어남'의 가능성에 대한 믿음과 희망이 진정한 사랑을 가능하게 하는 것이다. "누가 나의 이웃인가?"(누가복음 10:29)라는 물음은, 이 지구화 시대에 더욱더 중요한 정치적 물음으로 자리 잡고 있다. 이웃·타자 사랑이 탈정치화되고 낭만화될 때, 예수의 사랑 명령은 공허한 종교적 외침으로만 남아 있을 뿐 아무런 구체적 의미를 가지지 못한다. 인간의 역사에서 종교는 다양한 권력구조와 밀접하게 연관되어 있다. 예를 들어 미등록 이주 노동자에게 개인적으로 행사하려는 이웃 사랑의 행위를 국가가 범죄 행위로 규정할 때, 예수의 사랑의 가르침은 어떠한 의미를 지니는가. 이렇게 개인적 이웃 사랑과 국가의 법률이 대립적으로 상충할 때, 예수를 따른다는 사람들은 어떠한 기준으로 이웃의 범주와 사랑의 행위들을 설정할 것인가의 문제는 지속적인 성찰과 비판적 조명을 필요로 한다. 누구도 다양한 정황에 모두 적용할 수 있는 보편적 정답을 제시할 수는 없기 때문이다.

이웃 사랑만이 아니라 '원수 사랑'으로까지 확장하는 예수의 급진적인 사랑의 가르침이 공허한 종교적 외침이 되지 않기 위해서 우선적으로 성찰해야 할 문제는, 타자를 보는 시각이다. 성별, 인종, 종교, 국적, 성적 지향, 장애 여부 등 다양한 사회적·문화적·정치적 표지들 이전에, 타자를 신이 부여한 '새로 태어남'의 가능성을 지닌 존재로 보는 인식론적 전환은 매우 중요하다. 개별적 인간의 유일성과 독특성을 담보하는 생물학적·존재론적 조건으로서 '사실적 네이털리티'는 모든 인간 창조의 기원으로 우리를 돌아가게 한다. 그러면서 인간이라는 우주적 공통성에 굳건한 뿌리를 내리고, 성별, 인종, 국적, 성적 지향, 육체적 조건 등을 넘어 모든 이들이 우리의 이웃이며, 내가 속한 공동체는 그들의 이웃이 되어야 한다는 점을 시사한다. 신이 인간을 창조한 그 네이털리티의 순간을 기억할 때, 이 우주에 속한 모든 인간을 우리의 이웃·동료인간으로 간주해야 한다는 '코즈모폴리턴 타자 사랑'이 비로소 가능해진다. 이웃 사랑의 우선조건으로서 '네이털리티'는 예수가 말한 '다시 태어남'의 의미를 구체적으로 확장한다. 나 자신과 타자가 새로운 존재로 태어날 가능성을 지닌, 언제나 새로운 시작이 가능한 존재로 보는 시각을 열어준다. 이 점에서 탄생성, 즉 네이털리티는 '신의 세계 사랑'(amor mundi)'을 드러내는 것이라고 할 수 있다.

현대사회에서 이웃이란 누구이며 그들을 사랑하는 것은 무엇을 의미하는가. 이 복합적인 이웃 사랑의 과제는, 종교적 문제만이 아니라 사회정치적 문제다. 예수를 중심으로 한 기독교라는 종교의 존재 이유는, 예수의 핵심 가치인 타자 사랑을 실천하기 위한 것이라고 할 수 있다. 이러한 의미에서 보자면 종교는 타자 사랑에 관한 것이며, 그들에 대한 환대와 책임성에 관한 것이라고 할 수 있다. 사람들이 종교를 교리의 감옥에 가둬두는 것은 예수의 메시지를 살아 있게 하는 것이 아니다. 오히려 '종교적 감옥' 속에 가두어버리는 것이 되고 만다. 이러한 맥락에서 '구원·구속(redemption)'이란 종교적 교리의 의미가 아니라, 신 사랑과 이웃 사랑의 행위를 통해서만 가능하다고 보는 로젠츠바이크의 말은 시사하는 바가 크다. 이웃 사랑은 신 사랑과 상호 연결되어 있다. "신에 대한 사랑은 이웃에 대한 사랑에서 외면화되어야만 하기 때문이다."[28] 모든 인간을 우주의 시민이자 평등한 구성원으로 보는 것, 그리고 이러한 우주 구성원들은 네이털리티, 모털리티, 독특하고 유일한 개별성, 복수성(plurality)을 지닌 존재라는 것. 이것이 코즈모폴리터니즘의 인식론적 전거이다.

이러한 코즈모폴리턴 의식에 근거한 타자 사랑은 아렌트의 철학적 네이털리티 개념을 타자 사랑의 가능성으로 전환하게 하는 중요한 전거를 마련해준다. 그리고 결국 '타자·이웃 사랑'이란 정의의 공동체를 향한 열정이다. 이 정의의 공동체는 "두렵고 떨리는 마음으로 자신의 구원을 이루어 나가십시오"(빌립보서 2:12)라는 바울의 교훈을 실현하기 위한 공동체를 의미하게 된다. 이웃 사랑은 이웃들이 지닌 어떤 특정한 '장점'에 근거한 것이 아니다. 그들이 신이 창조한 이 세계, 그리고 신이 신 자신(Godself)을 계시한 이 세계의 유일한 '대리자'이기 때문이다. 즉, 누군가가 아름다운 눈을 가졌기 때문이라든지 특정 인종이라든지 하는 특정한 장점 때문에 그 사람을 사랑하는 것이 아니다. "그저 거기에 있고" 또한 그들이 "그저 나의 이웃"이기 때문에 이웃을 사랑해야 한다.[29] 아우구스티누스의 사상을 통해서 아렌트는 모든 인간이 '가족'이라는 사실을 재확인한다. 모든 인간은 신의 창조한 첫 인간인 아담의 후예들이기 때문이다. '아담'이라는 동일한 시작으로부터 인간이 존재하기 시작한다는 신의 창조 이야기는, 모든 인간이 가족이며 친족이라는 점에 기반한 모든 인간의 평등성의 중요한 근거가 된다.[30]

이러한 맥락에서 아우구스티누스의 "내가 나의 신을 사랑할 때, 나는 무엇을 사랑하는가?"는 모든 종교인이 끊임없이 해야 할 물음이다. 신에 대한 사랑의 진정성이 드러나는 것은 어떤 종교적 예식이나 교리적 고백을 통해서가 아니다. 신이 창조한 '모든' 생명들에 대한 사랑을 통해서만이 가능하다. 그리고 이러한 사랑이 가능하게 되는 것은 어떠한 의무적인 의식을 통해서가 아니다. '새로운 존재'로의 '다시 태어남(네이털리티)'이라는 모든 인간들의 가능성을 믿고 희망하는 그 의식을 통해, 비로소 '나·이웃·원수'의 고착된 경계들을 넘어서는 진정한 사랑이 가능한 공간이 열린다. 진정한 이웃 사랑은 파울 첼란(Paul Celan)의 시

처럼 "내가 진정으로 나일 때, 나는 너다"를 가능하게 한다.[31]

사랑이란 무엇인가. 가야트리 스피박은 사랑이 '마음을 변화시키는(mindchanging)' 구체적 행위이며, 사랑의 마음을 가지고 법과 규정, 의료보험제도, 사회보장제도, 교육구조 등 구체적인 문제들을 바꾸는 행위라고 규정한다.[32] 인간과 인간의 마음을 연결하고 바꾸어주는 진정한 교류, 즉 '사랑'에 근거해 이 모든 제도적 변화들이 만들어져야 좀 더 정의롭고 평등하며 평화로운 세계를 향한 진정한 변화가 가능하다는 것이다. 그렇다면 '이웃 사랑'이란 사실상 '종교-세속'의 경계 너머에서 비로소 가능하며, 사회·정치·종교·문화 등 인간 삶의 다양한 장에서 이루어지는 행위들과 긴밀하게 연관되어 있다. 익숙하고 가까운 타자만이 아니라, 적대적이고 낯설고 먼 타자인 원수에게까지 이웃 사랑을 확대하라는 예수의 급진적 이웃 사랑 담론은, 모든 사람을 이 우주에 속한 동료시민으로 보는 시선을 필요로 한다. 그리고 이는 '모든' 사람을 새로운 시작과 태어남이 가능한 존재로 보는 시선이 없으면 불가능한 일이다. 이러한 코즈모폴리턴 시각을 지닐 때 이른바 '원수'는 나의 가까운 동료·친구·이웃으로 전환되며, 이러한 인식론적 전환 후에야 비로소 진정한 이웃 사랑과 타자 사랑의 실천이 가능하게 될 것이다.

11장

코즈모폴리터니즘과 함께-살아감의 종교

우리 서로 사랑합시다. 사랑은 신으로부터 왔기 때문입니다. …
사랑하지 않는 이들은 신에 대해 아무것도 알 수 없습니다.
신은 사랑이기 때문입니다.
_요한[1]

그 어떤 전통도 인류의 종교적 진리에 대한 소유를 주장할 수 없다.
_뤼스 이리가레[2]

1. 유신론-무신론
너머의 종교

종교는 인류에게 필요한 것인가. 리처드 도킨스(Richard Dawkins)는 종교 무용론을 주장한다. 현대의 대표적인 무신론자로 간주되곤 하는 도킨스는, 종교가 어떻게 인류 사회에 폭력과 전쟁을 불러일으키면서 인류에게 해로운 독과 같은 역할을 했는지에 대한 구체적인 역사적 사실들을 열거한다. 그리고 이러한 역사적 사실들을 통해서 볼 때, 종교가 없었다면 인류는 훨씬 더 평화로웠을 것이라는 결론을 내린다. 자살폭탄 테러, 미국의 9·11 테러, 마녀화형, 십자군 전쟁, 유대인 박해, 명예살인(honor killing), 북아일랜드 내전, 이슬람 무장단체(ISIS), 대량학살 등 역사 속 무수한 살상·전쟁·폭력은 종교의 이름으로 정당화되

어왔다.[3] 종교는 신의 이름으로 다양한 방식의 혐오와 폭력을 세계 곳곳
에서 일으켰다. 21세기에 들어선 지금도 한국의 기독교는 성소수자, 난
민, 기독교가 아닌 종교에 대한 혐오를 더욱더 극대화하고 있다. 신의
이름으로 행해지는 이러한 혐오와 폭력을 어떻게 정당화할 수 있는가.
종교인들은 도킨스의 이러한 종교 비판을 무신론적이라고 간주하고 외
면해서는 안 된다.

　　오히려 종교를 종교다운 종교로 만들기 위해 이러한 '종교 무용
론'에 대한 주장들을 비판적으로 조명하는 것은 매우 중요하다. 사랑·
환대·정의·선을 베풀어야 할 종교는 왜 이렇게 불의·폭력·혐오·전쟁
을 일으키는 억압자 폭군의 역할을 해오고 있는가에 대한 비판적 조명
없이, 21세기에 종교가 존재 의미를 찾기는 매우 어렵다. 종교의 존재
의미를 찾기 위해서 우리는 근원적인 물음부터 시작해야 한다. 도대체
종교란 무엇인가. 그런데 이러한 종교에 관한 성찰은, 역설적으로 '종
교를 규정하는 것은 불가능하다'는 인식으로부터 출발해야 한다. 하나
의 단수(單數)로서 종교란 사실상 존재하지 않기 때문이다. 종교를 규정
하는 것이 불가능하다는 인식으로부터 종교 이해의 문을 열어야 한다.
종교 규정의 불가능성에 대해 인식하고, 그렇기에 종교를 단수(religion)가
아닌 복수(religions)로 생각해야 하는 이유는 다음의 두 가지 측면에서 조
명해볼 수 있다.

　　첫째, 이 세계에는 셀 수 없을 만큼 무수한 종교들이 존재하고 있
다. 따라서 다양한 종교들을 한 개념으로 묶어 정의내리는 것은 불가능

하다. 무수한 종교들을 기독교와 같은 어떤 특정한 종교적 기준에 근거해 비교하고 규정하는 것은 '기독교중심적' 종교 이해를 양산한다. 이는 종교에 관한 '지식'과 그 지식을 생산하는 '권력'의 분리불가성의 측면을 보여준다. 특히 종교에 관한 다양한 이론들은 '기독교－서구 중심주의'에 근거해 형성되고 확산되어왔다. 불교인이나 이슬람교도가 세계종교에 대한 지식을 구성해 확산시키는 것이 아니다. 기독교가 사회의 중심 종교인 유럽과 북미의 학자들에 의해 다양한 종교에 관한 지식이 만들어져왔다는 사실을 인식할 필요가 있다.

둘째, 동일한 종교라도 그 안에는 무수한 층들이 있기에 다양한 정황에서 각기 다르게 이해되고 실천된다는 점이다. 즉, 종교들 간 차이만 있는 것이 아니라, 한 종교 안에도 다양한 층이 있다는 것이다. 종교에 대해 성찰하기 위해서 "종교를 규정하는 것은 불가능하다"라는 전제로부터 출발해야 하는 이유다. 같은 종교라고 해도 그 종교가 위치한 사회문화적·경제적·정치적 정황에 따라 매우 다양하게 실천되어온 것이 바로 종교다. 예를 들어 '기독교(Christianity)'라는 하나의 종교적 범주는 크게 개신교회, 가톨릭교회, 동방교회 등의 커다란 세 교회로 구성되어 있다. 또한 좀 더 세부적으로 들어가면, 개신교회들은 셀 수 없이 많은 교단들로 분리되어 있다.

이러한 각기 다른 양태들의 '기독교'들은 경전에 대한 신학적 이해와 실천, 예전과 조직, 여성의 지도력이나 성소수자 이슈 등에 대한 사회정치적 입장 등에서 유사성보다 상이성이 훨씬 더 크다. 가톨릭교회에서는 성소수자는 물론 여성도 신부(priest)로 일할 수 없다. 반면 어떤 개신교회에서는 여성이 목사나 신부뿐 아니라 감독과 같은 역할을 한다. 그러나 또 다른 개신교회 안에는 성소수자가 목사나 신부로 일할 수 있는 교회들도 있고, 이를 받아들이지 않는 교회들도 있다. 이렇게 하나의 종교로 분류되는 기독교 안에도 극과 극의 모습이 공존한다. 동일한 종교라도 그 안의 사회문화적 차이들에 의해서 각기 다른 종교처럼 보이게 하는 다양성이 존재하고 있다.

하나의 동일한 종교 안에도 이렇듯 무수한 층이 존재하는데도, 종교들을 몇 가지 개념으로 단순히 규정하는 것은 인식적 폭력을 의미한다. 결국 인류 역사에서 존재해온 종교의 다층적 의미들이나 생성 속에 있는 모습들을 억누르고, 단일한 형태로 총체화하는 위험성을 벗어나기 어렵게 된다. 서구 종교, 동양 종교, 고대 종교, 원시 종교, 근대 종교, 유일신 종교, 다신 종교 등으로 불리는 다양한 종교들의 존재는 '종교란 무엇인가'에 대한 개념 규정이 사실상 불가능하다는 것을 보여준다.

도모코 마스자와(Tomoko Masuzawa)는 《세계종교의 발명》이라는 책에서, 이 세계에 보편적으로 확산되는 종교에 대한 담론들이 서구중심적이며, 본질화되어 있고, 비역사화 또는 탈역사화되어 있다고 비판적으로 지적한다.[4] 서구 유럽에서 생산된 종교 담론은 세계의 종교를 '서양 종교-동양 종교'로 나누는 것으로부터 시작되었다. 결국 이 세계는 '서구와 비서구'라는 이중 구도로 분리되었으며, '서구 기독교중심주의'적인 지식과 종교 이해가 확산되었다. 책의 제목에서 사용된 '발명(invention)'이라는 개념은 현대에 들어 다양한 분야에서 사용되고 있다. 특히 사람들이 대부분 '자연적인 것'이라고 생각하는 것이 실제로는 '인위적인 생산물'이라고 비판적 문제제기를 할 때 쓰인다. 과학이나 일상 세계에서 '발명'은 긍정적인 의미로 사용되는 개념이다. 반면 사회정치적 영역에서 '발명'의 개념은 많은 경우에 비판적 의미를 담고 있다. 예를 들어 '인종의 발명(invention of race)' 등과 같은 개념이 있다. 이 개념은 일반적으로 매우 '자연적'이고 본질적인 듯한 인종적 분류라는 것이 백인중심적으로 생산·재생산되어오면서 어떻게 인종차별적 사유방식을 자연적인 것으로 만들어왔는지 비판적으로 분석하기 위해 차용된다.[5] 이러한 맥락에서 볼 때, '종교의 발명'이란 개념은 인위적인 종교적 지식의 생산이 지닌 근원적인 문제점과 딜레마에 대해 생각해야 하는 과제를 던진다.

이러한 서구중심적인 지식 생산구조 안에서, 무수한 학자들이 종교란 무엇인가에 대해 규정해왔다. 예를 들어 대니얼 팔스(Daniel L. Pals)는 종교란 무엇인가에 대해 아홉 가지 이론을 제시하기도 했다.[6] 심리학 교수인 제임스 루바(James H. Leuba)는 1912년에 출판한 책에서 52개 종교에 대한 각기 다른 정의를 소개하기도 했다.[7] 그런데 '종교'라는 개념이 등장하기 시작한 것은 오래되지 않았다. 지난 200여 년 이상 학자들을 포함한 일반인들은 종교가 인간의 '자연적' 경험으로서 문화와 역사를 초월한 인류 보편적인 현상이라고 간주해왔다. 개별적인 종교들은 물론 문화나 시대적 배경에 따라 상이할 수 있다. 그러나 우리가 지금 '종교'라고 부르는 현상들은 모든 문화에서 모든 시대에 존재해왔다는 것이다. 그래서 종교에 관한 개론서들은 다양한 개념 규정을 통해 종교에 관한 정의를 소개해왔다. 종교를 "신에 대한 또는 초자연적인 것에 대한 신앙"이라고 단순하고 고백적인 방식으로 규정하는 경우도 있다. 또는 "궁극적 관심에 대한 믿음"처럼 좀 더 보편적인 방식으로 규정할 수도 있다. 그런데 이러한 종교 개론서들은 종교가 문화와 시대를 초월해 이 세계 어디에나 존재하는 것이라는 전제를 당연시하고 있다.

　'세계종교의 발명'이라는 개념에서 볼 수 있는 것처럼, 이제는 종교가 세계 보편적으로 존재한다는 일반적 이해에 대한 근원적인 비판적 문제제기들을 진지하게 조명해야 한다. 현재 우리가 사용하는 종교 개념은 서구 근대에 등장하기 시작한 것으로, 서구 기독교적 배경으로 구성되고 확산된 것이라고 할 수 있다. 영어에서 종교를 뜻하는 단어는 'religion'인데, 종교를 뜻하는 이러한 단어가 존재하지 않는 문화도 많다.[8] 정확히는, 'religion'을 '종교(宗敎)'로 번역하는 경우에도 그 두 개념은 겹치지 않는 점이 너무나 많다. 유일신론을 중심에 둔 서구 기독교의 중심적 개념으로 확산되기 시작한 'religion'이라는 말은 라틴어의 'religio'가 그 어원이다. 이 단어는 주로 '신·신들'에 대한 경외의 의미를 지닌다. 그런데 'religion'을 한국어로 '종교'라고 번역할 경우, '근본이 되는 가르침'이라는 의미의 '종교' 개념에는 '신·신들에 대한 경외'라는 'religion'의 의미가 그대로 반영되지 않는다. 또 '힌두교(Hinduism)'라는 말은 1787년에, 그리고 '불교(Buddhism)'라는 말은 1801년에 비로소 서구 사회에 등장했다.[9]

'성스러운 것(the sacred)'과 '세속적인 것(the secular)'이라는 성과 속의 이분법적 사유방식 속에서 개념화·대중화된 'religion'이라는 개념은 또 다른 종류의 다양한 한계가 있다. 고정될 수 없는 다양한 인간의 삶의 활동과 경험을 개념적으로 고정된 독립체로 만들어, 결국은 항상 변하고 움직이는 '동사'로서 인간의 경험을 고착되고 불변하는 것으로 구성함으로써 '명사화'했다는 점이다. 메리 댈리(Mary Daly)는 이러한 '명사적 신의 절대화'를 "동사의 죽임(Verbicide)"이라고 명명하고, '아버지 - 신'으로서 고착된 존재인 '명사로서의 신(Being)'을 '동사로서의 신(Be - ing)'으로 대체시켜야 한다고 강조한다.[10]

또한 윌프레드 스미스(Wilfred C. Smith)는 '종교'라는 개념을 사용하지 말고 '신앙(faith)'으로 대체할 것을 주장한다. '종교'라는 개념은 체계화된 조직 구조로서의 개념이므로, 인간의 가장 근원적인 종교적 감정들을 살리는 개념으로 종교보다는 신앙이 더 적절하다고 본 것이다.[11] 스미스는 이렇게 '제도화된 체계로서의 종교' 개념에 대해 비판적이다. 그러나 이른바 '종교적인 감정들'은 인류가 다양한 방식으로 지닌다고 본다. 그런데 여전히 남게 되는 물음은 '종교적인 감정'과 '비종교적인 감정'의 경계를 어떤 기준으로 분명히 나눌 수 있는가 하는 점이다. 이러한 이분법적 기준은 기존의 종교 범주와 개념을 거부한다고 해도, 여전히 근대적 사유방식에 기인한다. 이러한 이분법적 접근은 무수한 '신적인 것들(gods, the divine)'의 존재를 온 우주에서 느끼며 살아가던 고대 세계의 사람들을 이해하는 틀로서는 지극히 한계가 있는 사유방식이라고 할 수 있다.

　　우리는 개인적인 일상생활에서, 각자의 삶의 영역에서 '신적인 것'을 다양하게 경험한다. 굳이 제도화된 종교의 교리를 참고할 필요조차 없다. 아침에 떠오르는 태양, 석양, 바다, 숲, 별, 다양하게 피는 꽃과 나무를 보면서 '인간의 언어 너머' 세계에 있는 어떤 '신적인 것'들을 경험하게 된다. 인간의 이성과 합리성의 언어로는 파악되지 않는 아름다움과 경이로움의 세계는, 종교에 대한 아무리 많은 개념을 동원한다 해도 모두 드러낼 수 없다. 안젤루스 질레지우스(Angelus Silesius)의 시 〈장미는 왜가 없다(The Rose is without Why)〉는 이러한 삶의 신비와 경이로움을 표현한다. 이 삶에는 합리성 너머에 존재하는, 그래서 '왜'라고 질문할 수 없는 다양한 결들이 있는 것이다.

　　따라서 종교가 무엇인가에 대한 다양한 합리적 정의들은, 인간의 구체적인 삶 속에 자리 잡고 있는 종교가 어떠한 모습을 지녀야 하는가라는 종교의 당위적 모습들에 대해 큰 통찰을 주진 않는다. 이는 다만 종교의 다층적 측면을 이해하기 위한 참고 사항일 뿐이다. 종교에 관한 개념 자체가 '종교'라는 이름 아래 우리가 어떠한 가치를 지향해야 하며, 어떠한 모습으로 이 세계에서 그 역할을 다할 수 있는지의 물음에 대해 직접적 통찰을 주진 않는다는 뜻이다. 종교에 대한 논의가 종교가 '무엇'이라는 인식론적 개념 규정에 지나치게 치우칠 때, 우리의 일상 세계 속에서 지속적으로 변화하고 생동감을 주는 경험 속의 종교를 화석화할 위험이 있다. 따라서 '무엇(what)'에 대한 관심만이 아니라, '어떻게(how)'에 대한 관심이 병행되어야 한다. 종교 이해가 '인식론'에 갇히지 않고, 구체적인 일상 세계에 의미를 부여하게 하는 종교의 '가치들'에 대한 해석이 중요하다. 따라서 우리가 종교에 대해 가져야 할 주요 관심은 종교를 다양한 방식으로 규정하는 개념들만이 아니라, 다양한 이름으로 존재하는 인간의 종교가 과연 '어떻게' 우리의 일상 세계에서 존재 의미와 적절성을 확보하는가 하는 점이다. 어떠한 특정 종교가 '진정성을 확보한 종교'인지 아닌지는, 그 종교의 이름으로 실천되는 '가치'들이 무엇인지 보아야만 비로소 규정할 수 있다.

　스스로 '진정한 종교'라고 주장한다고 해서, 그것이 곧 그 종교의 진정성을 확보하는 것은 아니다. 예를 들어 "기독교는 진정한 종교다"라는 전제를 받아들인다고 하자. 그런데 그 기독교에 속했다는 사람들이 사회적 소수자나 타 종교인을 향해 혐오·차별·폭력을 행사한다면, 기독교가 진정한 종교라는 자기주장이 무슨 의미가 있는가. 또한 기독교가 절대적 진리를 지닌 '진정한 종교'라고 스스로 규정하는 것 자체는, 기독교에 소속성을 가진 개별인들을 자동적으로 '진정한 인간'으로 만드는 것이 아니다.

　예를 들어 기독교 안에는 가톨릭교, 개신교, 정교회와 같이 각기 다른 교회가 있다. 한국에서는 '기독교'라고 하면 주로 개신교를 의미한다. 그런데 한국어로 '기독교'라고 하든 '그리스도교'라고 하든 이 모든 교회들을 포함해 영어로는 한 단어 'Chrisitianity'로 표기한다. 또한 개신교 안에도 각기 다른 무수한 교단들이 자신들만의 정통성을 주장하고 있다. 반대로, 사회적으로 '오류의 종교'로 간주되는 어느 특정 종교에 소속된 사람이 있다고 가정해보자. 그 사람이 단지 그 종교에 속했다고 해서 그 사람 자체가 '오류적 인간'이 되는 것은 아니다. 또한 특정 사회에서 주류 종교로서 '진정한 종교'의 범주에 들어가도, 다른 문화권으로 가면 그 동일한 종교가 '소수 종교'로서 '오류의 종교'로 치부되는 경우는 허다하다. 기독교 문화권에서는 기독교가 가장 '진정한 종교'로 간주되지만, 이슬람교 문화권에서는 이슬람교가, 불교 문화권에서는 불교가 가장 '진정한 종교'로 간주된다.

이러한 맥락에서 보자면, 한 종교가 스스로 '진정한 종교'라고 진리 주장을 하는 것은, 그 종교가 지닌 정치사회적 권력의 여부와 긴밀하게 연계되어 있다. 그 사회정치적 권력을 지닌 그룹이 자신들의 진리 범주를 설정하고서, 그 범주에 맞지 않고 따르지 않는 이들에게 다양한 폭력을 행사하며 살상까지 하는 경우가 지금 21세기에도 벌어지고 있다. 이러한 맥락에서 보자면, 배타적이고 독선적인 진리 주장은 종종 테러리즘의 기능을 한다. 이러한 현실에서 종교들을 기독교, 불교, 이슬람교, 도교, 유대교, 또는 동방 종교, 고대 종교, 근대 종교, 원시 종교, 부족 종교, 유일신 종교, 다신 종교, 무신 종교, 또는 자연 종교, 윤리 종교 등 각기 다른 이름대로 분류한 뒤, 어떤 종교는 '진정한 종교' 또는 '오류의 종교'라고 이름표를 붙이는 행위는 아무런 의미가 없다.

1966년 4월 8일, 미국의 주간지 《타임》은 "신은 죽었는가?(Is God Dead?)"라는 제목의 특집을 냈다. 이 '신 죽음'에 대한 물음이 들어간 표지로《타임》은 역사상 가장 많은 부수가 팔렸다고 한다. 이 표지 기사의 내용은 그 당시 등장한 '신 죽음의 신학'이라는 매우 급진적인 신학을 대중들에게 공적으로 소개한 계기가 되었다. '신 죽음의 신학'은 다양한 학자들에 의해 전개되기 시작한 신학운동이다. 이는 현대를 '포스트-기독교 시대(post-Christianera)'라고 지칭하는 문화신학자들, '포스트-홀로코스트 신학'을 전개하는 유대신학자들, 성공회 주교였던 존 로빈슨(John Robinson)의《신에게 솔직히》, 하비 콕스(Harvey Cox)의《세속 도시》, 토머스 알타이저(Thomas Altizer)의《기독교 무신론의 복음》등 형이상학적 신 죽음의 신학 등이 포함된 복합적인 신학운동이다.[12] 나는 '포스트(post)'를 '탈'이나 '후기'로 쓰지 않고 '포스트'라고 음역해 쓴다. '포스트'는 '이후(after)'와 '너머(beyond)'의 두 가지 의미를 모두 담고 있기 때문이다. 번역해 사용할 경우, 이 두 의미를 모두 담지 못하는 한계를 지닌다.

다양한 옷을 입은 '신 죽음의 신학' 담론들에는 한 가지 공통점이 있다. 바로 현대사회가 직면한 이념적 위기에 대한 인식이다. 이전 시대에 적용되는 종교적 언어들이 그 의미들을 상실하기 시작했다는 인식은 심각한 종교적 위기로 이어졌다. 양차 세계대전, 제노사이드, 핵 문제, 냉전을 경험하면서 전통적으로 생각하던 신이나 종교 이해에 대해 근원적 질문들을 던져야 한다는 시대적 요청과 대면하게 된 것이다. '신 죽음의 신학' 또는 '포스트-기독교 신학'은 이러한 시대적 요청에 대한 종교적 응답이라고 할 수 있다.

'무소부재의 신' 또는 '전지전능한 신'이라는 전통적인 신 이해를 그대로 따를 경우, 인간의 극심한 고통과 불의의 현장에 왜 신은 없는가라는 신의 부재와 침묵에 대한 물음에 답변할 수 없다. 인간이 극심한 고통과 죽음, 불의의 역사적 경험들을 하면서 이전에 절대적 진리라고 믿었던 '전지전능한 신'이라는 종교적 담론들이 더 이상 절대적 진리로서의 의미를 지니지 못하게 된 것이다. 그러한 교리화된 신이나 형이상학적 틀 속에 갇힌 신에 대해 근원적인 물음을 제기하는 것은, 다양한 종교들이 그 종교의 이름으로 분쟁·폭력·살상을 자행하고 있는 21세기를 살아가는 종교인들이 진지하게 고민해야 할 과제다.

이러한 새로운 종교적 담론들은 시대적 물음에 응답한다는 점에서 중요하다. '신 죽음의 신학'이라는 범주의 담론들에서 우리가 관심해야 할 것은 신의 '죽음'이 아니다. 오히려 그 죽음이 선언되는 신이란 어떠한 '신'인가 하는 점이다. 그렇기에 "신은 죽었다"고 한 니체의 선언에서 우선적으로 주목할 점은 '죽음'이 아니다. 니체가 죽음을 선언한 '신'이란 어떤 신인가이다. 형이상학적인 신, 인간의 구체적 삶과 연관 지을 수 없는 초월적이기만 한 신, 고정된 교리 속에 갇혀 종교 권력의 확장과 절대화에 이용되기만 하는 신의 '죽음'은 오히려 새로운 신에 대해 새롭게 접근해야 한다는 과제를 던져준다.

이런 맥락에서 보자면, '신 죽음의 신학'은 종교의 죽음이 아니다. 오히려 새로운 의미의 신과 종교의 재탄생을 가능하게 하는 시도라고 볼 수 있다. 교리와 형이상학 속에 고정되고 갇힌 신은, 이미 신으로서의 의미를 상실하기 때문이다. 이러한 신 죽음의 신학을 통해 인간의 구체적인 역사 속에서 고통과 연민을 함께 나누는 환대와 사랑의 신을 재구성하고, 그러한 신을 따르는 책임과 연대의 종교가 새롭게 태어날 수 있는 결정적인 분기점이 될 수도 있다. 신 죽음의 신학 이후 새로운 신, 새로운 종교의 탄생 가능성이 "종교의 포스트모던 회귀"라고 간주되기도 하는 이유다.[13]

이러한 맥락에서 보자면, 종교란 사실상 '유신론' 또는 '무신론'에 관한 것이 아니다. 오히려 그러한 유신론·무신론의 이분법적 사유를 훌쩍 넘어섬으로써 종교에 대해 성찰해야 한다. 신이 '존재한다' 또는 '존재하지 않는다'와 같은 유신론·무신론의 논쟁보다 더 근원적인 문제가 있기 때문이다. 그 문제는 첫째, '존재한다' 또는 '존재하지 않는다'고 하는 그 '신'이란 '어떠한 신'인가. 둘째, 여기에서 '존재한다'는 무엇을 의미하는 것인가. 신을 하나의 대상화된 물체, 인간의 유한한 인식세계에서 파악할 수 있는 객체적 존재로 생각하면서 '존재한다' 또는 '존재하지 않는다'고 선언할 때, 그러한 선언은 아무런 의미가 없다. 신이란 눈에 보이는 물건처럼 '있다·없다'로 판가름할 수 있는 것이 아니기 때문이다. 무한자 신에 대한 유한자 인간의 인식론적 한계를 수용하지 않음으로써, 그 신을 파악 가능한 것으로 대상화하는 인식론적 오류에 빠지게 된다.

많은 이들은 물질적 풍요와 성공을 이루게 해달라고 기도하면 그 모든 요구를 들어주고, 아플 때 병을 낫게 하며, 재난을 당했을 때 돌연히 나타나 구해주고, 사업에서 물질적 성공을 이루게 하며, 싸움에서 이기게 하는 마술적 존재로서의 신을 생각하며 "신은 존재한다"고 고백한다. 그러한 신을 생각하면서 스스로 '유신론자'라고 주장한다고 해서 신실한 종교인이라고 할 수는 없다. 신 이해 자체가 왜곡되어 있기 때문이다. 그러한 전지전능한 마술방망이와 같은 그 신은 세월호가 침몰할 때 왜 304명의 생명을 구하지 않았는가, 네팔에서 지진이 일어나 무고한 사람들이 죽을 때 왜 구하지 않았는가, 나치 정권에서 무고한 어린이들, 정신적 질환자들, 노숙자들, 동성애자들, 유대인들이 어처구니없는 죽임을 당할 때 그 '전지전능한 신'은 왜 철저히 침묵했는가라는 물음에, 그런 전지전능의 신을 믿는다고 하는 '유신론자'는 아무런 응답을 할 수 없다. 신 죽음의 신학은 이러한 '전통적인 신의 죽음'을 선언하면서 새로운 신, 새로운 종교를 모색하는 것이다.

따라서 종교가 해야 할 물음은 신의 존재 여부에 대한 '유신론'인가 '무신론'인가가 아니다. 오히려 자신이 믿는, 또는 믿지 않는 '신'이란 도대체 어떠한 존재인가라는 근원적 물음이다. 종교가 신을 개인의 탐욕과 욕망, 그리고 종교집단의 권력 유지와 확장을 정당화하기 위한 존재로 표상하고 가르치고 선포할 때, 그러한 왜곡된 표상의 신이 존재한다고 믿는 유신론자와 그러한 신의 존재를 부정하는 이른바 무신론자 중 누가 더 진실한 종교인인지 판가름하는 것은 매우 복합적인 접근이 요청되는 주제다.

이러한 점에서 아우구스티누스는 만약 인간이 다 파악할 수 있는 신이라면, 그 존재는 더 이상 '신'이 아니라고 한다. 신을 온전히 파악

했다고 생각하는 순간, 그것은 오류를 범하는 것이다. 그래서 마이스터 에크하르트(Meister Eckhart)는 "나는 내 속에서 신을 제거해달라고 신에게 기도한다(I pray God to rid me of God)"라고 기도한다.[14] 이 에크하르트의 기도는 매우 중요한 종교적 통찰을 준다. 유한한 인간의 인식세계 속에서 무한자인 신을 '안다'고 확신하는 바로 그 순간, 그 신은 인간의 유한성의 세계로 제한되고 고정됨으로써 왜곡되기 시작하는 지점이 되기 때문이다. 그래서 어떤 특정한 종교에 정체성의 기반을 두든, 그 종교적 신앙은 언제나 이 '고착된 신'을 끊임없이 자신으로부터 제거하는 자세를 지녀야 한다. 자신은 여전히 신에 대해 '모른다'는 이 '알지 못함(non-knowing)'의 신앙은, '안다'는 종교적 자세가 지닌 인식론적 오류를 넘어설 수 있는 자세가 된다.

이러한 정황에서, 마이스터 에크하르트의 기도에 담긴 '삭제되는 신(God under erasure)'이라는 해체주의적 부정신학이 등장하게 된다. 신에 대한 언설에서 '신은 ○○이다(What God is)'라는 서술방식을 '긍정신학(cataphatic theology)'이라고 한다. 그리고 '신은 ○○이 아니다(What God is Not)'로 접근하는 것을 '부정신학(apophatic theology)'이라고 한다. 이 둘에는 분명한 차이가 있다. '부정신학'은 유한한 인간이 무한한 존재인 신을 총체적으로 파악하는 것은 불가능하다는 전제하에, 유한자 인간이 할 수 있는 신에 대한 최선의 언설은 '긍정의 방식(via positiva)'이 아닌 '부정의 방식(via negativa)'을 통해 가능하다고 보는 신학적 입장이다. 현대 부정신학적 논의에서 중요한 사상가는 니체와 데리다 등이라고 할 수 있다.[15]

2. 종교, 생명의 부름에의 응답

유대교와 이슬람교과 함께 유일신 종교라고 할 수 있는 기독교에서 '신을 사랑하는가'라는 질문은 매우 일상화되어 있다. '신 사랑'이라고 표기되는 이 신에 대한 사랑을 증명하기 위한 다양한 매카니즘이 한국 교회 안에도 존재한다. 교회에 시간과 물질을 들여서 열심히 봉사하는 것도 신 사랑의 증거다. 일요일마다 빠짐없이 교회 출석을 하는 것도 신 사랑의 이름으로 칭송된다. "당신은 신을 사랑하는가"라는 질문은 개별인들의 신앙을 측정하기 위한 기준으로 사용되곤 한다.

그런데 '신을 사랑하는가'라는 질문은 사실상 공허한 질문이다. 그 질문 속에 등장하는 신이 어떤 존재로 이해되고 있으며, 동시에 '사랑한다'는 행위를 질문자나 답변자는 어떻게 이해하고 있는지가 좀 더 본질적인 중요한 문제이기 때문이다. 그래서 아우구스티누스는 '신을 사랑하는가'라는 질문을 "내가 나의 신을 사랑할 때, 나는 무엇을 사랑하는가?"라는 질문으로 전이시킨다.[16] 이 아우구스티누스의 질문은 21세기에 '신을 믿는 종교인'이라고 자기를 규정하는 이들이 지속적으로 성찰해야 한다.

결국 "신을 사랑하는가" 또는 "신을 믿는가"라는 물음에 '예'라고 하든 '아니오'라고 하든 그 답변은 아무런 결정적 의미가 없다. 좀 더 중요한 문제는 첫째, 그 '신'은 누구이며 둘째, '사랑한다, 믿는다'는 인간의 구체적인 삶에서 무엇을 의미하는가 하는 좀 더 근원적인 문제들이다. 어느 특정 종교의 교리적 체제와 제도적 틀을 긍정적으로 수용한다고 해서, 그 사람이 곧 신을 사랑하거나 믿는 사람임을 보장해주는 것은 아니다. 이러한 맥락에서 아우구스티누스가 "나는 신을 사랑하는가"의 물음을 "내가 나의 신을 사랑할 때 나는 무엇을 사랑하는가"로 전환했다는 것은, 매우 중요한 통찰을 준다. 카푸토는 이 아우구스티누스의 질문을 더 심오하게 만든다. "내가 신을 사랑할 때 나는 '어떻게(how)' 사랑하는가?"[17] '무엇'에 '어떻게'를 첨부한 것이다.

존 카푸토는 "신앙이란 생명의 부름에 응답하는 것"이라고 정의한다.[18] 이러한 카푸토의 신앙 해석은 종교가 '무엇'인가라는 '인지적 물음'에 대한 관심을, 삶을 '어떻게' 살아가야 하는가의 '생명의 물음'으로 전이시킨다. 신앙이나 종교가 '무엇'에만 관심하는 것이라면, 종교에 대한 관심을 단지 우리의 인식 체계에 대한 세계로 돌리면 된다. 그런데 종교가 '무엇'만이 아니라, '어떻게' 살아감을 의미한다는 점에 대해서 생각하는 것은 중요하다. 우리의 구체적인 현실 세계에서 종교의 이름으로 어떻게 살아가는지로, 또는 신앙을 지닌 이들이 생명을 생명되게 하는 삶을 어떻게 살아가고 나누는지로 우리의 시선을 돌리게 하기 때문이다.

인지 세계에서 종교가 무엇인가에 대한 해박한 개념 규정을 습득한다고 해서, 그러한 개념들이 종교나 신앙을 이해하는 데 충분조건이

되는 것은 결코 아니다. 기독교의 모든 교리와 성서 구절을 암송하고, 모든 교회 행사에 빠짐없이 참석하고, 헌금을 열심히 드리는 사람이 있다고 하자. 그런데 정작 그 사람이 자신의 구체적인 일상생활에서 성차별, 인종차별, 성소수자 차별, 계층 차별을 일상화하고 있다면, 그 신앙이란 "생명의 부름에 응답하는 것"이 아니다. 단지 이기주의적 '욕망의 부름에 응답하는 것'에 지나지 않는다. 그래서 아우구스티누스는 "내가 나의 신을 사랑할 때, 나는 '무엇을' 사랑하는가?"라고 물었고, 카푸토는 여기서 '무엇'에 '어떻게'를 덧붙였다. 내가 나의 신을 사랑할 때 나는 '어떻게' 사랑하는가. 아우구스티누스와 카푸토의 이러한 두 질문은 참으로 의미심장한 종교적 물음이다.

성서는 "믿음, 희망, 사랑, 이 세 가지 중에서 가장 중요한 것은 사랑"(고린도전서 13:13)이라고 강조한다. 그런데 이 세 가지를 각기 분리된 것으로 이해하는 것은 한계가 있다. 성서는 믿음과 희망이 결국 타자에 대한 '사랑' 그리고 이 세계에 대한 '사랑'의 시작점이자 종결점임을 강조하기 때문이다. '믿음'이란 다양한 종류의 생명들, 즉 인간 생명, 동물 생명, 식물 생명의 부름에 응답하는 것이다. 이러한 신앙을 지닌 이들이 '희망'해야 하는 세계란 결국 이 모든 것에 대한 '사랑'에 의해 시작되고, 그 사랑으로 귀결되어야 한다.

사랑이라는 말이 추상적으로 들린다면, '타자에 대한 연민과 환대'로 대체할 수 있다. 즉, '타자에 대한 연민과 환대'는 그들과 '함께' 삶을 나눌 마음을 갖는 것이다. '연민'의 영어 표현인 'compassion'의 우선적 의미는 '함께 고통함'이다. 그러한 의미에서 누군가를 그저 불쌍히 여기는 '동정'과는 의미가 다르다. '연민'이란 고통 속에 있는 사람들과 강한 연대성을 나누는 것이다. 이러한 연대는 거기서 끝나지 않는다. 그들에 대한 책임성까지 동반하는 의미다. 이러한 의미에서 '연민'이란 사랑을 실천하는 이들이 지니는 생명에 대한 입장을 잘 드러낸다.

현대사회에 존재하는 다양한 종교가 실천하고 확산해야 할 가치가 있다면, 그것은 '함께─살아감'의 가치다. 예수의 다양한 가르침에 담긴 핵심 역시 바로 이 '함께─살아감의 가치'라고 나는 본다. '함께─살아감'의 진정한 의미는 '생명의 부름에 대한 응답'으로서의 믿음, 좀 더 나은 세계에 대한 희망, 그리고 그 믿음과 희망의 출발점과 귀결점이 되는 사랑에 대한 인식과 실천을 통해 드러난다. 종교적 교리가 아니라 생명에 대한 사랑, 이 세계에 대한 '사랑'이다. 그래서 성서는 "우리 서로 사랑합시다. 왜냐하면 사랑은 신으로부터 왔기 때문입니다. … 사랑하지 않는 이들은 신에 대해 아무것도 알 수 없습니다. 신은 사랑이기 때문입니다"(요한일서 4:7-8)라고 강조한다.

"신앙을 가지고 있다" 또는 "신앙생활을 한다"라는 종교적 정체성의 표현은, 특정한 종교의 '교리를 안다' 또는 '교회에 정식으로 등록한 사람이다'라는 의미로 종종 쓰인다. 그러나 이러한 내용은 본질적인 것이라고 보기 어렵다. 어떠한 것에 대한 '신앙'이란 결국은 '생명의 부름에 응답하는 것'의 의미를 지니기 때문이다. 이러한 맥락에서 볼 때, 종교에 관한 논의에서 "신의 존재를 믿는가, 또는 믿지 않는가"의 물음보다 더 중요한 물음이 있다. 이 세계에서 나는 어떠한 존재로 살아가고 있는가라는 것이다. 예수는 그의 '최후의 심판에 관한 비유'(마태복음 25장)에서 이를 분명히 역설하고 있다.

예수에 따르면, 구원을 받는가 받지 못하는가는 유신론자인가 무신론자인가 하는 기준으로 결정되지 않는다. 구원의 가능성은 '어떻게' 타자들과 관계하며, 그 타자들에게 환대를 베풀고 배려하고 보살피는 삶을 살았는가에 있다고 예수는 비유를 통해 분명하게 선언한다. 동시에 가장 '주변부에 있는 사람(the Least)', 즉 나의 환대와 사랑이 필요한 이들을 사랑하는 것이 바로 신을 사랑하는 것임을 분명히 한다. 따라서 종교를 '신에 대한 사랑'이라고 이해할 때, 신에 대한 사랑이란 결국 그 사람이 타자들과 어떠한 관계 속에 살아왔는가로 증명된다. 아우구스티누스의 "나는 나의 신을 사랑할 때, 무엇을 사랑하는가?"라는 질문이 중요한 이유다.

따라서 신을 사랑하고 구원의 삶을 산다는 것은 제도화된 종교 공동체에 등록했는지, 그 공동체에 충성심이 있는지, 교리를 무조건적으로 수용·암송하는 등의 외면적 조건을 지닌 사람인지 등과 상관없다. 예수가 말하는 '구원받음'의 기준은 타자들에 대한 연민·사랑·책임성이며, 그것이 곧 '신 사랑'의 표지가 된다. 이러한 예수의 가르침에 의하면, 종교란 카푸토의 말대로 '사랑하는 이들'을 위한 것이다.[19] "신은 사랑이기에 사랑을 하지 않는 이들은 신을 알지 못하기 때문"(요한일서 4:8)이다. 또한 가장 '적은 자'들에게 사랑·환대·연민을 실천하는 이들이 바로 신을 사랑하는 이들이기 때문(마태복음 25:40, 25:45)이다. 이러한 의미에서 존 카푸토는 "종교적인 사람의 반대는 사랑 없는(loveless) 사람"이라고 말한다.[20] 이 말은 철학자의 말이라고만 할 수 없으며 분명한 성서적 근거를 지닌다.

3. 코즈모폴리턴 정의와 연민:
함께–살아감의 종교를 향하여

21세기에 우리가 직면한 가장 긴급한 이슈 중의 하나는 '어떻게 함께 살아갈 것인가' 하는 것이다. 자크 데리다가 강조한 바대로, "살아간다는 것은 언제나 '함께–살아감(living–with)'을 의미한다."[21] 종교는 이기적이고 자기중심적인 기복적 종교를 넘어 이 '함께–살아감'에 대한 과제와 책무를 수행해야 한다. 그러나 지구화 시대에 들어 이 세계 곳곳의 무수한 사람들이 자신에게 익숙한 자리들을 떠나서 살아간다. 또한 자본주의는 더욱더 개인의 이득과 기업의 이윤을 최대의 덕목과 목표로 하면서 다수 사람들의 삶 구석구석을 파괴적으로 지배하고 있다. 이러한 시대에 '함께–살아감'의 의미를 생각하고 실천하기란 점점 더 어려워 보인다. 그런데 이 '함께–살아감'에 관한 성찰과 논의에서 전제해야 할 중요한 이해가 있다. '함께–살아감'이란 결코 낭만적이거나 탈정치적인 것이 아니라는 점이다. 또한 자기 보호적이거나 자연적인 것으로 이해되거나, 동질성을 나누는 사람들만의 배타적 의미로 이해되어서는 안 된다. 이러한 맥락에서 보자면 '함께-살아감'에 대한 담론과 실천을 모색하는 것은, 데리다가 상기시키듯 "누가 누구에게 '함께-살아감'에 대해 말하고 있는가"와 같은 문제를 우선적으로 살펴보는 것이다.[22]

'함께-살아감'에서 '함께함'이란, 가족·민족·국가 등과 같은 사회집합체 또는 유기적 공생관계로서 단지 기계적으로 함께 거주하거나 함께 존재한다는 단순한 의미만 있는 것이 아니다. 오히려 '함께-살아감'이란 '함께-살아감의 윤리'가 요청되는 '함께 잘 살아감(living well together)'을 의미한다.[23] '함께-살아감의 윤리'는 배우자, 같은 시민들, 같은 국민들, 같은 지역민들뿐만 아니라 낯선 이들이나 타자들 사이에 존재하는 법적·정치적·국가적 통제 장치들을 넘어서는, 그 두 사람 사이의 연결 끈을 의미한다. 물론 이 두 사람의 연결 끈이 법으로 명시된 어떠한 조건들에 대립되는 것일 필요는 없다. 그러나 그 법적 조건들을 포용하는 동시에 넘어서는 연결이 요청된다. 이러한 맥락에서 보자면, '함께-살아감의 윤리'에 대해 생각한다는 것은 매우 복합적이고 지속적인 성찰과 조명을 필요로 한다. 우선적으로, '함께-살아감'에서 '어떻게' 하는 것이 함께-살아감이며 '누구와 함께' 살아가야 하는가를 모른다면 '함께-살아감'의 의미를 알 수 없다.

'누구와 함께' 살아가야 하는가. 그 누군가가 신(God)인지, 신들

(gods)인지, 인간인지, 동물인지, 자기 자신인지, 자신과 가까운 사람인지, 이웃, 가족, 친구인지, 동료시민인지, 동향 사람인지, 또는 전혀 알지 못하는 가장 먼 타자들인지, 적인지 등을 면밀히 들여다보아야 한다.[24] 비판적 성찰 없이 선언되는 '함께-살아감의 윤리'란, 이 삶의 구체적인 정황들과 무관한 공허하고 추상적인 담론으로 빠지게 된다. 결국 그 실천적 의미를 담아내지 못하게 될 것이다. 또한 주지해야 할 중요한 점은, '함께-살아감의 평화'는 법적 규제나 국가적 통제의 범주 안에서만 생각해야 하는 문제가 아니라는 점이다. 오히려 가까운 타자와 먼 타자, 내국인과 외국인이라는 포용과 배제의 경계들로 결정되는 국가적·정치적 선들을 넘어 확장해 생각해야 할 문제라는 것이다.

진정한 '함께-살아감의 윤리'는 인간의 존재(Sein)란 결국 '함께함의 존재(Mitsein)'라는 인식에 그 토대를 둔다. 이 세계에 살고 있는 무수한 '타자들'이 속한 민족·국가·종교·성별·계층 등에 근거해 이웃이나 친구 또는 원수로 규정하는 것이 아니라, '모든' 인간을 자신의 동료·친구·이웃으로 보는 '코즈모폴리턴 연민의 시선'이 전제되어야 한다. 이러한 맥락에서 코즈모폴리턴 정체성이란 배타적인 단일 정체성이 아니라 열려 있는 정체성이며, 다양한 범주들에 자신을 일체화할 수 있는 '혼종적 정체성(hybrid identity)'이다.

코즈모폴리터니즘은 이 '함께-살아감'에 대한 대안적 사유방식이다. 윤리적·사회정치적·철학적·종교적 담론으로서 코즈모폴리터니즘은 우리가 책임져야 할 이웃·타자는 과연 누구인지, 그들을 사랑한다

는 것은 어떠한 구체적인 사회정치적·종교적·실천적 과제를 요청하는
지, 이 세계 내에 존재한다는 것은 타자와의 관계에서 어떻게 규정되는
지 등에 대해 근원적 재조명을 하도록 우리를 초청한다. 더 나아가 이러
한 물음들에 대한 성찰은 결국 종교의 존재 의미란 무엇이며, 이 세계
내에서 종교적 과제는 무엇인가에 대한 복합적 물음들과 대면하게 한
다. 모든 사람을 '우주적 시민'으로서 평등한 '동료인간'으로 보는 코즈
모폴리터니즘에 대해 논한다는 것은, 기존의 현실구조에서는 전혀 가능
하지 않은 듯한 '불가능한 것'에 대해 말하는 것과 같다.

　　담론과 실천으로서 코즈모폴리터니즘에 대해 논의할 때 우선적으
로 부딪히게 되는 물음이 있다. '나' 자신만이 아니라 무수한 '너'들도
이 우주에 속한 시민이며, 나와 같은 동료시민으로서 평등성·권리·존
엄성이 있음을 인정해야 한다는 이 '코즈모폴리턴 시선'이 과연 우리
인간에게 가능한 것일까라는 물음이다. 또한 이 세계 모든 사람이 국
적·종교·인종·계층·성별 등 무수한 사람들을 범주화하는 경계들을 홀
연히 넘어서서, 한 사람 한 사람 모두가 동료인간이며 이 우주에 속한
동료시민들이라는 그 '우주적 친밀성'을 함께 나누고 기뻐할 수 있는
꿈을 꾸는 것이 가능하기나 한가라는 의구심이다.

　　그런데 이러한 불가능성에의 물음들은 우리에게 종교의 가장 근
원적인 의미를 돌아보게 한다. '가능한 것'만을 한다면 종교가 존재할
필요가 없게 된다. 그 종교가 쉽게 가능한 것만을 모색한다면 그 종교는
결국 '현상 유지적 종교'로만 남아 있겠다는 것과 같다. 동시에, 새로운

세계에 대한 믿음과 희망을 갖지 않는 것과 같다. 이러한 맥락에서 볼 때 이 '불가능성에의 열정'이야말로 종교의 또 다른 이름이기도 하다. 그래서 신에게는 아무것도 '불가능'하지 않다(누가복음 1:37; 마가복음 10:27)는 것에 대한 인식은 '생명의 부름에 대한 응답'이다. '생명의 부름으로의 응답'으로서 종교를 이해하는 사람들에게, 종교란 정의·평등·평화·연대와 같은 '불가능해 보이는 지평'에 대한 열정을 의미하게 된다. '종교란 불가능성에의 열정'이라는 종교 이해는 '인지적 차원(무엇)'만이 아니라 구체적인 '실천적 차원(어떻게)'을 의미한다는 점에서 종교 이해에 매우 중요한 단서를 준다.

　21세기인 지금도 세계 곳곳에는 중층의 빈곤, 정치적 박해와 폭력, 구조적 불의와 불평등의 삶으로 고통당하는 이들이 도처에 있다. 세계 187개 나라에 대한 분석에서 아동들의 수명을 보면, 이 세계가 얼마나 불평등한 구조 속에 놓여 있는가를 분명히 알 수 있다. 예를 들어 일본에서 태어나는 아이들의 수명은 83.4세이며, 스위스는 82.3세, 이탈리아와 오스트레일리아는 81.9세, 캐나다는 81세, 한국은 80.6세, 미국은 78.5세이다. 그런데 놀랍게도 아프리카의 채드(Chad)에 태어나는 아이들의 수명은 49.6세, 중앙아프리카공화국과 콩고는 48.4세, 시에라리온공화국(Sierra Leone)은 47.8세이다.[25] 더 나아가 룩셈부르크의 1인당 국내총생산(GDP)은 8만 3820달러, 미국은 4만 5989달러인데 비해, 콩고는 319달러이다.[26] 이러한 통계들은 이 세계 안에 살고 있는 이들의 삶은 태어나거나 거주하는 국가나 지역에 따라 극도의 불균형을 지니고 있음을 여실히 보여준다. 빈곤 문제를 다양한 차원에서 점검해보는 다층적 빈곤지수(MPI: Multidimensional Poverty Index)에 따르면 적어도 30퍼센트, 즉 세계 인구의 3분의 1을 차지하는 104개국의 17억 5000만 명의 사람들이 건강, 교육, 삶의 기준 등에서 극도의 박탈된 빈곤을 경험하는 '다층적 빈곤' 속에 살고 있다. 또한 그 나라들에 속한 14억 5000만 명의 사람들이 하루에 1.25달러로 살고 있다고 한다.[27]

현세계의 정치적·경제적 불평등과 불의는 50년 또는 100년 전보다 훨씬 더 심각하며, 앞으로 더욱 심각해질 것이라고 전망되는 여러 징후들에 직면해 있다.[28] 이러한 세계의 정황을 생각해본다면, "종교란 책임성이다. 그렇지 않다면 아무것도 아니다"라는 데리다의 종교 이해는 참으로 중요하다.[29] 불공평한 현실 세계에 대한 종교인들의 책임의식의 중요성을 생각하게 하기 때문이다. 이러한 극도의 불균형과 불평등의 세계 속에서 종교의 역할은 무엇이어야 하는가.

세계화는 이제 일상적 삶에 거부할 수 없는 다양한 방식으로 들어와 있다. 세계화 시대에 들어서면서 코즈모폴리터니즘은 다양한 분야에서 활발하게 논의되기 시작했다. 세계화 현상은 코즈모폴리터니즘과 종교의 문제를 연계시키게 된 정황적 배경이다. 코즈모폴리터니즘에 대한 논의가 활발해지면서 코즈모폴리턴 시민, 코즈모폴리턴 정체성, 코즈모폴리턴 권리, 코즈모폴리턴 정의, 지구적 정의, 인류에 대한 범죄, 코즈모폴리턴 환대 등과 같은 주요한 개념들이 21세기 세계 곳곳에서 벌어지는 구체적인 정황들과 연계되어 소개되어왔다. 이러한 논의들을 전개하는 입장은 매우 다양해서 코즈모폴리터니즘을 간결하게 소개하기란 거의 불가능한 일이지만, 이제 다음과 같은 두 가지 점은 코즈모폴리터니즘에 대한 논의에서 공통적으로 인식해야 한다.

첫째, 코즈모폴리터니즘은 분명 '거대 담론'임에도 불구하고, 동시에 거대한 제도와 체제 속에서만이 아니라 우리의 작은 일상 세계에서도 실천되어야 하는 '미시 담론'들과 연계되어야 한다. '거대 담론'과 '미시 담론'은 상충적 관계가 아니라 얽히고설킨 두 축으로서 긴장관계에 있는 두 차원이다. 근대주의 사유방식에서와 같이 다른 축을 배제해야 하는 상충적 관계가 아니라는 것이다. '우주시민·세계시민'의 개념으로부터 출발하는 코즈모폴리터니즘은, 칸트의 표현을 빌리자면 이 지구 표면 위에 거하는 '모든' 사람들을 동료인간으로 보고, 그들의 권리를 보장해야 하며, 그들에 대한 환대·연대·책임을 지녀야 한다는 주장이다. 이러한 주장이 열매를 맺기 위해서는 거대한 제도와 조직체계도 물론 변화되어야 한다. 동시에 우리 일상생활의 아주 작은 것들 속에서도 이 정신이 살아나야 한다.

코즈모폴리터니즘이 위로부터 연역적으로 내려오는 전통적 의미의 보편주의(universalism from above)와 근원적으로 다른 점은, 코즈모폴리터니즘이 개별인들의 중요성을 강조하는 '개별성의 윤리'에 근거해 있다는 점이다. 따라서 코즈모폴리터니즘은 인간의 보편성과 특수성에 대한 전통적인 이분법적 이해를 넘어, 인간의 상호의존성과 동료성에 대한 분명한 인식에 근거해 있다. 이 점에서 코즈모폴리터니즘은 '거대 담론'과 '미시 담론'의 나선적 겹침 속에서 비로소 이해될 수 있다. 세계 곳곳에서 중층의 가난과 사회정치적 분쟁으로 인한 무수한 사람들의 고통을 '너·그들'만의 문제가 아니라, '나·우리'의 문제라고 보는 시각은 코즈모폴리터니즘이 제공하는 중요한 이해다.

둘째, 코즈모폴리터니즘은 완결된 담론이 아니라 '미완의 프로젝트'다. 지속적으로 구체적인 정황과 연계되고 구성되어야 한다는 점에서 완결된 것이 아닌 완성시켜나가야 하는 '프로젝트'다. 프로젝트라는 것은, 담론과 실천으로서 코즈모폴리터니즘이 몇몇 이론가에 의해 완성되고 고정될 수 있는 것이 아니라는 의미다. 코즈모폴리터니즘은 지속적으로 그 '코즈모폴리턴 이상'에 다가가기 위한 구체적인 실천적 노력과 비판적 성찰을 통해 수정되고 보충되어야 한다.

이러한 맥락에서 보자면, 코즈모포리터니즘은 시대와 정황을 반영하면서 지속적으로 새로운 조명을 필요로 한다. 단지 학문적·이론적 논의에만 머무르는 것이 아니라 구체적·복합적 정황들과 연계됨으로써 새로운 측면을 반영하는 코즈모폴리터니즘의 구상들은 지속적으로 보충되어야 하는 영구적 프로젝트의 의미를 지닌다. '미완의 프로젝트'로서 코즈모폴리터니즘은 그 담론의 깊이와 실천의 복합성이 구체적인 정황속에서 지속적으로 보완·수정·첨부되는 과정 속에서 그 의미를 꽃피우게 될 것이다.

코즈모폴리터니즘이 제시하는 '불가능한 세계에 대한 비전' 앞에서, 그 불가능성의 비전들을 구체적인 삶의 작은 모퉁이들에서 가능성의 공간들 속으로 부분적으로나마 끌어낼 수 있는 이들은, "신과 함께 라면 아무것도 불가능한 것이 없다"(누가복음 1:37)는 '불가능성에의 희망' 에 자신을 기투하는 이들이다. 불가능성에의 희망을 지닌 이들은, 다양 한 얼굴의 불평등과 배제가 여전히 무수한 사람들의 삶을 위협하는 이 세계에서 작은 변화의 씨를 뿌리는 이들이다. 이들이야말로 진정한 종 교인들이 될 것이다. 가까운 이웃만이 아니라 먼 이웃, 아는 이웃만이 아니라 알지 못하는 이웃과 정의와 평화, 그리고 평등한 삶을 일구어내 는 '함께 잘 살아감'의 세계를 꿈꾸는 것이야말로 기독교에서 말하는 '신 나라'에 대한 희망이 되어야 한다. 동시에 기독교만이 아니라 모든 종교의 궁극적 목표와 희망이 되어야 한다.

한 종교가 그 종교에 헌신하는 이들을 지극히 개인적인 안녕과 성 공만에 집착하는 이기적 종교인들로 만들어갈 때, 이미 그 종교는 이기적 개별인들을 위한 사유화된 종교자본의 역할만을 한다. 결국 그 종교는 공 적 세계에서 종교로서의 존재 의미를 상실하게 된다. 나의 존재란 타자들 과의 '함께 존재(with-being, Mit-sein)'라는 인식을 통해 비로소 그 포괄적인 존재 의미가 형성된다. 그렇기에 나의 세계에 존재하는 그 타자들이란 나 와 종교적 또는 인종적 동질성을 나누는 사람들만이 아니다. '다름' 속에 존재하는 이들도 포함되는 것이다. 코즈모폴리턴 사상은 이러한 정치적· 문화적·경제적 불균형과 불평등의 세계에서 다양한 현실들에 관여하고, 인간들을 서로 분리시키는 국가와 종교 같은 여러 경계를 넘어 사랑과 연 대, 그리고 책임적 삶으로 이끄는 초대장이다.

종교가 인류의 역사에서 억압과 해방이라는 두 가지 상충적 역할을 한 것처럼, 종교는 '좋은 종교'와 '나쁜 종교'로 나뉠 수 있다. 여기에서 '좋음－나쁨'은 이분법적인 고정된 의미로 차용하려는 것이 아니라, 종교의 두 가지 가능성과 역할을 논의하기 위해 잠정적으로 분류한 것이다. 간결하게 표현하자면 '좋은 종교'란 종교, 인종, 성별, 성적 지향, 국적 등에 따른 다양한 소수자들을 포용·연대·환대하는 종교다. 또한 우리가 몸담은 이 세계의 다양한 문제들에 대한 책임의식을 예민하게 지니고 실천하려는 종교이다. 반면 '나쁜 종교'란 다양한 이름과 얼굴의 타자들을 배제·혐오·차별·억압하는 종교이다. 그 어떤 종교적 경전·신앙체계·교리·신학에 근거한다 해도, 그러한 배제와 차별과 혐오를 정당화하는 종교란 이미 이 세계에서 종교의 존재 의미와 적절성을 상실한다.

타자나 타 종교에 대한 차별과 혐오, 적대와 저주의 실천을 종교의 의미라고 보는 '십자군 멘탈리티'는, 자신들의 폭력과 혐오를 신의 이름으로 자행하고 정당화한다. 현대사회에서 갖가지 폭력을 일삼는 기독교 근본주의, 이슬람 근본주의, 유대교 근본주의, 불교 근본주의 등의 다양한 종교 근본주의(fundamentalism)들은 그 사회에서 폭력과 혐오를 거룩한 종교적 행위로서 정당화하고 있다. 이들 종교는 결국 '신의 이름으로 신을 배반하는 종교'가 된다. 그 신이 어떠한 이름으로 불리든 그러한 신의 이름으로 타자들에 대한 폭력과 살상을 정당화하는 종교는, 이 세계 모든 사람의 '함께－살아감'을 파괴하는 '나쁜 종교'다.

종교의 미래, 그리고 미래의 종교는 타자들에 대한 환대와 사랑, 현실 세계에서 정의와 연대의 실현을 꿈꾸는 '좋은 종교'로 전이되어야 그 희망이 있다. 그러한 '좋은 종교'로서 미래의 종교는 '교리적 틀' 속에 종교를 고착시키는 것이 아니라, '생명의 부름에 응답'하는 것으로써 신앙과 종교를 이해하는 '종교 없는 종교', '생명의 종교', '함께-살아감의 종교'로 새롭게 탄생하게 될 것이다.

주

1장

01 Jacques Derrida, "Avowing — The Impossible: 'Returns', Repentance, and Reconciliation," Elisabeth Weber ed., *Living Together: Jacques Derrida's Communities of Violence and Peace*(New York: Fordham University Press, 2013), p.20.

02 Jean-Luc Nancy, *Being Singular Plural*(Stanford, CA: Stanford University Press, 2000), p.4.

03 Stan Van Hooft, *Cosmopolitanism: A Philosophy for Global Ethics*(Ithaca: McGill-Queen's University Press, 2009), p.1.

04 세계은행의 자료는 World Bank, "COVID-19 to Add as Many as 150 Million Extreme Poor by 2021," 2020.10.7(https://www.worldbank.org/en/news/press-release/2020/10/07/covid-19-to-add-as-many-as-150-million-extreme-poor-by-2021) 참고.

05 Derrida, "Avowing—The Impossible: 'Returns', Repentance, and Reconciliation", pp.19~20.

06 Jean-Luc Nancy, *The Creation of the World or Globalization*, François Raffoul and David Pettigrew translated and with an Introduction(New York: SUNY Press, 2007), p.35.

07 David King, "Climate Change Science: Adapt, Mitigate, or Ignore?" *Science*, Vol.303, No.5655(2004.1.9), p.176.

[08] 유엔 밀레니엄 개발목표에 대한 좀 더 구체적인 내용은 다음의 유엔 웹사이트를 참고하라. http://www.un.org/millenniumgoals/bkgd.shtml.

[09] 다음의 웹사이트 참조. https://www.undp.org/sustainable-development-goals

[10] 좀 더 자세한 내용들은 유엔의 〈인간개발리포트(Human Development Report) 2013〉를 참고 하라. http://hdr.undp.org/sites/default/files/reports/14/hdr2013_en_complete.pdf.

[11] Ulrich Beck, "The Cosmopolitan Manifesto," *World Risk Society*(Cambridge, UK: Polity Press, 1999), pp.1~18.

[12] '지구시민' 운동에 대해서는 웹사이트 http://www.globalcitizen.org 참조. '빌 & 멀린다 게 이츠 재단'의 2015년 연례 서신(2015 Annual Letter)은 다음의 사이트에서 볼 수 있다. http://www.gatesnotes.com/2015-annual-letter?page=5&lang=en&WT.mc_id=01_21_2015_AL2015-GF_GFO_domain_Top_21

[13] Gayatri Chakravorty Spivak, *Death of Discipline*(New York: Columbia University Press, 2005), p.72.

2장

[01] David Harvey, "Cosmopolitanism and the Banality of Geographical Evils," *Public Culture*, Vol.12, No.2(2000), p.529.

[02] Seyla Benhabib, *Another Cosmopolitanism*(Oxford: Oxford University Press, 2006), p.17.

[03] Harvey, "Cosmopolitanism and the Banality of Geographical Evils," p.529.

[04] 자세한 사항은 다음의 웹사이트들을 참고하라. http://www.cosmopolitan.com; http://en.wikipedia.org/wiki/Cosmopolitan_(magazine)

[05] '코즈모폴리턴(cosmopolitan)'을 명칭하는 다양한 방식에 대해서는 다음을 참고하라. Ulrich Beck, *Cosmopolitan Vision*, Ciaran Cronin trans.(Cambridge, UK: Polity Press, 2006), p.3.

[06] Michel Foucault, "Intellectuals and Power," *Language, Counter-Memory, Practice: Selected Essays and Interviews*(1977; Ithaca, NY: Cornell University Press, 1993), p.208.

[07] Gayatri Chakravorty Spivak, *The Postcolonial Critic: Interviews, Strategies, Dialogues*, Sarah Harasym ed.(New York & London: Routledge, 1990), p.7.

3장

01 Kok-Chor Tan, *Justice without Borders: Cosmopolitanism, Nationalism and Patriotism*(Cambridge: Cambridge University Press, 2004), p.35.

02 정체성의 정치학에 관한 좀 더 세밀한 논의는 다음을 참고하라. Namsoon Kang, "Identity, Différance, and Alterity: Deconstructive Mediation of the Identity Politics," *Diasporic Feminist Theology: Asia and Theopolitical Imagination*(Minneapolis, MN: Fortress, 2014).

03 좀 더 자세한 논의는 다음을 참고하라. Homi K. Bhabha, *The Location of Culture*(1994; London and New York: Routledge, 2006); Stuart Hall, "Old and New Identities, Old and New Ethnicities," Anthony King ed., *Culture, Globalization and the World-System: Contemporary Conditions for the Representation of Identity*(Minneapolis, MN: University of Minnesota Press, 1997); James Clifford, *Routes: Travel and Translation in the Late Twentieth Century*(Cambridge: Harvard University Press, 1997).

04 Ulrich Beck, *Cosmopolitan Vision*, Ciaran Cronin trans.(Cambridge: Polity Press, 2006), p.3.

05 Paul Rabinow, "Representations Are Social Facts: Modernity and Post-Modernity in Anthropology," James Clifford and George E. Marcus eds., *Writing Culture: The Poetics of Ethnography*(Berkeley: University of California Press, 1986), p.258.

06 Amanda Anderson, "Cosmopolitanism, Universalism, and the Divided Legacies of Modernity," Pheng Cheah and Bruce Robbins eds., *Cosmopolitics: Thinking and Feeling Beyond Nation*(Minneapolis: University of Minnesota Press, 1998), p.270.

07 Anderson, "Cosmopolitanism, Universalism, and the Divided Legacies of Modernity," p.271.

08 Frantz Fanon, *The Wretched of the Earth, preface by Jean-Paul Sartre*, Constance Farrington trans.(1961; New York: Grove Weidenfeld, 1963), p.149, 200.

09 Tommie Shelby and Paul Gilroy, "Cosmopolitanism, Blackness, and Utopia," *Transition*, No.98(2008, pp.117~118.

10 Stephen Nathanson, *Patriotism, Morality, and Peace*(Lanham, MD: Rowman & Littlefield, 1993), pp.34~35.

11 Tan, *Justice without Borders: Cosmopolitanism, Nationalism, and Patriotism*, p.13.

12 Nathanson, *Patriotism, Morality, and Peace*, p.29.

13 Charles Jones, *Global Justice: Defending Cosmopolitanism*(Oxford: Oxford University Press,

1999), p.16.

14 Beck, *The Cosmopolitan Vision*, p.7.

15 Sharon Anderson—Gold, *Cosmopolitanism and Human Rights*(Cardiff: University of Wales Press, 2001), p.11.

16 Jacques Derrida, *The Gift of Death*, David Willis trans.(1992; Chicago: University of Chicago Press, 1995), p.2.

17 Jim Dwyer, "A 12—Year—Old's Trek of Despair Ends in a Noose at the Border," *New York Times*(2014.4.19), http://www.nytimes.com/2014/04/20/nyregion/a—12—year—olds—trek—of—despair—ends—in—a—noose—at—the—border.html?hp

4장

01 Plutarch, "On the Fortune of Alexander," A. A. Long and D. N. Sedley eds., *The Hellenistic Philosophers*, Vol.II(Cambridge: Cambridge University Press, 1987), p.429.

02 Marcus Aurelius, *The Meditations of the Emperor Marcus Antoninus*, edited with translation and commentary A. S. L. Farquharson, Vol.I(Oxford: Oxford University Press, 1968), p.21[Book II:1].

03 Ulrich Beck, *Cosmopolitan Vision*, Ciaran Cronin trans.(Cambridge, UK and Malden, MA: Polity Press, 2006), p.7.

04 Seneca, De Otio, 4.1, *Seneca: Moral Essays*, Vol.2, John W. Basore trans.(1932; Cambridge, MA: Harvard University Press, 1970), pp.187, 189.

05 Beck, *Cosmopolitan Vision*, p.45. 그의 〈코즈모폴리턴 선언(The Cosmopolitan Manifesto)〉은 다음 책의 서문으로 나온다. Ulrich Beck, *World Risk Society*(Cambridge, UK: Polity Press, 1999), pp.1~18. 울리히 벡은 그의 공저 《장거리 사랑(Distant Love)》 제4장에서 '코즈모폴리턴 공동체(Cosmopolitan Communities)'라는 중요한 개념을 도입하고 있다. 이 개념이 한국어로 '지구적 공동체'라고 번역된 것은 'global'과 'cosmopolitan'의 본질적 차이를 간과한 번역이다. 울리히 벡·엘리자베트 벡-게른스하임, 《장거리 사랑》, 이재원·홍찬숙 옮김(새물결, 2012), 제4장 참고.

06 Robert Fine and Robin Cohen, "Four Cosmopolitan Moments," Steven Vertovec and Robin

Cohen eds., *Conceiving Cosmopolitanism: Theory, Context, and Practice*(Oxford: Oxford University Press, 2002), p.137.

Patrick Hayden, *Cosmopolitan Global Politics*(Burlington, VT: Ashgate, 2005), p.12.

⁰⁸ 다음을 참조. Diogenes Laërtius, *Lives of Eminent Philosophers*, Vol.II, H. D. Hicks trans. (Cambridge, MA: Harvard University Press, 1925), p.65[Book VI:63].

⁰⁹ Diogenes Laërtius, *Lives of Eminent Philosophers*, p.39[Book VI:38].

¹⁰ Donald R. Dudley, *A History of Cynicism: From Diogenes to the 6th Century A.D.*(London: Methuen & Co. LTD, 1937), p.5.

¹¹ Laërtius, *Lives of Eminent Philosophers*, Vol.II, p.41[Book VI:38].

¹² 다음을 참조. Jeremy Waldon, "Minority Cultures and the Cosmopolitan Alternative," *University of Michigan Journal of Law Reform*, Vol.25(1992), pp.751~793.

¹³ John L. Moles, "Cynic Cosmopolitanism," R. Bracht Branham and Marie-Odile Goulet-Caze eds., *The Cynics: The Cynic Movement in Antiquity and Its Legacy*(Berkeley: University of California Press, 1996), p.113. 'kosmopolites'를 '우주의 시민'으로 번역해 쓴 경우는 Malcolm Schofield, *The Stoic Idea of the City*, forward. Martha C. Nussbaum(Chicago: The University Press of Chicago Press, 1999), p.133 그리고 Brabham and Goulet-Caze, "Introduction to The Cynics: The Cynic Movement in Antiquity and Its Legacy," p.24을 참조하라.

¹⁴ Plutarch, "On the Fortune of Alexander," A. A. Long and D. N. Sedley eds., *The Hellenistic Philosophers*, Vol.II(Cambridge: Cambridge University Press, 1987), p.429.

¹⁵ Laërtius, *Lives of Eminent Philosophers*, Vol.II, p.145[Book 7:33].

¹⁶ A. A. Long, "The Concept of the Cosmopolitan in Greek and Roman Thought," *Daedalus*, Summer(2008), p.55.

¹⁷ Seneca, De Otio, 4.1, *Seneca: Moral Essays*, Vol.2, pp.187, 189.

¹⁸ Aurelius, *The Meditations of the Emperor Marcus Antoninus*, p.53[Book IV:4].

¹⁹ Ibid., p.21[Book II:1].

²⁰ Martha Nussbaum, "Kant and Cosmopolitanism," James Bohman and Mattias Lutz Bachmann eds., *Perpetual Peace: Essays on Kant's Cosmopolitan Ideal*(Cambridge, MA: MIT Press, 1997), p.31.

²¹ 다음을 참조. Will Kymlicka, "Citizenship in an Era of Globalization," Ian Shapiro and

Casiano Hacker-Cordon eds., *Democracy's Edges*(Cambridge, UK: Cambridge University Press, 1999).

[22] Bartolome de las Casas, *A Short Account of the Destruction of the Indies*, Nigel Griffin ed.(London: Penguin Books, 1992), p.14.

[23] 다음을 참조. Francisco de Vitoria, "On Civil Power," *Political Writings*, Anthony Padgen and Jeremy Lawrence eds.(Cambridge, UK: Cambridge University Press, 1991).

[24] Karl Mannheim, *Ideology and Utopia: An Introduction to the Sociology of Knowledge*(1936; New York: A Harvest/HBJ Books, 1985), p.192.

[25] Mannheim, *Ideology and Utopia*, p.35.

[26] Beck, *Cosmopolitan Vision*, p.5.

5장

[01] Immanuel Kant, "Perpetual Peace: A Philosophical Sketch," Hans Reiss ed., *Kant's Political Writings*, H. B. Nisbet trans.(Cambridge: Cambridge University Press, 1970), pp.107~108.

[02] Immanuel Kant, *Grounding for the Metaphysics of Morals: On a Supposed Right to Lie because of Philanthropic Concerns*, James W. Ellngton trans.(Indianapolis: Hackett Publishing Company, 1993), p.36.

[03] Immanuel Kant, "Idea for a Universal History with a Cosmopolitan Intent(1784)," *Perpetual Peace and Other Essays on Politics, History, and Morals*, Ted Humphrey trans.(Indianapolis and Cambridge: Hackett Publishing Company, 1983), p.33.

[04] Kant, *Grounding for the Metaphysics of Morals*, p.39.

[05] Kant, "Idea for a Universal History with a Cosmopolitan Intent(1784)."

[06] Kant, "Perpetual Peace."

[07] Immanuel Kant, "Perpetual Peace: A Philosophical Sketch(1795)," *Perpetual Peace and Other Essays on Politics, History, and Morals*, Ted Humphrey trans.(Indianaspolis and Cambridge: Hackett Publishing Company, 1983), p.126.

[08] 칸트의 네 편의 글 "Idea for a Universal History from a Cosmopolitan Point of View(1784)", "On the common saying 'This may be true in theory but it does not apply in practice (1793)",

"Toward Perpetual Peace: A Philosophical Sketch(published 1795, revised 1796)", "Introduction to Theory of Right(1797)"은 다음의 책에서 볼 수 있다. Immanuel Kant, *Kant's Political Writings*, Hans Reiss ed., H. B. Nisbet trans.(Cambridge: Cambridge University Press, 1970).

[09] Kant, "Perpetual Peace," *Kant's Political Writings*, pp.107~108.

[10] Kant, "Perpetual Peace," *Kant's Political Writings*, p.99.

[11] Marcus Aurelius, *The Meditations*(Indianapolis: Hackett, 1983), p.10,15.

[12] Charles Beitz, "Does Global Inequality Matter?" Thomas W. Pogge ed., *Global Justice*(Oxford: Blackwell, 2001), p.106.

[13] Ted Humphrey, "Translator's Introduction," Immanuel Kant, *Perpetual Peace and Other Essays on Politics, History, and Morals*, Ted Humphrey trans.(Indianaspolis and Cambridge: Hackett Publishing Company, 1983), pp.1~2.

[14] Kant, *Perpetual Peace and Other Essays on Politics, History, and Morals*, p.118.

[15] 칸트에 대한 긍정적 평가를 둘러싼 좀 더 자세한 논의는 다음을 참조. Robert Fine and Robin Cohen, "Four Cosmopolitanism Moments," Steven Vertovec and Robin Cohen eds., *Conceiving Cosmopolitanism: Theory, Context, and Practice*(Oxford: Oxford University Press, 2002), p.144.

[16] 다음을 참조. Walter Mignolo, "The Many Faces of Cosmo-polis: Border Thinking and Critical Cosmopolitanism," *Public Culture*, Vol.11, No.3(Fall 2000), pp.721~748.

[17] Emmanuel Chukwudi Eze ed., *Race and the Enlightenment: A Reader*(Malden, MA: Blackwell, 1997).

[18] Immanuel Kant, "Of the different races of human beings," *Anthropology, History, and Education*, Günter Zöller and Robert B. Louden eds., Mary Gregor et al. trans.(Cambridge: Cambridge University Press, 2007), p.95.

[19] Immanuel Kant, "On the feeling of the beautiful and sublime," *Anthropology, History, and Education*, pp.55~56.

[20] Immanuel Kant, "Physical Geography," Emmanuel Chukwudi Eze ed., *Race and the Enlightenment*, p.63.

[21] Ibid., p.62.

[22] Immanuel Kant, "Kant's Review of Herder's Ideas on the Philosophy of the History of Mankind, Part Two(1785)," Emmanuel Chukwudi Eze ed., *Race and the Enlightenment*,

pp.65~70.

[23] George Tatham, "Environmentalism and Possibilism," Griffith Taylor ed., *Geography in the Twentieth Century*, 3rd edition(London: Methuen, 1957), pp.130~131을 J. A. May, *Kant's Concept of Geography and its Relation to Recent Geographical Thought*(Toronto: University of Toronto Press, 1970), p.68에서 재인용.

[24] Erich Adickes, *Kant als Naturforscher*, Vol.II(Berlin: W. de Gruyter, 1925), p.380을 May, *Kant's Concept of Geography and its Relation to Recent Geographical Thought*, p.68에서 재인용.

[25] May, *Kant's Concept of Geography and its Relation to Recent Geographical Thought*, pp.3~4.

[26] Kant, "Of the different races of human beings," *Anthropology, History, and Education*, p.97.

[27] Friedrich Paulsen, *Immanuel Kant: His Life and Doctrine*, second edition, J. E. Creighton and Albert Lefebvre trans.(1902; New York: Frederick Ungar, 1963), p.60을 May, *Kant's Concept of Geography and its Relation to Recent Geographical Thought*, p.5에서 재인용.

[28] Immanuel Kant, "Physical Geography(1802)," Eric Watkins ed., *Kant: Natural Science*, the Cambridge Edition of the Works of Immanuel Kant(Cambridge, UK: Cambridge University Press, 2012). 칸트의 자연 지리학에 관한 상세한 정보는 다음을 참고하라. Stuart Elden and Eduardo Mendieta eds., *Reading Kant's Geography*(Albany, NY: State University of New York Press, 2011), p.2.

[29] 다음을 참조. Eze, *Race and the Enlightenment*, p.3; Howard Caygill, *A Kant Dictionary*(Oxford: Blackwell Publishers, 1994).

[30] 다음을 참조. Granham Bird ed., *A Companion to Kant*(Oxford: Blackwell, 2006); Paul Guyer ed., *The Cambridge Companion to Kant and Modern Philosophy*(Cambridge, UK: Cambridge University Press, 2006).

[31] Steven Vertovec and Robin Cohen eds., *Conceiving Cosmopolitanism: Theory, Context, and Practice*(Oxford: Oxford University Press, 2002), p.140.

6장

01 Jacques Derrida, "Avowing—The Impossible: 'Returns', Repentance, and Reconciliation," Elisabeth Weber ed., *Living Together: Jacques Derrida's Communities of Violence and Peace*(New York: Fordham University Press, 2013), p.38.

02 United States Holocaust Memorial Museum, "The Holocaust," *Holocaust Encyclopedia*, http://www.ushmm.org/wlc/en/?ModuleId=10005143.

03 United States Holocaust Memorial Museum. "Persecution of Homosexuals in the Third Reich." *Holocaust Encyclopedia*, http://www.ushmm.org/wlc/en/?ModuleId=10005143.

04 Dan Stone, "Rafael Lemkin on the Holocaust," *Journal of Genocide Research*, Vol.7, No.4(2005.12), p.539.

05 Lemkin Raphaël, *Axis Rule in Occupied Europe: Laws of Occupation, Analysis of Government, Proposals for Redress*(Washington, DC: Carnegie Endowment for International Peace, 1944), pp.xi – xii을 Dan Stone, "Rafael Lemkin on the Holocaust," *Journal of Genocide Research*, Vol.7, No.4(2005.12), p.540에서 재인용.

06 Ibid.

07 Emmanuel Levinas, *Totality and Infinity: An Essay on Exteriority*, Alphonso Lingis trans. (1961; Pittsburgh, PA : Duquesne University Press, 1969), p.43.

08 Henry T. King, Jr, "Genocide and Nuremberg," Ralph Henham and Paul Behrens eds., *The Criminal Law of Genocide: International, Comparative and Contextual Aspects*(Burlington, VT: Ashgate, 2007), p.30에서 재인용.

09 Michael R. Marrus, *The Nuremberg War Crimes Trial 1945–46: A Documentary History*(Boston: Bedford Books, 1997), p.185.

10 "Charter of the International Military Tribunal, August 8, 1945"을 Michael R. Marrus, *The Nuremberg War Crimes Trial 1945–46: A Documentary History*(Boston: Bedford Books, 1997), p.52에서 재인용. 한글 번역문은 다음을 참조할 것. http://www.ushmm.org/outreach/ko/article.php?ModuleId=10007722

11 다음을 참조. Marrus, *The Nuremberg War Crimes Trial 1945–46*, p.185.

12 〈세계인권선언〉의 전문은 다음을 참고하라. http://www.ohchr.org/EN/UDHR/Pages/Language.aspx?LangID=kkn

[13] Hannah Arendt, *The Origins of Totalitarianism*(1951; New York: Schocken Books, 2004), p.379.

[14] Jacques Derrida, *On Cosmopolitanism and Forgiveness*, Mark Dooley and Michael Hughes trans.(London and New York: Routeledge, 2001), p.9. 이 책은 데리다 사상의 정치적 · 윤리적 측면을 잘 드러낸다. '코즈모폴리터니즘'에 대한 강연은 1996년 '작가들의 국제의회(International Parliament of Writers)'에서 행한 연설이며, 특히 난민들의 문제를 중점적으로 다루었고, '용서'에 대한 강연은 남아프리카에서 행한 것이다.

[15] Mark W. Clark, "A Prophet without Honour: Karl Jaspers in Germany, 1945–48," *Journal of Contemporary History*, Vol.37, No.2(2002.4), p.204.

[16] Karl Jaspers, *The Question of German Guilt*, E. B. Ashton trans.(1945; New York: Capricorn Books, 1961), p.61.

[17] Ibid., p.63.

[18] Ibid., pp.71~72.

[19] Emmanuel Levinas, *Otherwise than Being or Beyond Essence*, Alphonso Lingis trans.(1974; Pittsburgh: Duquesne University Press, 1998) 참조[엠마누엘 레비나스, 《존재와 다르게: 본질의 저편》, 김연숙 · 박한표 옮김(인간사랑, 2010)].

7장

[01] Immanuel Kant, "To Perpetual Peace: A Philosophical Sketch," *Perpetual Peace and Other Essays on Politics, History, and Morals*, Ted Humphrey trans.(Indianapolis and Cambridge: Hackett Publishing Company, 1983), p.118.

[02] Emmanuel Levinas, *Totality and Infinity: An Essay on Exteriority*, Alphonso Lingis trans. (1961; Pittsburgh, PA : Duquesne University Press, 1969), p.300.

[03] Ibid., pp.197~198.

[04] Kant, "To Perpetual Peace," pp.118~119.

[05] Jean-Luc Nancy, *Being Singular Plural*(Stanford, CA: Stanford University Press, 2000), p.4.

[06] Simon Critchley and Richard Kearney, "Introduction," Jacques Derrida, *On Cosmopolitanism and Forgiveness*, Mark Dooley and Michael Hughes trans.(London and New York: Routledge,

2001), p.x.

[07] *L'impossible citoyen: L'étranger dans le discours de la révolution française*(Paris: Albin Michel, 1997), p.23을 Mireille Rosello, *Postcolonial Hospitality: The Immigrant as Guest*(Stanford, CA: Stanford University Press, 2001), p.4에서 재인용.

[08] Levinas, *Totality and Infinity*, p.300.

[09] 좀 더 자세한 내용은 다음을 참조하라. Mireille Rosello, *Postcolonial Hospitality: The Immigrant as Guest*(Stanford, CA: Stanford University Press, 2001), pp.2~3.

[10] Rene Backmann, "Ce que ni la gauche ni la droite n'ont voulu dire. Immigration: La grande hypocrisie," *Nouvel Observateur*, Vol.1685(1997.2.20), p.44 참조. 이 자료는 Rosello, *Postcolonial Hospitality*, p.36에서 재인용.

[11] Rosello, *Postcolonial Hospitality*, p.39.

[12] Jacques Derrida, *Aporias*, Thosmas Dutoit trans.(Stanford, CA: Stanford University Press, 1993), p.34.

[13] Jacques Derrida, "Hostipitality," *Acts of Religion*, Gil Anidjar ed.(New York: Routledge, 2002), p.360.

[14] Ibid., p.364.

[15] Jacques Derrida, "Il n'y a pas de culture ni de lien social sans un principe d'hospitalité," *Le Monde*(1997.12.2)을 Michael Nass, "'Alors, qui êtes−vous?' Jacques Derrida and the Question of Hospitality," *SubStance*, Vol.34. No.1, issue 106(2005), pp.8~9에서 재인용.

[16] Jacques Derrida, "Composing 'Circumfession,'" *Augustine and Postmodernism: Confessions and Circumfession*, John D. Caputo and Michael J. Scanlon eds.(Bloomington and Indianapolis: Indiana University Press, 2005), p.23.

[17] 다음을 참조. Jacques Derrida, "Foreigner Question: Coming from Abroad/ from the Foreigner," *Of Hospitality*(Stanford, CA: Stanford University Press, 2000).

[18] UNHCR, "Refugee Statistics"(https://www.unhcr.ca/in−canada/refugee−statistics).

[19] Jean−Luc Nancy, *Being Singular Plural*, Robert D. Richardson and Anne E. O'Byrne trans. (1996; Stanford, CA: Stanford University Press, 2000), p.xiii.

[20] Levinas, *Totality and Infinity*, p.300.

[21] Ibid., p.202.

[22] Ibid., pp.197~198.

23 Emmanuel Levinas, *Collected Philosophical Papers*, Alphonso Lingis trans.(Pittsburgh: Duquesne University Press, 1998), p.106.

24 Derrida, "Hostipitality," p.365.

25 Jacques Derrida, *Writing and Difference*, Alan Bass trans.(Chicago: The University of Chicago Press, 1978), p.101.

26 Nass, "'Alors, qui êtes-vous?' Jacques Derrida and the Question of Hospitality," p.10.

27 Derrida, *Of Hospitality*, p.77.

28 Emmanuel Levinas, *Otherwise than Being or Beyond Essence*, Alphonso Lingis trans.(1974; Pittsburgh: Duquesne University Press, 1998), p.157.

29 Derrida, "Hostipitality," p.363.

8장

01 마가복음 12:31, *Inclusive New Testament*.

02 로마서 2:11. 한글 성서에는 "하나님께서 외모로 사람을 취하지 아니하심이니라"(KRV)라고 되어 있다. 반면, 두 영어 성서에는 다음과 같이 되어 있다. "God has no partiality" (NRSV), "With God there is no favoritism"(*Inclusive New Testament*).

03 에베소서 2:19. 의미 전달을 위해 이 구절을 다음의 영어 성서(NRSV)로부터 번역했다. "You are no longer foreigners and strangers, but fellow citizens with God's people and also members of his (sic) household."(Ephesians 2:19).

04 Jacques Derrida, *The Gift of Death*, David Willis trans.(1992; Chicago: University of Chicago Press, 1995), pp.2~3.

05 Ibid.

06 Luc Ferry, *A Brief History of Thought: A Philosophical Guide to Living*, Theo Cuffe trans. (New York: Harper Collins Publishers, 2011), pp.5~16.

07 Letha Scanzoni and Virginia Ramey Mollenkott, *Is the Homosexual My Neighbor?: Another Christian View*(New York: Harper & Row, 1978), p.1.

08 이 문서에 대한 좀 더 구체적인 내용은 다음을 참조하라. Heinrich Kramer and James Sprenger, *Malleus Maleficarum: Or The Hammer of Witches*, Montague Summers trans.

(1486. Forgotten Books, 2008). 또한 이 책은 다음 링크에서 다운로드 받을 수 있다. http://www.malleusmaleficarum.org/download

09 머크인게이지(MerckEngage)의 광고(http://www.msnbc.msn.com/id/26315908/#44825241). 지중해식 식단을 소개하는 이 광고를 나는 2012년에 MSNBC 뉴스를 시청하면서 접했다. 그런데 지금은 이 광고를 더 이상 찾을 수 없다.

10 한글 성서는 '율법교사'라고 되어 있고, 영어 성서는 'lawyer' 또는 'an expert on the Law'라고 되어 있다. 나는 '율법교사'라는 낯선 용어 대신 '법률가'라는 용어를 사용한다.

11 누가복음 10:37의 본문은 영어로 다음과 같다. "The answer came, 'one who showed compassion.' Jesus replied, "Then go and do the same." *The Inclusive Bible: The First Egalitarian Translation* by Priests for Equality(Rowman & Littlefield Publishers, 2007), Luke 10:37.

12 St. Augustine, *Confessions*, F. J. Sheed trans.(Indianapolis: Hackett, 1992), X , chap.7.

13 John Caputo, *What Would Jesus Deconstruct?: The Good News of Postmodernism for the Church*(Grand Rapids, MI: Baker Academic, 2007), p.31.

14 Ibid., p.32.

15 에베소서 2:19. 의미 전달을 위해 이 구절을 다음의 영어 성서(NRSV)로부터 번역했다. "You are no longer foreigners and strangers, but fellow citizens with God's people and also members of his (sic) household"(Ephesians 2:19).

16 Emmanuel Levinas, *Otherwise than Being or Beyond Essence*, Alphonso Lingis trans.(1974; Pittsburgh: Duquesne University Press, 1998), p.116.

17 Ibid., p.149.

18 Alain Badiou, *Saint Paul: The Foundation of Universalism*(Stanford: Stanford University Press, 2003), pp.1~2.

19 다메섹 회심 사건은 사도행전 9:1-19에 나온다. 또한 바울의 주체 선언은 고린도전서 15:10에 나온다. 영어 표현인 "By the grace of God, I am what I am"이 "내가 나 된 것은 하나님의 은혜로 된 것"이라는 한국어 표현보다 바울의 주체적 자아 선언을 좀 더 분명하게 드러낸다.

20 Badiou, *Saint Paul*, p.17.

21 Ibid., p.108.

22 Theodore W. Jennings, *Reading Derrida/Thinking Paul: On Justice*(Stanford, CA: Stanford

University Press, 2006), p.7.

[23] Slavoj Zizek, *The Puppet and the Dwarf: The Perverse Core of Christianity*(Cambridge, MA: MIT Press, 2003), p.10.

[24] Giorgio Agamben, *The Time That Remains: A Commentary on the Letter to the Romans*, Patricia Dailey trans.(2000; Stanford, CA: Stanford University Press, 2005), p.1.

[25] Friedrich Nietzsche, *Daybreak: Thoughts on the Prejudices of Morality*, Maudemarie Clark and Brian Leiter eds., R. J. Hollingdale trans.(Cambridge, UK: Cambridge University Press, 1997), p.40.

[26] 갈라디아서 3:28. Elsa Tamez, *The Amnesty of Grace: Justification by Faith from a Latin American Perspective*, Sharon H. Ringe trans.(Nashville, TN: Abingdon Press, 1993), pp.47~48.

[27] Charles Monroe Sheldon, *In His Steps: What Would Jesus Do*(1897. New York: Cosimo Classics, 2010).

[28] 이 책은 다음 사이트들에서 무료로 볼 수 있다. http://www.gutenberg.org/ebooks/4540?msg=welcome_stranger, http://www.kancoll.org/books/sheldon/ 다음 사이트에서는 저자인 셸던 목사가 1935년에 쓴 서언(Forward)도 볼 수 있다. http://www.ssnet.org/bsc/ihs/ihs.html

9장

[01] 마태복음 25:34-40. 한글 성경은 대부분 예수가 반말을 한 것으로 번역되었기에 사용하지 않았고, 영어로 나온 《포괄적 신약성서》를 참고해서 축약해 의역했다. *The Inclusive New Testament*(Brentwood, Maryland: Priests for Equality, 1996).

[02] 로마서 12:1. 한글 개역성서에는 "손 대접하기를 힘쓰라"라고 번역되어 있는데, 이러한 번역은 "extend hospitality to strangers"와 같은 구절이 지닌 '낯선 자'들에 대한 '환대'의 의미를 포괄적으로 담고 있지 못하다. 이 영어 번역은 다음의 성서를 참조하라. *The Inclusive Bible: The First Egalitarian Translation* by Priests for Equality(Rowman & Littlefield Publishers, 2007).

[03] 로마서 15:7. 영어 성서에서는 "Welcome one another"(NRSV)이라고 나온다.

04 누가복음 19:2-10. NRSV(New Revised Standard Version)를 참조.

05 누가복음 19:5,8,9. *Inclusive New Testament*에는 다음과 같이 되어 있다. "Zacchaeus stood his ground and said to Jesus, "Here and now I give half my belongings to poor people. If I've defrauded anyone in the least, I'll pay them back fourfold." Jesus said to the tax collector, "Today salvation has come to this house for this is what it means to be a descendant of Sarah and Abraham." 내가 이 구절의 영어 본문을 모두 소개하는 이유는 다른 성서에는 '아브라함'만 있는데, 이 성서에는 '사라'의 이름이 포함되어 있기 때문이다.

06 Jacques Derrida, "Hostipitality," *Angelaki: Journal of the Theoretical Humanities*, Vol.5, No.3(2000.12), pp.3~18. '호스티피탈리티(hostipitality)'에 관한 좀 더 자세한 내용은 Namsoon Kang, *Cosmopolitan Theology: Reconstituting Planetary Hospitality, Neighbor-Love, and Solidarity in an Uneven World*(St. Louis, MO: Chalice Press, 2013), p.154를 참조하라.

07 Emile Benveniste, *Indo-European Language and Society*, Miami Linguistics Series No.12, Elizabeth Palmer trans.(1969; Coral Gables, Florida: University of Miami Press, 1973), p.75.

08 Jacques Derrida, "Hostipitality," *Acts of Religion*, Gil Anidjar ed.(New York: Routledge, 2002), pp.358~420. 또한 다음을 참조하라. Derrida, "Hostipitality," *Angelaki: Journal of the Theoretical Humanities*, Vol.5. No.3(2000.12), pp.3~18.

09 창세기 19:8. "Look, I have two young daughters who are virgins—take them and do whatever you want with them, but do nothing to these travelers, for they are enjoying the protection of my hospitality." *The Inclusive Bible: The First Egalitarian Translation* by Priests for Equality(New York: A Sheed & Ward Book, 2007).

10 사사기 19:24-26. "My brothers, don't commit such a wrong! He is my guest, and he falls under my protection, so don't commit this vile thing. Look here is my daughter, a virgin—and here is his concubine. I'll bring them out to you. Violate them, do to them whatever is good in your eyes. But to this man don't do such a vile thing … the Levite grabbed his concubine and pushed her outside. They took her away and raped her repeatedly all night long until morning, letting her go only when dawn was beginning." Judges 19:24-26, *The Inclusive Bible*.

11 Giorgio Agamben, *Homo Sacer: Sovereign Power and Bare Life*, Daniel Heller-Roazen trans.(Stanford: Stanford University Press, 1998), p.8.

[12] Stephen D. Moore, "Situating Spivak," *Planetary Loves: Spivak, Postcoloniality, and Theology*, Stephen D. Moore and Mayra Rivera eds.(New York: Fordham University Press, 2011), p.20.

[13] Jacques Derrida, *Points …: Interviews, 1974–1994*, Elisabeth Weber ed., Peggy Kamuf et al. trans.(Stanford, CA: Stanford University Press, 1995), p.389.

[14] Gayatri Chakravorty Spivak, "Can Subaltern Speak?," *Marxism and the Interpretation of Culture*, Cary Nelson and Lawrence Grossberg eds.(Urbana and Chicago: University of Illinois Press, 1988), p.104.

[15] Gayatri Chakravorty Spivak, *The Postcolonial Critic: Interviews, Strategies, Dialogues*, Sarah Harasym ed.(New York & London: Routledge, 1990), p.158.

10장

[01] 마태복음 22:39; 마태복음 5:44, *Inclusive New Testament*.

[02] John D. Caputo, *On Religion: Thinking in Action*(New York: Routledge, 2001), p.1. 원문은 다음과 같다. "Religion is for lovers."

[03] 요한일서 4:16. "God is love, and those who abide in love abide in God, and God in them," *Inclusive New Testament*.

[04] St. Augustine, *Confessions*, F. J. Sheed trans.(Indianapolis: Hackett, 1992), X, chap.7. 영어로는 "What do I love, when I love my God (quid ergo amo, cum Deum [meum] amo)?"이라고 되어 있다.

[05] John D. Caputo, *On Religion*, p.1.

[06] 출애굽기 20:17. 십계명 전체는 출애굽기 20:1–17 참조.

[07] 이 문제에 대한 좀 더 자세한 논의는 강남순, 〈제13장 기독교의 남성중심주의: 〈십계명〉을 중심으로〉, 《21세기 페미니스트 신학: 주제와 과제》(도서출판 동녘, 2018)을 참조하라.

[08] Hannah Arendt, *Love and Saint Augustine*(1929; Chicago: Chicago University Press, 1996), p.96.

[09] 아렌트의 네이털리티 개념에 대한 좀 더 상세한 철학적 논의는 Patricia Bowen-Moore, *Hannah Arendt's Philosophy of Natality*(New York: St. Martin's Press, 1989)을 참조하라.

[10] Hannah Arendt, *The Human Condition*(Chicago: University of Chicago Press, 1958), p.247.

[11] Ibid., p.9

[12] 다음을 참조. Ibid., p.8.

[13] Franz Rosenzweig, *The Star of Redemption*, Barbara E. Galli trans.(Madison: University of Wisconsin, 2005), p.231.

[14] Michel Foucault, *History of Sexuality: An Introduction*(New York: Vintage Books, 1990), p.136.

[15] Michel Foucault, *"Society Must be Defended"* : Lectures at the College de France, 1975–76, David Macey trans.(1997; New York: Picador, 2003), p.36.

[16] Foucault, *History of Sexuality: An Introduction*, pp.141,138.

[17] Levi Primo, *Survival in Auschwitz: The Nazi Assault on Humanity*, Stuart Woolf trans. (1958; New York: Simon and Schuster, 1996), pp.87,90.

[18] Ibid., p.90.

[19] Giorgio Agamben, *Homo Sacer: Sovereign Power and Bare Life*, Daniel Heller-Roazen trans.(Stanford: Stanford University Press, 1998), p.8.

[20] Ibid., p.9.

[21] Ibid., p.181.

[22] Ibid., p.1.

[23] Ibid., p.174

[24] Ibid., p.122, 그리고 Peter Fitzpatrick, "These Mad Abandon's Times," *Economy and Society*, Vol.30, No.2(2001.5), pp.255~270을 참조하라.

[25] Agamben, *Homo Sacer*, p.9.

[26] Hannah Arendt, *The Origins of Totalitarianism*, Introduction by Samantha Power(1951; New York: Schocken Books, 2004), p.365. 아렌트는 '국가 없는 이들(the Heimatlosen)'이 국제적 기구들에서 관심 밖에 놓이곤 한다고 지적한다.

[27] Willem Schinkel, "Illegal Aliens and the State, or: Bare Bodies vs the Zombie," *International Sociology*, Vol.24. No.6(2009.11), pp.779~806.

[28] Rosenzweig, *The Star of Redemption*, p.230.

[29] Ibid., p.234.

[30] Arendt, *The Human Condition*, pp.103~104.

31 Emmanuel Levinas, *Otherwise than Being or Beyond Essence*, Alphonso Lingis trans.(1981; Pittsburgh, PA: Duquesne University Press, 1998), p.99에서 파울 첼란(Paul Celan)의 문장을 재인용. 원문은 다음과 같다. "Ich bin du, wenn ich ich bin [I am you, when I am I]."

32 Gayatri Chakravorty Spivak, *A Critique of Postcolonial Reason: Toward a History of the Vanishing Present*(Cambridge, MA: Harvard University Press, 1999), p.383.

11장

01 요한일서 4:7-8, *Inclusive New Testament*. 원문은 다음과 같다. "Beloved, let us love one another because love is of God(4:7) ⋯ Those who do not love have known nothing of God, for God is love(4:8)."

02 Luce Irigaray, *Key Writings*(London: Continuum, 2004), p.172.

03 좀 더 자세한 논의는 다음을 참고하라. Richard Dawkins, *The God Delusion*(2006; New York: Mariner Books, 2008).

04 Tomoko Masuzawa, *The Invention of World Religions: Or, How European Universalism Was Preserved in the Language of Plurlaism*(Chicago: The University of Chicago Press, 2005).

05 예를 들어 다음과 같은 책들은 이러한 '발명' 개념을 차용해서 '자연적인 것'으로 간주되는 인종적 범주들이 어떻게 사실상 매우 인위적인 서구 백인중심주의적 산물이 되는지를 비판적으로 분석한다. Nicolas Bancel, Thomas David and Dominic Thomas eds., *The Invention of Race: Scientific and Popular Representations*(New York: Routledge, 2014); Theodoes W. Allen, *The Inventiaon of the White Race*(London: Verso, 2012).

06 Daniel L. Pals, *Nine Theories of Religion*, 3rd Edition(New York: Oxford University Press, 2014).

07 James H. Leuba, *A Psychological Study of Religion: Its Origin, Function, and Future*(New York: Macmillan, 1912).

08 Brent Nongbri, *Before Religion: A History of a Modern Concept*(New Haven, CT: Yale University Press, 2013), p.1.

09 Ibid., p.2.

[10] Mary Daly, *Beyond God the Father: Toward a Philosophy of Women's Liberation*(1973; Boston: Beacon, 1985), p.xvii.

[11] Wilfred Cantwell Smith, *The Meaning and End of Religion: A New Approach to the Religious Traditions of Mankind*(1963; Minneapolis, MN: Fortress, 1991), p.51.

[12] 이러한 일련의 신 죽음의 신학에 대한 논의들은 Gabriel Vahanian, *The Death of God: The Culture of Our Post-Christian Era*(New York: Braziller, 1961); Richard Rubenstein, *After Auschwitz: Essays in Contemporary Judaism*(New York: Macmillan, 1966); John Robinson, *Honest to God*(Philadelphia: Westminster Knox, 1972); Harvey Cox, *The Secular City: Secularism and Urbanization in Theological Perspective*(New York: Macmillan, 1966); Thomas J. J. Altizer, *The Gospel of Christian Atheism*(Philadelphia: Westminster, 1966); Thomas J. J. Altizer and William Hamilton, *Radical Theology and the Death of God* (Bobbs-Merrill Company, 1966)을 참고하라.

[13] John D. Caputo and Gianni Vattimo. *After the Death of God*, Jeffrey W. Robbinsons ed.(New York: Columbia University Press, 2007), p.10.

[14] Meister Eckhart, *Meister Eckhart: The Essential Sermons, Commentaries, Treatises and Defense*, Edmund Colledge and Bernard McGinn trans.(New York: Paulist Press, 1981).

[15] 부정신학에 대한 좀 더 구체적인 이해를 위해서는 다음의 자료들을 참조하라. Jacques Derrida, "How to Avoid Speaking: Denials," *Languages of the Unsayable: The Play of Negativity in Literature and Literary Theory*, Sanford Budick and Wolfgang Iser eds.(New York: Columbia University Press, 1989); Harold Coward and Toby Fosbay eds., *Derrida and Negative Theology*(New York: SUNY, 1992); Arthur Bradley, *Negative Theology and Modern French Philosophy. Routledge Studies in Religion*(New York: Routledge, 2004).

[16] Augustine, *St. Augustine's Confessions: or, Praises of God*, Richard Challoner, Bishop of Debratrans trans., Eighteenth Century Collections Online(Dublin: E. Bate, 1746), Book X, Chapter VII, p.342.

[17] John Caputo, *On Religion: Thinking in Action*(New York: Routledge, 2001), p.133.

[18] Ibid., p.133.

[19] Ibid., p.1.

[20] Ibid., p.2.

[21] Jacques Derrida, "Avowing—The Impossible: 'Returns', Repentance, and Reconciliation,"

Elisabeth Weber ed., *Living Together: Jacques Derrida's Communities of Violence and Peace*(New York: Fordham University Press, 2013), p.20.

22 Ibid.

23 Ibid., p.26.

24 Ibid., p.24.

25 United Nations Development Programme, *Sustainability and Equity: A Better Future for All*, Human Development Report 2011(New York: Palgrave Macmillan, 2011), pp.127~130.

26 Ibid., pp.162~165.

27 United Nations Development Programme, *The Real Wealth of Nations: Pathways to Human Development*, Human Development Report 2010, 20th Anniversary Edition(New York: Palgrave Macmillan, 2010), p.8.

28 Charles Beitz, "Does Global Inequality Matter?," *Global Justice*, Thomas W. Pogge ed.(Oxford: Blackwell, 2001), p.106.

29 Jacques Derrida, *The Gift of Death*, David Willis trans.(1992; Chicago: University of Chicago Press, 1995), p.2.

참고문헌

Ackerman, Bruce. "Rooted Cosmopolitanism." *Ethics*, Vol.104, No.3(April). 1994. pp.516~535.

Agamben, Giorgio. *Homo Sacer: Sovereign Power and Bare Life*. Daniel Heller–Roazen trans. Stanford: Stanford University Press. 1998.

_____. *Remnants of Auschwitz: The Witness and the Archive*. Daniel Heller–Roazen trans. New York: Zone Books. 1999.

_____. *Potentialities*. Daniel Heller–Roazen trans. Stanford: Stanford University Press, 1999.

_____. *The Coming Community*. Michael Hardt trans. 1990; Minneapolis, MN: University of Minnesota Press. 1993.

Akcan, Esra. "Toward a Cosmopolitan Ethics in Architecture: Bruno Taut's Translations out of Germany." *New German Critique*, No.99, Modernism after Postmodernity(Fall). 2006. pp.7~39.

Alexander, M. Jacqui and Chandra Talpade Mohanty eds. *Feminist Genealogies. Colonial Legacies, Democratic Futures*. New York: Routledge. 1997.

Amour, Ellen T. *Deconstruction, Feminist Theology, and the Problem of Difference: Subverting the Race/Gender Divide*. University of Chicago Press. 1999.

Anderson, Benedict. *Imagined Communities: Reflections on the Origin and Spread of*

Nationalism. New York: Verso. 1983.

Anderson-Gold, Sharon. *Cosmopolitanism and Human Rights*. Cardiff: University of Wales Press. 2001.

Appiah, Kwame Anthony. *Cosmopolitanism: Ethics in a World of Strangers*. New York: W. W. Norton & Company. 2006.

_____. "Rooted Cosmopolitanism." *The Ethics of Identity*. Princeton: Princeton University Press. 2005.

_____. *In My Father's House: Africa in the Philosophy of Culture*. Oxford University Press. 1992.

Aquino, Maria Pilar and Roberto S. Goizueta eds. *Theology: Expanding the Borders*. The Annual Publication of the College Theology Society, Vol.43. Mtstic, CT: Twenty-Third Publications. 1998.

Arendt, Hannah. *The Origins of Totalitarianism*. 1951; New York: Schocken Books. 2004.

_____. *The Human Condition*. 1958; Chicago: University of Chicago Press. 1998.

_____. *On Revolution*. 1963; London: Penguin Books. 1990.

_____. *Eichmann in Jerusalem: A Report on the Banality of Evil*, revised and enlarged edition. 1963; New York: Penguin Books. 1994.

_____. *Lectures on Kant's Political Philosophy*. Ronald Briner ed. 1982; Chicago: Chicago University Press, 1992.

Arendt, Hannah and Karl Jaspers. *Hannah Arendt and Karl Jaspers Correspondence 1926–1969*. Robert and Rita Kimber trans. 1985; New York: A Harvest Book. 1992.

_____. *Love and Saint Augustine*. Joanna Vecchiarelli Scott and Judith Chelius Stark eds. Chicago and London: University of Chicago Press. 1996.

_____. *Eichmann in Jerusalem: A Report on the Banality of Evil*. Revised and Enlarged Edition. 1963; New York: Penguin Books. 1977.

Audinet, Jacques. *The Human Face of Globalization: From Multicultural to Mestizaje*. Rowman & Littlefield. 2004.

Augustine. *St. Augustine's Confessions: or, Praises of God*. Richard Challoner, Bishop of Debra trans. Eighteenth Century Collections Online. Dublin: E. Bate. 1746.

Badiou, Alain. *Saint Paul: The Foundation of Universalism*. Stanford: Stanford University

Press. 2003.

Baker–Fletcher, Karen, and Garth Kasimu Baker–Flecher. *My Sister, My Brother: Womanist and Xodus God–Talk.* Maryknoll, NY: Orbis. 1997.

Banchoff, Thomas ed. *Religious Pluralism: Globalization, and World Politics.* Oxford: Oxford University Press, 2008.

Barthes, Roland. "The Death of the Author." *Image, Music, Text.* Stephen Heath trans. New York: Hill and Wang. 1977.

Baudrillard, Jean. "Viral Hospitality." *The Transparency of Evil: Essays on Extreme Phenomena.* James Benedict trans. London & New York: Verso. 1993.

Beck, Ulrich. *Cosmopolitan Vision.* trans. Ciaran Cronin. 2004; Cambridge, UK and Malden, MA: Polity Press. 2006.

_____. "The Cosmopolitan Perspective: Sociology of the Second Age of Modernity." *British Journal of Sociology*, Vol.51, No.1(January/March). 2000. pp.79~105.

Beitz, Charles R. "Does Global Inequality Matter?" Thomas Pogge ed. *Global Justice.* Oxford: Blackwell Publisher. 2001.

Benhabib, Seyla. *Another Cosmopolitanism.* With Jeremy Waldron, Bonnie Honig and Will Kymlicka. The Berkeley Tanner Lectures. Robert Post ed. Oxford: Oxford University Press. 2006.

_____. *The Rights of Others: Aliens, Residents and Citizens.* Cambridge: Cambridge University Press. 2004.

_____. *The Claims of Culture: Equality and Diversity in the Global Era.* Princeton: Princeton University Press. 2002.

Bennington, Geoffrey and Jacques Derrida. *Jacques Derrida.* Geoffrey Bennington trans. Chicago: University of Chicago Press. 1993.

Bernstein, Richard. "Serious Play: The Ethical–Political Horizon of Jacques Derrida." *The Journal of Speculative Philosophy*, Vol.1. 1987. pp.93~116.

Bhabha, Homi. "The Vernacular Cosmopolitanism." In *Voices of the Crossing: The Impact of Britain on Writers from Asia, the Caribbean and Africa.* Ferdinand Dennis and Naseem Khan eds. London: Serpent's Tail. 2000.

_____. "Unsatisfied: Notes on Vernacular Cosmopolitanism." *Postcolonial Discourses: An*

Anthology. Gregory Castle ed. Oxford and Malden, MA: Blackwell. 2001.

Blanchot, Maurice. *The Infinite Conversation*. Susan Hanson trans. Minneapolis: University of Minnesota Press. 1993.

Blanchot, Maurice. *The Unavowable Community*. Pierre Joris trans. Barrytown, NY: Station Hill. 1988.

Bohman, James and Matthias Lutz−Bachmann eds. *Perpetual Peace: Essays on Kant's Cosmopolitan Ideal*. Cambridge, MA: The MIT Press. 1997.

Bolton, Linda. *Facing the Other: Ethical Disruption and the American Mind*. Baton Rouge, LA: Louisiana State University Press. 2004.

Bongie, Chris. *Islands and Exiles: The Creole Identities of Post/colonial Literature*. Stanford: Stanford University Press. 1998.

Borradori, Giovanna. *Philosophy in a Time of Terror: Dialogues with Jürgen Habermas and Jacque Derrida*. Chicago: The University of Chicago Press. 2003.

Bove, Paul A. ed. *Edward Said and the Work of the Critic: Speaking Truth to Power*. Durham and London: Duke University Press. 2000.

Bowen−Moore, Patricia. *Hannah Arendt's Philosophy of Natality*. New York: St. Martin's Press. 1989.

Branham, R. Bracht and Marie−Odile Goulet−Caze eds. *The Cynics: The Cynic Movement in Antiquity and Its Legacy*. Berkeley: University of California Press. 1996.

Brennan, Tim. "Cosmopolitans and Celebrities." *Race & Class*, Vol.31, No.1. 1989. pp.1~19.

_____. "Rushdie, Islam, and Postcolonial Criticism." *Social Text*, No.31/32(Third World and Post−Colonial Issues). 1992. pp.271~276.

Brock, Gillian and Harry Brighouse eds. *The Political Philosophy of Cosmopolitanism*. Cambridge: Cambridge University Press. 2005.

Brown, Garrett Wallace and David Held eds. *The Cosmopolitanism Reader*. Malden, MA: Polity Press. 2011.

Burggraeve, Roger ed. *The Awakening to the Other: A Provocative Dialogue with Emmanuel Levinas*. Leuven−Dudley, MA: Peeters. 2008.

Butler, Judith. *Gender Trouble: Feminism and the Subversion of Identity*. New York: Routledge. 1990.

Butler, Judith and Joan W. Scott eds. *Feminists Theorize the Political.* New York: Routledge. 1992.

Caputo, John D. *The Prayers and Tears of Jacques Derrida: Religion without Religion.* Bloomington: Indiana University Press. 1997.

____. *What Would Jesus Deconstruct?: The Good News of Postmodernism for the Church.* Grand Rapids, MI: Baker Academic. 2007.

____. *The Weakness of God: A Theology of the Event.* Bloomington, IN: Indiana University Press. 2006.

____. *On Religion: Thinking in Action.* New York: Routledge. 2001.

____. Edited with a Commentary. *Deconstruction in a Nutshell: A Conversation with Jacques Derrida.* New York: Fordham Uni. Press. 1997.

Caputo, John D. and Gianni Vattimo. *After the Death of God.* Jeffrey W. Robbinsons ed. New York: Columbia University Press. 2007.

Caputo, John D. and Michael J. Scanlon eds. *Augustine and Postmodernism: Confessions and Circumfession.* Bloomington and Indianapolis: Indiana University Press. 2005.

____. *God, the Gift and Postmodernism.* Bloomington and Indianapolis: Indiana University Press. 1999.

Caputo, John, Mark Dooley and Michael Scanlon eds. *Questioning God.* Bloomington and Indianapolis: Indiana University Press. 2001.

Castles, Stephen and Alistair Davidson. *Citizenship and Migration: Globalization and the Politics of Belonging.* New York: Macmillan. 2000.

Chakrabarty, Dipesh. *Provincializing Europe: Postcolonial Thought and Historical Difference.* Princeton: Princeton University Press. 2000.

Cheah, Pheng. *Inhuman Conditions: On Cosmopolitanism and Human Rights.* Cambridge, MA and London, England: Harvard University Press. 2006.

Cheah, Pheng and Bruce Robbins eds. *Cosmopolitics: Thinking and Feeling Beyond Nation.* Minneapolis: University of Minnesota Press. 1998.

Ching, Leo. "Globalizing the Regional, Regionalizing the Global: Mass Culture and Asianism in the Age of Late Capital." *Public Culture*, Vol.12(Winter). 2000. pp.233~257.

Christiansen, Flemming and Ulf Hedetoft eds. *The Politics of Multiple Belonging: Ethnicity and Nationalism in Europe and East Asia.* Research in Migration and Ethnic Relations Series. Burlington, VT: Ashgate Publishing. 2004.

Chopp, Rebecca S. and Sheila Greeve Davaney eds. *Horizons in Feminist Theology: Identity, Tradition, and Norms.* Minneapolis: Fortress Press. 1997.

Chow, Rey. *Writing Diaspora: Tactics of Intervention in Contemporary Cultural Studies.* Bloomington and Indianapolis: Indiana University Press. 1993.

_____. "Postmodern Automatons." *Feminists Theorize the Political.* Judith Butler and Joan W. Scott eds. New York: Routledge. 1992

Clark, Mark W. "A Prophet without Honour: Karl Jaspers in Germany, 1945–48." *Journal of Contemporary History,* Vol.37, No.2(April). 2002. pp.197~222.

Clifford, James. "Traveling Cultures." *Cultural Studies.* Lawrence Grossberg, Cary Nelson and Paula Treichler eds. New York: Routledge. 1992.

Cocks, Joan. *Passion and Paradox: Intellectuals Confront the National Question.* Princeton: Princeton University Press. 2002.

Cohen, Ed. "Who are 'We'? Gay Identity as Political (E)motion(A Theoretical Rumination)." *Inside/Out: Lesbian Theories, Gay Theories.* Diana Fuss ed. New York: Routledge. 1991.

Cornell, Drucilla. *The Philosophy of the Limit.* New York: Routledge. 1992.

Critchley, Simon and Robert Bernasconi eds. *The Cambridge Companion to Levinas.* Cambridge, UK: Cambridge University Press. 2002.

Crosby, Christina. "Dealing with Differences." *Feminists Theorize the Political.* Judith Butler and Joan W. Scott eds. New York: Routledge. 1992.

Cunningham, David S. ed. *To Teach, To Delight, and To Move: Theological Education in a Post–Christian World.* Eugene, OR: Cascade Books. 2004.

Cutting–Gray, Joanne. "Hannah Arendt, Feminist, and the Politics of Alterity: What Will We Lose if We Win?" *Hypatia,* Vol.8, No.1(Winter). 1993. pp.35~54.

Daly, Mary. *Beyond God the Father: Toward a Philosophy of Women's Liberation.* 1973; Boston: Beacon. 1985.

Davis, Dawn Rae. "(Love Is) The Ability of Not Knowing: Feminist Experience of the Impossible in Ethical Singularity." *Hypatia,* Vol.17, No.2(Spring). 2002. pp.145161.

De Bary, William Theodore. *Neo–Confucian Orthodoxy and the Learning of the Mind–*

and—Heart. New York: Columbia University Press. 1981.

Dean, Jodi. *Solidarity of Strangers: Feminism after Identity Politics*. Berkeley, CA: University of California Press. 1996.

Derrida, Jacques. *Of Grammatology*. Corrected Edition. Gayatri Chakravorty Spivak trans. 1967; Baltimore: Johns Hopkins University Press. 1997.

_____. *Writing and Difference*. Alan Bass trans. Chicago: The University of Chicago Press. 1978.

_____. *The Margin of Philosophy*. Alan Bass trans. Chicago: University of Chicago Press. 1982.

_____. *The Politics of Friendship*. George Collins trans. 1994; London and New York: Verso. 2005.

_____. *On the Name*. Thomas Dutoit ed. David Wood, John P. Leavey, JR. and Ian McLeod trans. Stanford, CA: Stanford University Press. 1993.

_____. *Monolingualism of the Other; or, The Prosthesis of Origin*. Patrick Mensah trans. 1996; Stanford, CA: Stanford University Press. 1998.

_____. "Circumfession: Fifty—nine Periods and Periphrases." *Jacques Derrida*. Geoffrey Bennington and Jacques Derrida. Chicago: University of Chicago Press. 1993.

_____. *Aporias*. Thosmas Dutoit trans. Stanford, CA: Stanford University Press. 1993.

_____. *The Gift of Death*. David Willis trans. 1992; Chicago: University of Chicago Press. 1995.

_____. *Points ⋯ Interviews, 1974—1994*. Elisabeth Weber ed. Peggy Kamuf et al. trans. Stanford, CA: Stanford University Press. 1995.

_____. *Adieu to Emmanuel Levinas*. Werner Hamacher and David E. Wellbery eds. Stanford, CA: Stanford University Press. 1999.

_____. *On Cosmopolitanism and Forgiveness*. Mark Dooley and Michael Hughes trans. London and New York: Routledge. 2001.

_____. *The Work of Mourning*. Pascale—Anne Brault and Michael Naas eds. Chicago and London: University of Chicago Press. 2001.

_____. *Acts of Religion*. Gil Anidjar ed. New York: Routledge. 2002.

_____. "Deconstruction and the Other." Richard Kearney. *Dialogues with Contemporary Continental Thinkers*. Manchester: University Press. 1984.

_____. "Hostipitality." *Angelaki: Journal of the Theoretical Humanities*, Vol.5, No.3(December). 2000. pp.3~18.

_____. "Avowing—The Impossible: "Returns," Repentance, and Reconciliation." *Living Together: Jacques Derrida's Communities of Violence and Peace*. Elisabeth Weber ed. New York: Fordham University Press. 2013.

Derrida, Jacques and Anne Dufourmantelle. *Of Hospitality*. Stanford: Stanford University Press. 2000.

De Vries, Hent. *Religion and Violence: Philosophical Perspectives from Kant to Derrida*. Baltimore: Johns Hopkins University Press. 2002.

Diogenes Laertius, *Lives of Eminent Philosophers*, Vol. I, II. H. D. Hicks trans. Cambridge, MA: Harvard University Press. 1925.

Driver, Tom. "The Case for Pluralism." *The Myth of Christian Uniqueness: Toward a Pluralistic Theology of Religions*. John Hick and Paul Knitter eds. 1987; Maryknoll, NY: Orbis. 1989.

duCille, Ann. "The Occult of True Black Womanhood: Critical Demeanor and Black Feminist Studies." *Signs: Journal of Women in Culture and Society*, Vol.9, No.3. 1994. pp.591~628.

Dungey, Nicholas. "(Re)Turning Derrida to Heidegger: Being–With–Other as Primordial Politics." *Polity*, Vol.32, No.3(Spring). 2001. pp.455~477.

Dupius, Jacques. *Toward a Christian Theology of Religious Pluralism*. Maryknoll, NY: Orbis. 2004.

Durkheim, Emile. *The Division of Labour in Society*. 1893; New York: Free Press. 1997.

Dussel, Enrique. "Eurocentrism and Modernity," *Postmodernism in Latin America*. J. Beverley et al. ed. Durham, NC: Duke University Press. 1995.

Eck, Diana Eck. *A New Religious America: How a "Christian" Country Has Become the World's Most Religiously Diverse Nation*. San Francisco: Harper Collins. 1999.

Eckhart, Meister. *Meister Eckhart: The Essential Sermons, Commentaries, Treatises and Defense*. Edmund Colledge and Bernard McGinn trans. New York: Paulist Press. 1981.

Elden, Stuart and Eduardo Mendieta eds. *Reading Kant's Geography*. Albany, NY: State University of New York Press. 2011.

Ellis, H. Marc. *Ending Auschwiz: The Future of Jewish and Christian Life*. Louisville: Westminster/John Knox Press. 1994.

Epstein, Steven. "Gay Politics, Ethnic Identity: The Limit of Social Constructionism." *Forms of Desire: Sexual Orientation and the Social Constructionist Controversy.* Edward Stein ed. 1990; New York: Routledge. 1992.

Esposito, Roberto. *Bios: Biopolitics and Philosophy.* Minnesota: University of Minnesota Press. 2008.

Eze, Emmanuel Chukwudi ed. *Race and the Enlightenment: A Reader.* Malden, MA: Blackwell. 1997.

____, "The Color of Reason: The Idea of 'Race' in Kant's Anthropology." *Postcolonial African Philosophy: A Critical Reader.* Emmanuel Chukwudi Eze ed. Cambridge, MA: Blackwell. 1997.

Fanon, Frantz. *The Wretched of the Earth.* Preface by Jean-Paul Sartre. Constance Farrington trans. 1961; New York: Grove Weidenfeld. 1963.

____. *Black Skin, White Masks.* Charles Lam Markmann trans. 1952; New York: Grove Press. 1967.

Ferguson, Russell, Martha Gever, Trinh T. Minh-ha and Cornel West eds. *Out There: Marginalization and Contemporary Culture.* New York and Cambridge: The New Museum of Contemporary Art and MIT Press. 1990.

Ferrara, Alessamdro. *Reflective Authenticity: Rethinking the Project of Modernity.* London and New York: Routledge. 1998.

Ferry, Luc. *A Brief History of Thought: A Philosophical Guide to Living.* Theo Cuffe trans. New York: HarperCollins Publishers. 2011.

Fine, Ribert and Ribin Cohen. "Four Cosmopolitan Moments." *Conceiving Cosmopolitanism: Theory, Context and Practice.* Steven Vertovec and Robin Cohen eds. Oxford: Oxford University Press. 2002.

Flax, Jane. "The End of Innocence." *Feminists Theorize the Political.* Judith Butler and Joan W. Scott eds. New York: Routledge. 1992.

Fojas, Camilla. *Cosmopolitanism in the Americas.* West Lafayette, Indiana: Purdue University Press. 2005.

Foucault, Michel. *The Essential Foucault: Selections from Essential Works of Foucault 1954–1984.* Paul Rabinow and Nikolas Rose eds. 1994; New York: The New Press. 2003.

_____. *Language, Counter-Memory, Practice: Selected Essays and Interviews.* 1977; Ithaca, NY: Cornell University Press. 1993.

_____. *The Foucault Reader.* Paul Rabinow ed. New York: Random House. 1984.

_____. *Power/Knowledge: Selected Interviews and Other Writings 1972–1977.* Colin Gordon ed. Colin Gordon, Leo Marshall, John Mepham and Kate Soper trans. New York: Pantheon Books. 1980.

_____. *The Order of Things.* New York: Vintage Books. 1970.

_____. "Of Other Spaces." Michel Foucault. *Diacritics*, Vol.16, No.1(Spring). 1986. pp.22~27.

_____. *History of Sexuality, An Introduction.* New York: Vintage Books. 1990.

_____. *"Society Must be Defended": Lectures at the College de France, 1975–76.* David Macey trans. 1997; New York: Picador. 2003.

Frazer, Nancy. "The French Derrideans: Politicizing Deconstruction or Deconstructing the Political?" *New German Critique*, Vol.33. 1984. pp.127~154.

Friedman, Susan Stanford. *Mappings: Feminism and the Cultural Geographies of Encounter.* Princeton: Princeton University. 1998.

Frum, David. *The Right Man: An Inside Account of the Bush White House.* New York: Random House. 2003.

Fu, Hongchu. "Deconstruction and Taoism: Comparisons Reconsidered." *Comparative Literature Studies*, Vol.29, No.3. 1992. pp.296~321.

Fulkerson, Mary McClintock. *Changing the Subject: Women's Discourses and Feminist Theology.* Minneapolis: Fortress Press. 1994.

_____. "Feminist Theology." *The Cambridge Companion to Postmodern Theology.* Kevin J. Vanhoozer ed. Cambridge, UK: Cambridge University Press. 2003.

Fung, Yu-Lan. *A History of Chinese Philosophy.* Princeton: Princeton University Press. 1952.

Giroux, Henry. *The Giroux Reader.* Colorado: Paradigm Publishers. 2006.

_____. *Border Crossing: Cultural Workers and the Politics of Education.* New York and London: Routeledge. 1992.

Giroux, Henry and Peter McLaren eds. *Between Borders: Pedagogy and the Politics of Cultural Studies.* New York: Routledge. 1994.

Goldberg, David Theo ed. *Multiculturalism: A Critical Reader.* Oxford, UK and Cambridge,

MA: Blackwell. 1994.

Gonzalex-Ruibal, Alfredo. "Vernacular Cosmopolitanism: An Archaeological Critique of Universalistic Readon." *Cosmopolitan Archaeologies*. Lynn Meskell ed. Durham, NC: Duke University Press. 2009.

Gorden, Mordechai ed. *Hannah Arendt and Education: Renewing our Common World*. Boulder, Colorado: Westview Press. 2001.

Gosepath, Stefan. "The Global Scope of Justice." *Global Justice*. Thomas Pogge ed. Oxford: Blackwell Publisher. 2001.

Graham, A. G. *Disputers of the Tao: Philosophical Argument in Ancient China*. Salle, IL: Open Court. 1999.

Gramsci, Antonio. *Selections from the Prison Notebooks*. Quintin Hoare and Geoffrey Nowell Smith eds. and trans. New York: International. 1971.

Grewal, Inderpal and Caren Kaplan eds. *Scattered Hegemonies: Postmodernity and Transnational Feminist Practice*. Minnesota: University of Minnesota Press. 1994.

Grillo, Trina. "Anti-Essentialism and Intersectionality: Tools to Dismantle the Master's House." *Berkeley Women's Law Journal*, Vol.10, No.1. 1995. pp.16~30.

Gueye, Cheikh Mbacke. *Late Stoic Cosmopolitanism: Foundations and Relevance*. Heidelberg: Universitaetsverlag Winter. 2006.

Gutmann, Amy ed. *Multiculturalism: Examining the Politics of Recognition*. Princeton, NJ: Princeton University Press. 1994.

Habermas, Jürgen. *The Inclusion of the Other*. C. Cronin and P. De Greiffm trans. Cambridge, MA: MIT Press. 1998.

Hand, Sean ed. *Facing the Other: The Ethics of Emmanuel Levinas*. Richmond: Curzon Press. 1996.

_____ ed. *The Levinas Reader*. Oxford, UK: Blackwell. 1989.

Hannerz, Ulf. *Cultural Complexity: Studies in the Social Organisation of Meaning*. New York: Columbia University Press. 1992.

_____. "Cosmopolitans and Locals in World Culture." *Theory, Culture & Society*, Vol.7. 1990. pp.237~251.

Haraway, Donna. "Ecce Homo, Ain't (Ar'n't) I a Woman, and Inappropriate/d Others: The

Human in a Post−Humanist Landscape." *Feminists Theorize the Political.* Judith Butler and Joan W. Scott eds. New York: Routledge. 1992

Harink, Douglas ed. *Paul, Philosophy, and the Theopolitical Vision: Critical Engagements with Agamben, Badiou, Zizek and Others.* Eugene, Oregon: Cascade Books. 2010.

Harvey, David. *Cosmopolitanism and the Geographies of Freedom.* New York: Columbia University Press. 2009.

_____. *Spaces of Global Capitalism: Towards a Theory of Uneven Geographical Development.* New York: Verso. 2006.

_____. "Cosmopolitanism and the Banality of Geographical Evils." *Public Culture*, Vol.12, No.2. 2000. pp.529~564.

_____. *Justice, Nature & the Geography of Difference.* Cambridge, MA: Blackwell. 1996.

Heidegger, Martin. *Being and Time.* Joan Stambaugh trans. New York: State University of NY Press. 1996.

_____. *The Basic Problems of Phenomenology.* Albert Hofstadler trans. Bloomington: Indiana University Press. 1988.

_____. *History of the Concept of Time.* Theodore Kisiel trans. Bloomington: Indiana University Press. 1992.

Held, David. *Cosmopolitanism: Ideals and Realities.* Malden, MA: Polity Press. 2010.

_____. "Principles of Cosmopolitan Order." *The Political Philosophy of Cosmopolitanism.* Gillian Brock and Harry Brighouse eds. Cambridge: Cambridge University Press. 2005.

_____. "Cosmopolitanism: Globalisation Tamed?" *Review of International Studies*, Vol.29, No.4(October). 2003. pp.465~480.

Hendrick, Todd. "Race, Difference and Anthropology in Kant's Cosmopolitanism." *Journal of the History of Philosophy*, Vol.46, No.2(April). 2008. pp.245~268.

Heng, Geraldine. "A Great Way to Fly": Nationalism, the State, and the Varieties of Third−World Feminism." *Feminist Genealogies, Colonial Legacies, Democratic Futures.* M. Jacqui Alexander and Chandra Talpade Mohanty eds. New York: Routledge. 1997.

Henham, Ralph and Paul Behrens eds. *The Criminal Law of Genocide: International, Comparative and Contextual Aspects.* Burlington, VT: Ashgate. 2007.

Hick, John. *An Interpretation of Religion: Human Response to the Transcendent.* New

Haven, CT: Yale University Press. 2004.

Hick, John and Paul F. Knitter eds. *The Myth of Christian Uniqueness*: *Toward a Pluralistic Theology of Religions*. Maryknoll, NY: Orbis. 1987.

Hoeffe, Otfried. *Kant's Cosmopolitan Theory of Law and Peace*. Alexandra Newton trans. 1002; Cambridge, UK: Cambridge University Press. 2006.

_____. *Immanuel Kant*. Marshall Farrier trans. 1992; Albany, NY: State University of New York. 1994.

Hollinger, David A. *Postethnic America*: *Beyond Multiculturalism*. New York: Basic Books. 1995.

_____. *Cosmopolitanism and Solidarity*: *Studies in Ethnoracial, Religious, and Professional Affiliation in the United States*. Madison, WI: University of Wisconsin Press. 2006.

hooks, bell. *Teaching to Transgress*. New York: Crossing. 1984.

Hoy, David Couzens. *Critical Resistance*: *From Poststructuralism to Post–Critique*. Cambridge, MA: The MIT Press. 2004.

Hutcheon, Linda, Homi K. Bhabha, Daniel Boyarin and Sabine I. Goelz. "Four Views on Ethnicity." *PMLA*, Vol.113, No.1(Special Topic: Ethnicity). 1998. pp.28~51.

Inwood, Brad and L. P. Gerson trans. *Hellenistic Philosophy*: *Introductory Readings*, Second Edition. Indiana Polis/Cambridge: Hackett Publishing Company. 1988.

Izutsu, Toshihiko. *Sufism and Taoism*: *A Comparative Study of Key Philosophical Concepts*. LA: University of California Press. 1983.

JanMohamed, Abdul R. and David Lloyd eds. *The Nature and Context of Minority Discourse*. New York and Oxford: Oxford University Press. 1990.

Jaspers, Karl. *The Question of German Guilt*. E. B. Ashton trans. 1947; New York: Capricorn Books. 1961.

Jay, Martin. "The Political Existentialism of Hannah Arendt." *Permanent Exiles*. New York: Columbia University Press. 1986.

Jennings, Theodore. *Reading Derrida/Thinking Paul*: *On Justice*. Stanford, CA: Stanford University Press. 2006.

John, Mary E. *Discrepant Dislocations*: *Feminism, Theory, and Postcolonial Histories*. Berkeley: University of California Press. 1996.

Jones, Charles. *Global Justice: Defending Cosmopolitanism*. Oxford: Oxford University Press. 1999.

Kaltenmark, Max. "The Ideology of the T'ai–p'ing ching." *Facets of Taoism: Essays in Chinese Religion*. Holmes Welch and Anna Seidel eds. New Heaven: Yale University Press. 1979.

Kang, Namsoon. *Diasporic Feminist Theology: Asia and Theopolitical Imagination*. Minneapolis, MN: Fortress. 2014.

_____. *Cosmopolitan Theology: Reconstituting Neighbor–Love, Hospitality, and Solidarity in an Uneven World*. St. Louis, MO: Chalice Press. 2013.

_____. "Towards a Cosmopolitan Theology: Constructing Public Theology from the Future." *Planetary Loves: Spivak, Postcoloniality, and Theology*. Stephen D. Moore and Mayra Rivera eds. New York: Fordham University Press. 2010.

_____. "Who/What is Asian: A Postcolonial Theological Reading of Orientalism and Neo–Orientalism." *Postcolonial Theologies: Divinity, Hybridity, and Empire*. Catherine Keller, Michael Nausner and Mayra Rivera eds. St. Louis, MO: Chalice Press. 2004.

Kant, Immanuel. *Perpetual Peace and Other Essays on Politics, History, and Morals*. Ted Humphrey trans. Indianapolis and Cambridge: Hackett Publishing Company. 1983.

_____. *Anthropology from a Pragmatic Point of View*. Victor Lyle Dowdell trans. 1797; Carbondale: Southern Illinois University. 1996.

_____. *Anthropology, History, and Education*. Günter Zöller and Robert B. Louden eds. Mary Gregor et al. trans. Cambridge: University of Cambridge Press. 2007.

_____. *Grounding for the Metaphysics of Morals: On a Supposed Right to Lie because of Philanthropic Concerns*. James W. Ellington trans. Indianapolis and Cambridge: Hackett Publishing. 1993.

Keller, Catherine, Michael Nausner and Mayra Rivera eds. *Postcolonial Theologies: Divinity and Empire*. St. Louis: Chalice Press. 2004.

Khader, Jamil. "Subaltern Cosmopolitanism: Community and Transnational Mobility in Caribbean Postcolonial Feminist Writings." *Feminist Studies*, Vol.29, No.1(Spring). 2003. pp.63~81.

Kierkegaard, Soren. *Works of Love: Some Christian Reflections in the Form of Discourses*. Howard and Edna Hong trans. New York: Harper & Row Publisher. 1964.

King, Henry T. Jr. "Genocide and Nuremberg." In *The Criminal Law of Genocide*: *International, Comparative and Contextual Aspects*. Ralph Henham and Paul Behrens eds. Burlington, VT: Ashgate. 2007.

Kleingeld, Pauline. "Kant's Second Thoughts on Race." *The Philosophical Quarterly*, Vol.57, No.229(October). 2007. pp.573~592.

Kleingeld, Pauline. "Six Varieties of Cosmopolitanism in Late Eighteenth-Century Germany." *Journal of the History of Ideas*, Vol.60, No.3(July). 1999. pp.505~524.

Kristiva, Julia. *Hannah Arendt*: *Life is a Narrative*. Frank Collins trans. Toronto: University of Toronto Press. 2001.

_____. *Strangers to Ourselves*. L. S. Roudiez trans. New York: Columbia University Press. 1991.

Kymlicka, Will ed. *The Rights of Minority Cultures*. Oxford: Oxford University Press. 1995.

Kymlicka, Will. *Multicultural Citizenship*: *A Liberal Theory of Minority Rights*. Oxford: Oxford University Press. 1998.

_____. *Contemporary Political Philosophy*, Second Edition. Oxford, UK: Oxford University Press. 2002.

_____. *Politics in the Vernacular*: *Nationalism, Multiculturalism, Citizenship*. Oxford: Oxford University. 2001.

Kymlicka, Will and Wayne Norman eds. Citizenship in Diverse Societies. Oxford, UK: Oxford University Press. 2000.

Lazreg, Marnia, "Feminism and Difference: The Perils of Writing as a Woman on Women in Algeria." *Feminist Studies*, Vol.14, No.1(Spring). 1988. pp.81~107.

Lee, Kay C. "Confucian Ethics, Judges, and Women: Divorce Under the Revised Korean Family Law." *Pacific Rim Law & Policy Journal*, Vol.4, No.2. 1995. pp.479~503.

Levinas, Emmanuel. *Totality and Infinity*: *An Essay on Exteriority*. Alphonso Lingis trans. 1961; Pittsburgh, PA : Duquesne University Press. 1969.

_____. *Otherwise than Being or Beyond Essence*. Alphonso Lingis trans. 1974; Pittsburgh: Duquesne University Press. 1998[《존재와 다르게: 본질의 저편》. 김연숙·박한표 옮김. 서울: 인간사랑. 2010].

_____. *Entre Nous*: *On Thinking-of-the-Other*. Barbara Harshav and Michael B. Smith trans. New York, NY: Columbia University Press. 2000.

_____. *Difficult Freedom, Essays on Judaism*. Baltimore: The Johns Hopkins University Press. 1990.

_____. *Alterity and Transcendence*. trans. Michael B. Smith. New York: Columbia University Press. 1999.

_____. *Ethics and Infinity: Conversation with Philippe Nemo*. R. A. Cohen trans. Pittsburgh, PA: Duquesne University Press. 1985.

_____. *Collected Philosophical Papers*. Alphonso Lingis trans. Pittsburgh: Duquesne University Press. 1998.

Levi, Primo. *Survival in Auschwitz: The Nazi Assault on Humanity*. Stuart Woolf trans. 1958; New York: Simon & Schuster. 1996.

Llewelyn, John. *Appositions of Jacques Derrida and Emmanuel Levinas*. Bloomington: Indiana University Press. 2002.

Lilla, Mark. "The Politics of Jacques Derrida." *New York Review of Books*, Vol.45(June). 1998. pp.36~42.

Lincoln, Bruce. *Holy Terrors: Thinking about Religion after September 11*. Chicago: University of Chicago Press. 2003.

Long, A. A. "The Concept of the Cosmopolitan in Greek & Roman Thought." *Daedalus*, Summer. 2008. pp.50~58.

_____ ed. *The Cambridge Companion to Early Greek Philosophy*. Cambridge: Cambridge University Press. 1999.

Lyotard, Jean-Francois. *The Postmodern Condition: A Report on Knowledge*. G. Benington and B. Massumi trans. Minneapolis: University of Minnesota Press. 1984.

Mbembe, Achille. *On the Postcolony*. Berkeley and Los Angeles: University of California Press. 2001.

McLaren, Peter. "White Terror and Oppositional Agency: Toward a Critical Multiculturalism." David Theo Goldberg ed. *Multiculturalism: A Critical Reader*. Malden, MA: Blackwell. 1994.

Mannheim, Karl. *Ideology and Utopia: An Introduction to Sociology of Knowledge*. Louis Wirth and Edward Shils trans. 1927; New York: A Harvest/HBJ Book. 1985.

Malcomson, Scott, "The Varieties of Cosmopolitan Experience." *Cosmopolitics: Thinking and*

Feeling Beyond Nation. Cheah Pheng and Bruce Robbins eds. Minneapolis: University of Minnesota Press. 1998.

Marcus Aurelius, *Meditations*. Robin Hard trans. Introduction and Notes by Christopher Gill. London: Wordsworth Classics of World Literature. 1997.

Markus, R. A. *Saeculum: History and Society in the Theology of St. Augustine*. New York: Cambridge University Press. 1970.

Marrus, Michael. *The Nuremberg War Crimes Trial 1945–46: A Documentary History*. Boston: Bedford Books. 1997.

Marty, Martin and R. Scott Appleby eds. *Religion, Ethnicity, and Self–Identity: Nations in Turmoil*. Salzburg Seminar. Hanover and London: University Press of New England. 1997.

May, J. A. *Kant's Concept of Geography and Its Relation to Recent Geographical Thought*. Toronto: University of Toronto Press. 1970.

Mbembe, Achille. "Necropolitics." *Public Culture*, Vol.15(Winter). 2003. pp.11~40.

_____. *On the Postcolony*. Berkeley and Los Angeles: University of California Press. 2001.

McCarthy, Thomas. "The Politics of the Ineffable." *The Philosophic Forum*, Vol.21(Fall–Winter). 1989–1990. pp.146~168.

McKinnon, Catriona. "Cosmopolitan Hope." In *The Political Philosophy of Cosmopolitanism*. Gillian Brock and Harry Brighouse eds. Cambridge: Cambridge University Press. 2005.

McLaren, Peter. "White Terror and Oppositional Agency: Towards a Critical Multiculturalism. David Theo Goldberg ed. *Multiculturalism: A Critical Reader*. Oxford, UL and Cambridge, MA: Blackwell. 1994.

McQuillan, Martin ed. *Deconstruction: A Reader*. Edinburgh: Edinburgh University Press. 2000.

Mead, George Herbert. *Mind, Self, and Society*. Chicago: University of Chicago Press. 1934.

Mignolo, Walter. *Local Histories/Global Designs: Coloniality, Subaltern Knowledge and Border Thinking*. Princeton: Princeton University Press. 2000.

_____. *The Darker Side of the Renaissance: Literacy, Territoriality, and Colonization*, 2nd edition. 1995; Ann Arbor, MI: The University of Michigan Press. 2003.

_____. "The Many Faces of Cosmo–polis: Border Thinking and Critical Cosmopolitanism." *Public Culture*, Vol.11, No.3(Fall). 2000. pp.721~748.

_____. "The Splendors and Miseries of 'Science': Coloniality, Geopolitics of Knowledge and Epistemic Pluriversality." *Cognitive Justice in a Global World.* Boaventura de Sousa Santos ed. Lexington Books. 2007.

_____. "Editor's Introduction." *Poetics Today,* Vol.15, No.4. Loci of Enunciation and Imaginary Construction: The Case of (Latin) America, 1(Winter). 1994. pp.505~521.

Moeller, Hans–Georg. "The 'Exotic' Nietzsche—East and West. *Journal of Nietzsche Studies,* No.28(Autumn). 2004. pp.57~69.

Mohanty, Chandra Talpade. *Feminism Without Border: Decolonizing Theory, Practicing Solidarity.* Durham: Duke University Press. 2003.

_____. "Women Workers and Capitalist Scripts: Ideologies of Dominion, Common Interests, and the Politics of Solidarity." *Feminist Genealogies, Colonial Legacies, Democratic Futures.* M. Jacqui Alexander and Chandra Talpade Mohanty eds. New York: Routledge. 1997.

_____. "On Race and Voice: Challenges for Liberal Education in the 1990s." *Cultural Critique,* No.14(Winter). 1989. pp.179~208.

Mohanty, Chandra Talpade, Ann Russo and Lourdes Torres eds. *Third World Women and the Politics of Feminism.* Bloomington and Indianapolis: Indiana University Press. 1991.

Moles, John. "Cynic Cosmopolitanism." *The Cynics: The Cynic Movement in Antiquity and Its Legacy.* R. Bracht Branham and Marie–Odile Goulet–Caze eds. Berkeley: University of California Press. 1996.

Moltmann, Juergen. *God for a Secular Society.* London: SCM Press. 1999.

Moore, Stephen D. and Mayra Rivera eds. *Planetary Loves: Spivak, Postcoloniality, and Theology.* New York: Fordham University Press. 2011.

Moraga, Cherrie and Gloria Anzaldua eds. *This Bridge Called My Back: Writings by Radical Women of Color.* New York: Kitchen Table/ Women of Color Press. 1983.

Morgan, Michael L. ed. *A Holocaust Reader: Responses to the Nazi Extermination.* Oxford: Oxford University Press. 2001.

Mouffe, Chantal. "Radical Democracy: Modern or Postmodern?" *Universal Abandon?: The Politics of Postmodernism.* A. Ross ed. Minneapolis: University of Minnesota Press. 1988.

_____. "Feminism, Citizenship, and Radical Democratic Politics." *Feminists Theorize the Political.* Judith Butler and Joan W. Scott eds. New York: Routledge. 1992.

Moya, Paula M. "Postmodernism, "Realism," and the Politics of Identity: Cherrie Moraga and Chicana Feminism." *Feminist Genealogies, Colonial Legacies, Democratic Futures*. M. Jacqui Alexander and Chandra Talpade Mohanty eds. New York: Routledge. 1997.

Murray, John C. *Religious Liberty*: *Catholic Struggle with Pluralism*. J. Leon Hooper ed. Louisville, Kentucky: Westminster/John Knox. 1993.

Nancy, Jean-Luc. *Being Singular Plural*. trans. Robert D. Richardson and Anne E. O'Byrne. 1996; Stanford: Stanford University Press. 2000.

_____. *The Inoperative Community*. Peter Connor ed. Peter Connor, Lisa Garbus, Michael Holland and Simona Sawhney trans. Minneapolis, MN: University of Minnesota Press. 1991.

Narayan, Uma. *Dislocating Cultures*: *Identities, Traditions, and Third World Feminism*. New York: Routledge. 1997.

Nass, Michael. "'Alors, qui êtes-vous?' Jacques Derrida and the Question of Hospitality." *SubStance*, Vol.34, No.1(Issue 106). 2005. pp.6~17.

Nicholson, Linda and Steven Seidman eds. *Social Postmodernism*: *Beyond Identity Politics*. Cambridge, UK: Cambridge University Press. 1995.

Nietzsche, Friedrich. *Ecce Homo*. In *Basic Writings of Nietzsche*. Walter Kaufmann trans. and ed. New York: The Modern Library. 1972.

_____. *The Anti-Christ*. Translated and with an Introduction by H. L. Mencken. Tucson, AZ: See Sharp Press. 1999.

_____. "On Love of the Neighbor." *Thus Spoke Zarathustra*: *A Book for None or All*. Walter Kaufmann trans. New York: Penguin. 1966.

Novitz, David. "The Rage for Deconstruction." *The Monist*, Vol.69. 1986. pp.39~55.

Nowicka, Magdalena and Maria Rovisco eds. *Cosmopolitanism in Practice*. Burlington, VT: Ashgate. 2009.

Nussbaum, Martha. *Frontiers of Justice*: *Disability, Nationality, Specific Membership*. The Tanner Lectures on Human Values. Cambridge. 2006; MA: The Belknap Press of Harvard University Press. 2007.

_____. "Beyond the Social Contract: Capabilities and Global Justice." *The Political Philosophy of Cosmopolitanism*. Gillian Brock and Harry Brighouse eds. Cambridge: Cambridge University Press. 2005.

_____. *Women and Human Development: The Capabilities Approach*. Cambridge: Cambridge University Press. 2000.

_____. *Poetic Justice: The Literary Imagination and Public Life*. Boston: Beacon Press. 1995.

_____. *Love's Knowledge: Essays on Philosophy and Literature*. New York and Oxford: Oxford University Press. 1990.

_____. "Kant and Cosmopolitanism." *Perpetual Peace: Essays on Kant's Cosmopolitan Ideal*. James Bohman and Matthias Lutz-Backmann eds. Cambridge, MA: The MIT Press. 1997.

_____. "Patriotism and Cosmopolitanism." Martha C. Nussbaum with Respondents. *For Love of Country: Debating the Limits of Patriotism*. Joshua Cohen ed. Cambridge, MA: Beacon Press. 1996.

_____. "Patriotism and Cosmopolitanism." *Boston Review*, Vol.19, No.5. 1994. pp.3~34.

Nyers, Peter. "Abject Cosmopolitanism: The Politics of Protection in the Anti-Deportation Movement." *Third World Quarterly*, Vol.24, No.6(December). 2003. pp.1069~1093.

Parekh, Bhikhu. *Rethinking Multiculturalism: Cultural Diversity and Political Theory*. Cambridge, MA: Harvard University Press. 2002.

Peperzak, Adriaan T. *Beyond: The Philosophy of Emmanuel Levinas*. Evanston, IL: Northwestern University Press. 1997.

Peperzak, Adriaan T. *To the Other: An Introduction to the Philosophy of Emmanuel Levinas*. West Lafayette, IN: Purdue University Press. 1993.

Pitte, Frederick P. Van De. *Kant as Philosophical Anthropologist*. Hague, Netherlands: Martinus Nijhoff. 1971.

Pogge, Thomas W. *World Poverty and Human Rights: Cosmopolitan Responsibilities and Reforms*. Cambridge, UK: Polity. 2002.

Pogge, Thomas W. ed. *Global Justice*. Oxford: Blackwell Publisher. 2001.

Pollock, Sheldon, Homi K. Bhabha, Carol A. Breckenridge. "Cosmopolitanisms." *Public Culture*, Vol.12, No.3(Fall). 2000. pp.577~590.

Powell, Jason E. *Jacques Derrida: A Biography*. London: Continuum. 2006.

Prodromou, Elizabeth H. "U. S. Foreign Policy and Global Religious Pluralism." *Religious Pluralism: Globalization, and World Politics*. Thomas Babchoff ed. Oxford, UK: Oxford University Press. 2008.

Quaintance, Mary and Rosenfeld Calson eds. *Deconstruction and the Possibility of Justice*. New York: Routledge. 1992.

Rabinow, Paul. "Representations Are Social Facts: Modernity and Post-Modernity in Anthropology." *Writing Culture: The Poetics of Ethnography*. James Clifford and George E. Marcus eds. Berkeley: University of California Press. 1986.

Radhakrishnan, R. *Diasporic Mediations: Between Home and Location*. Minneapolis: University of Minnesota Press. 1996.

____. *Theory in an Uneven World*. Malden, MA: Blackwell Publishing. 2003.

Razack, Sherene. *Looking White People in the Eye: Gender, Race, and Culture in Courtrooms and Classrooms*. Toronto: University of Toronto Press. 1998.

Ricoeur, Paul. *Lectures on Ideology and Utopia*. George H. Taylor ed. New York: Columbia University Press. 1986.

Robertson, Geoffrey. *Crime against Humanity: The Struggle for Global Justice*, 3rd Edition. 1999; New York: New Press. 2007.

Robbins, Bruce. "Introduction Part I: Actually Existing Cosmopolitanism." Pheng Cheah and Bruce Robbins eds. *Cosmopolitics: Thinking and Feeling Beyond Nation*. Minneapolis: University of Minnesota Press. 1998.

Robbins, Bruce, Paulo Lemos Horta and Kwame Anthony Appiah eds. *Cosmopolitanisms*. New York: NYU Press. 2017.

Roof, Clark W. "The Local-Cosmopolitan Orientation and Traditional Religious Commitment." *Sociological Analysis*, Vol.33, No.1(Spring). 1972. pp.1~15.

Rorty, Richard. "Anticlericalism and Atheism." Richard Rorty and Gianni Vattimo. *Future of Religion*. Santiago Zabala ed. New York: Columbia University Press. 2005.

Rosello, Mireille. *Postcolonial Hospitality: The Immigrant as Guest*. Stanford, CA: Stanford University Press. 2001.

Rosen, Stanley. *Hermeneutics as Politics*. New York: Oxford University Press. 1987.

Rosenzweig, Franz. *The Star of Redemption*. William W. Hallo trans. Norte Dame, IN: University of Norte Dame Press. 1985.

Rushdie, Salman. *Imaginary Homelands: Essays and Criticism, 1981-1991*. London: Granta Books. 1991.

Said, Edward W. *Culture and Imperialism*. 1993; New York: Vintage Books. 1994.

_____. *Orientalism*. 1978; New York: Vintage Books. 1994.

_____. *Out of Place: A Memoir*. New York: Knopf. 1999.

_____. *The World, The Text and the Critic*. Cambridge: Harvard University Press. 1984.

Scheffler, Samuel. *Boundaries and Allegiances: Problems of Justice and Responsibility in Liberal Thought*. Oxford: Oxford University Press. 2001.

_____. "Conceptions of Cosmopolitanism." *Utilitas*, Vol.11, No.3(November). 1999. pp.255~276.

_____. "Relationships and Responsibilities." *Philosophy and Public Affairs*, Vol.26, No.3(Summer). 1997. pp.189~209.

Shelby, Tommie and Paul Gilroy. "Cosmopolitanism, Blackness, and Utopia." *Transition*. No.98. 2008. pp.116~135.

Sheldon, Charles Monroe. *In His Steps: What Would Jesus Do*. 1897; New York: Cosimo Classics. 2010.

Schinkel, Willem, "Illegal Aliens and the State, or: Bare Bodies vs the Zombie." *International Sociology*, Vol.24, No.6(November). 2009. pp.779~806.

Schofield, Malcolm. *The Stoic Idea of the City*. Chicago: University of Chicago Press. 1999.

Sedwick, Peter R. ed. *Nietzsche: A Critical Reader*. Oxford, UK: Blackwell. 1995.

Sherwood, Yvonne ed. *Derrida's Bible(Reading a Page of Scripture with a Little Help from Derrida)*. New York: Palgrave Macmillan. 2004.

Sherwood, Yvonne and Kevin Hart eds. *Derrida and Religion: Other Testaments*. New York: Routledge. 2005.

Shohat, Ella. "Post-Third-Worldist Culture: Gender, Nation, and the Cinema." *Feminist Genealogies, Colonial Legacies, Democratic Futures*. M. Jacqui Alexander and Chandra Talpade Mohanty eds. New York: Routledge. 1997.

Smith, James Bruce. *Politics and Remembrance*. Princeton: Princeton University Press. 1985

Smith, James K. A. *Jacques Derrida: Live Theory*. New York: Continuum. 2005.

Spelman, Elizabeth V. *Inessential Woman: Problems of Exclusion in Feminist Thought*. Boston: Beacon Press. 1988.

Spivak, Gayatri Chakravorty. *A Critique of Postcolonial Reason: Toward a History of the*

Vanishing Present. Cambridge, MA: Harvard University Press. 1999.

____. *The Spivak Reader,* Donna Landry and Gerald Maclean eds. New York and London: Routledge. 1996.

____. *Outside in the Teaching Machine.* New York and London: Routledge. 1993.

____. "French Feminism Revisited: Ethics and Politics." *Feminists Theorize the Political.* Judith Butler and Joan W. Scott eds. New York: Routledge. 1992.

____. *The Postcolonial Critic: Interviews, Strategies, Dialogues.* Sarah Harasym ed. New York & London: Routledge. 1990.

____. *In Other Worlds: Essays in Cultural Politics.* New York: Routledge. 1988.

____. "Can Subaltern Speak?" *Marxism and the Interpretation of Culture.* Cary Nelson and Lawrence Grossberg eds. Urbana and Chicago: University of Illinois Press. 1988.

____. *Death of Discipline.* New York: Columbia University Press. 2005.

Spurr, David. *The Rhetoric of Empire: Colonial Discourse in Journalism, Travel Writing, and Imperial Administration.* Durham & London: Duke University Press. 1993.

Stone, Dan. "Rafael Lemkin on the Holocaust." *Journal of Genocide Research,* Vol.7, No.4(December). 2005. pp.539~550.

Storrar, William and Andrew Morton eds. *Public Theology for the 21st Century.* London & New York: T & T Clark. 2004.

Sykes, Stephen. *Power and Christian Theology.* London: Continuum. 2006.

Tan, Kok-Chor. *Justice without Borders: Cosmopolitanism, Nationalism, and Patriotism.* Cambridge: Cambridge University Press. 2004.

____. "The Demand of Justice and National Allegiances." Gillian Brock and Harry Brighouse eds. *The Political Philosophy of Cosmopolitanism.* Cambridge: Cambridge University Press. 2005.

Taraborrelli, Angela. *Contemporary Cosmopolitanism.* New York: Bloomsbury Academic. 2011.

Taylor, Charles, Amy Gutmann, Stephen Rockefeller, Michael Walzer and Susan Wolf. *Multiculturalism and the 'Politics of Recognition'.* Edited and Introduced by Amy Gutmann. Princeton, NJ: Princeton University Press. 1992.

Taylor, Charles. "Politics of Recognition." *Multiculturalism: Examining the Politics of Recognition.* Charles Taylor and Amy Gutmann eds. Princeton, NJ: Princeton University

Press. 1994.

Theodossopoulos, Dimitrios and Elisabeth Kirtsoglou eds. *United in Discontent: Local Responses to Cosmopolitanism and Globalization*. Berghahn Books. 2010.

Thiele, Leslie Paul. *Timely Meditations: Martin Heidegger and Postmodern Politics*. Princeton: Princeton University Press. 1995.

Thomas, Owen C. "Religious Plurality and Contemporary Philosophy: A Critical Survey." *The Harvard Theological Review*, Vol.87, No.2(April). 1994. pp.197~213.

Toulmin, Stephen. *Cosmopolis: The Hidden Agenda of Modernity*. New York: Free Press. 1990.

Touillot, Michel-Rolph. *Silencing the Past: Power and the Production of History*. Boston: Beacon Press. 1995.

Trinh T. Minh-ha. *Woman, Native, Other: Writing Postcoloniality and Feminism*. Bloomington: Indiana University Press. 1989.

United Nations Development Programme. *Sustainability and Equity: A Better Future for All*. Human Development Report 2011. New York: Palgrave Macmillan. 2011.

United Nations Development Programme. *The Real Wealth of Nations: Pathways to Human Development*, Human Development Report 2010, 20th Anniversary Edition. New York: Palgrave Macmillan. 2010.

Van Hooft, Stan. *Cosmopolitanism: A Philosophy for Global Ethics*. Ithaca: McGill-Queen's University Press. 2009.

Vanhoozer, Kevin J. ed. *The Cambridge Companion to Postmodern Theology*. Cambridge, UK: Cambridge University Press. 2003.

Vattimo, Gianni. *After Christianity*. New York: Columbia University. 2002.

Vertovec, Steven and Robin Cohen eds. *Conceiving Cosmopolitanism: Theory, Context, and Practice*. Oxford: Oxford University Press. 2002.

Vila, Dana ed. *The Cambridge Companion to Hannah Arendt*. Cambridge, UK: Cambridge University Press. 2000.

Waldron, Jeremy. "Minority Cultures and the Cosmopolitan Alternatives." *The Rights of Minority Cultures*. Will Kymlicka ed. Oxford: Oxford University Press. 1995.

Waldenfels, Bernhard. "Levinas and the Face of the Other." *The Cambridge Companion to*

Levinas. Simon Critchley and Robert Bernasconi eds. Cambridge, UK: Cambridge University Press. 2002.

Weber, Samuel. "Toward a Politics of Singularity: Protection and Projection." *Religion: Beyond a Concept*. Hent de Vries ed. New York: Fordham University Press. 2008.

Welch, Sharon. *After Empire: The Art and Ethos of Enduring Peace*. Minneapolis: Fortress Press. 2004.

Werbner, Pnina. "Global Pathways: Working Class Cosmopolitans and the Creation of Transnational Ethnic Worlds." *Social Anthropology*, Vol.7, No.1. 1999. pp.17~35.

West, Cornel. "The New Cultural Politics of Difference." *Out There: Marginalization and Contemporary Culture*. Russell Ferguson, Martha Gever, Trinh Minh-ha and Cornel West eds. New York and Boston: New Museum of Contemporary Art and MIT Press. 1990.

Westmoreland, Mark W. "Interruptions: Derrida and Hospitality." *Kritike*, Vol.2, No.1(June). 2008. pp.1~10.

White, Stephen K. *Political Theory and Postmodernism*. Cambridge: Cambridge University Press. 1991.

Wilson, Holly L. *Kant's Pragmatic Anthropology: Its Origin, Meaning, and Critical Significance*. Albany: SUNY Press. 2006.

Wittgenstein, Ludwig. *Culture and Value*. G. H. von Wright and Heikki Nyman eds. Peter Winch trans. Chicago: University of Chicago Press. 1980.

Wood, David ed. *Derrida: A Critical Reader*. Cambridge: Blackwell. 1992.

Woodward, Bob. *Bush at War*. New York: Simon and Schuster. 2002.

Wurgaft, Benjamin Aldes. "Starbucks and Rootless Cosmopolitanism." *The Journal of Good and Culture*, Vol.3, No.4(Fall). 2003. pp.71~75.

Yang, Hyunah. "Vision of Postcolonial Feminist Jurisprudence in Korea: Seen from the 'Family-Head System' in Family Law." *Journal of Korean Law*, Vol.5, No.2. 2006. pp.12~28.

Yegenoglu, Meyda. *Colonial Fantasies: Towards a Feminist Reading of Orientalism*. Cambridge, UK: Cambridge University Press. 1998.

Yeh, Michelle. "Deconstructive Way: A Comparative Study of Derrida and Chuang Tzu." *Journal of Chinese Philosophy*, Vol.10. 1983. pp.95~126.

Young-Bruehl, Elizabeth. *Hannah Arendt: For the Love of the World*. New Haven and

London: Yale University Press. 1982.

Zizek, Slavoj. *The Puppet and the Dwarf: The Perverse Core of Christianity.* Cambridge, MA: MIT Press. 2003

_____. "Neighbors and Other Monsters: A Plea for Ethical Violence." *The Neighbor: Three Inquiries in Political Theology.* Slavoj Zizek, Eric L. Santner and Kenneth Reinhard eds. Chicago and London: The University of Chicago Press. 2005.

_____. "From Homo Sacer to the Neighbor." *Welcome to the Desert of the Real.* London and New York: Verso. 2002.

Zuckert, Catherine. "The Politics of Derridean Deconstruction." *Polity,* Vol.23(Spring). 1991. pp.335~356.

성서

The Inclusive Bible: The First Egalitarian Translation by Priests for Equality. Rowman & Littlefield Publishers. 2007.

The Inclusive New Testament. Brentwood, Maryland: Priests for Equality. 1996.

Bible with the Apocryphal/Deuterocanonical Books, New Revised Standard Version. Bruce M. Metzger and Roraland E. Murphy eds. New York: Oxford University Press. 1994.

찾아보기

인명

[ㄱ]
게이츠, 빌(Bill Gates) 33
그람시, 안토니오(Antonio Gramsci) 80~81
낭시, 장뤼크(Jean Luc Nancy) 28, 176
니체, 프리드리히(Friedrich Nietzsche) 59, 239, 288, 328

[ㄴ, ㄷ]
댈리, 메리(Mary Daly) 323
데리다, 자크(Jacques Derrida) 27, 89, 160, 177~178, 187~188, 190, 198, 202, 238, 269~270,
    332, 337~338, 342
도킨스, 리처드(Richard Dawkins) 317~318
듀보이스, W. E. B(W. E. B. Du Bois) 82~83
들뢰즈, 질(Gilles Deleuze) 58, 60
디오게네스, 시노페(Diogenes of Sinope) 12, 42, 107

[ㄹ, ㅁ]
램킨, 라파엘(Rafael Ramkin) 151~156
레비나스, 에마뉘엘(Emmanuel Levinas) 56, 89, 165, 183, 194, 196~198, 236
마스자와, 도모코(Tomoko Masuzawa) 320
만하임, 카를(Karl Mannheim) 120~121
뮌처, 토마스(Thomas Münzer) 120

[ㅂ]
바디우, 알랭(Alain Badiou) 235~236

바바, 호미(Homi Bhabha) 58, 73
바울 217, 233, 267, 298, 313
벡, 울리히(Ulrich Beck) 31~32, 86, 106, 121

[ㅅ]
사이드, 에드워드(Edward Said) 58
세네카(Seneca) 105, 112~113, 116
셀던, 찰스(Charles M. Sheldon) 244, 246~247
스피박, 가야트리(Gayatri Chakravorty Spivak) 35, 58, 276, 314

[ㅇ]
아감벤, 조르조(Giorgio Agamben) 239, 304, 306~309
아렌트, 한나(Hannah Arendt) 106, 146, 159, 294, 310
아브라함 251, 256, 265, 271
아우구스티누스 117, 231, 282, 298, 313, 331, 333
아우렐리우스, 마르쿠스(Marcus Aurelius) 113, 132
아퀴나스, 토마스(Thomas Aquinas) 88. 117
야스퍼스, 카를(Karl Jaspers) 106, 146, 161~163
에크하르트, 마이스터(Meister Eckart) 331

[ㅈ, ㅊ]
제노(Zeno of Citium) 107, 111~112
제닝스, 시어도어(Theodore Jennings) 238
지제크, 슬라보이(Slavoj Zizek) 238~239
첼란, 파울(Paul Celan) 313

[ㅋ, ㅌ, ㅎ]
칸트, 이마누엘(Immanuel Kant) 43, 57, 89, 122
키케로(Marcus Cicero) 112
킴리카, 윌(Will Kymlicka) 116
타메즈, 엘자(Elsa Tamez) 240
파농, 프란츠(Franz Fanon) 81
푸코, 미셸(Michel Foucault) 58, 60, 143, 303, 307~308

용어

[ㄱ]

개별성의 윤리(ethics of singularity) 46, 106~107, 198, 344

거대 담론 49, 145, 343

견유학파 103, 107~109, 112

공동체 35, 85

　공동체주의(communitarianism) 85~86, 116

　다름의 공동체(community of alterity) 99

　도덕적 공동체 86

　동질성의 공동체(community of sameness) 99

　우주적 공동체(cosmic community) 85, 118, 130

　지구적 공동체(global community) 98~99

　초민족적 공동체 82

　탈영토적 공동체 32

공화국(Commonwealth) 113

교차성(intersectionality) 71, 75~76

국가시민 32

국경없는 의사회(Doctors Without Borders) 54, 98, 116

권력 50, 52, 69

　통치권력(sovereign power) 183, 303, 306~308

　규율권력(disciplinary power) 303

　생명권력(bio-power) 303, 307~308

글로컬라이제이션(glocalization) 24~25

[ㄴ, ㄷ]

네이털리티/탄생성(natality) 294~300, 310~313

다름/알터리티(alterity) 35, 74, 78, 291

다문화주의(multiculturalism) 43~44, 80, 179

도덕적 나침판 129, 134, 144

디아스포라(diaspora) 265~266

[ㅁ]

〈마녀를 심판하는 망치(Malleus Malleficarum [Der Hexenhammer])〉 210

마녀화형(Witch Burning) 210, 226, 282, 317

목적의 나라(Kindom of Ends) 124
문화적 상대주의 49
미시 담론 343~344
민족주의 81, 83, 95, 115, 133, 136
　　폐쇄적 민족주의 82~83, 94
　　개방적 민족주의 82~84, 95
밀레니엄 개발목표(MDGs—Millennium Development Goals) 28~30

[ㅂ]
바울의 코즈모폴리터니즘 233, 243
바울과 함께 바울을 넘어서서 243
반유대주의(anti-semitism) 164
백인유럽중심주의 139, 144, 146
범아프리카주의(Pan-Africanism) 82
보트 피플(boat people) 190
본질주의(essentialism) 72
　　생물학적 본질주의 71
　　인종적 본질주의 71
　　문화적 본질주의 71
　　성적 본질주의 71
불가능성에의 열정(passion for the impossible) 50, 230, 341
빌 앤드 멀린다 게이츠 재단(Bill and Melinda Foundation) 31

[ㅅ]
살라망카 학파(School of Salamanca) 118
서발턴(subaltern) 48, 275~277
성적 소수자(sexual minority) 68, 71, 302, 318~320
성적 지향(sexual orientation) 45, 54, 67, 70, 86, 89, 151, 310
세계시민(global citizen, world citizen) 32~35, 43, 47, 74, 77~78, 109~110
　　우주시민(cosmic citizen) 86, 114, 133, 343
세계시민 운동 31
세계화(globalization) 84, 133, 135, 161, 342
　　위로부터의 세계화 50
소속성 25, 43, 52, 87, 104, 113
　　지역적 소속성 104

우주적 소속성 86, 104
스토아주의 111, 115, 117~118

[ㅇ]
애국주의 82~84, 94~95
얼굴 58, 89, 193~198, 253~254, 256, 266, 304, 309~310
연대 76, 93, 99, 115, 167, 248
　　동질성의 연대 248
　　다름의 연대 74, 248~249
영구적 평화 89, 98, 126, 130, 139, 144, 174
왕과 같은 사람들(Kingly people) 127, 216
《위험사회(risk society)》 31, 106
유토피아(utopia) 98, 120
　　코즈모폴리턴 유토피아 111, 118~119
　　토머스 모어의 《유토피아》 120
이웃 사랑 225, 280, 284, 287, 292, 294, 296, 301~304
이원론 71, 104
이분법적 사유방식 104, 115, 155, 323
인간 지리학(human geography) 140~141, 143~144
인권(인간의 권리) 95~96, 133, 160~161
　　〈세계인권선언〉 158~159
인류에 대한 범죄(crime against humanity) 146, 157, 161, 165, 168

[ㅈ]
자본주의 48, 88, 179, 205, 227
자연법 88, 112, 117
　　자연권(natural rights) 118
자선(charity) 96, 289
재세례파(Anabaptist) 운동 120
정의 26, 55, 96
　　지구적 정의(global justice) 42, 75, 95
　　코즈모폴리턴 정의(cosmopolitan justice) 112, 129, 156, 163, 242
　　보편적 정의(universal justice) 133
정체성 44, 51
　　강요된 정체성 52

거시적 정체성 106

긍정적 정체성 53, 67

다층적 정체성 105

미시적 정체성 105

부정적 정체성 53

자발적 정체성 52

젠더 정체성 68, 93

초정체성 92~93

코즈모폴리턴 정체성 75, 104~105, 339, 343

포스트모던 정체성 75~76

혼종적 정체성(hybrid identity) 67, 340

정체성의 정치학(politics of identity) 51, 65, 67, 75

긍정의 정치학(politics of affirmation) 67

차이의 정치학(politics of difference) 67, 71~72

초정체성의 정치학(politics of trans-identity) 93

제국주의(imperialism) 59, 81, 119

제노사이드(genocide) 151

제노사이드 협약(Convention on Genocide) 151

종교 201

탈종교화 243

종교 없는 종교 347

지구 온난화 25, 28, 44

지역성(locality) 116

지역주의 87

[ㅊ, ㅋ]

초경계성(trans-boundaryness)의 원리 89, 92

친구—적 53

칸트와 함께 칸트를 넘어서 생각하기(thinking with Kant against Kant) 137, 145~146

칸트-헤더 논쟁 141

코즈모폴리턴(cosmopolitan) 77

코즈모폴리턴 권리 130~131, 136~138, 157~159, 177~178, 197, 242, 267

코즈모폴리턴 시선(cosmopolitan gaze) 62, 197, 213~214, 226, 252, 340

코즈모폴리터니즘(cosmopolitanism) 26

계몽주의 코즈모폴리터니즘 106

기독교 코즈모폴리터니즘 214, 244
근대 코즈모폴리터니즘 106
독재적 코즈모폴리터니즘 106
코즈모폴리터니즘의 윤리 56
코즈모폴리터니즘의 정치 117
해방적 코즈모폴리터니즘 106

[ㅌ, ㅍ]
타자 사랑 192, 285, 312
탈식민주의/포스트콜로니얼리즘(postcolonialism) 35, 50, 93, 58~59, 146. 166
테러리즘 44
페미니즘(feminism) 47, 59, 166
    여성중심적 페미니즘 166
    휴머니스트 페미니즘 166
포스트모더니즘(postmodernism) 47
포용 51, 99, 121, 126, 161
    포용의 원(circle of inclusion) 85, 99, 201
폴리스(polis) 110

[ㅎ]
행성(planet) 35
호모 사케르(homo sacer) 274, 304
홀로코스트(Holocaust) 163, 165, 203, 327
환대(hospitality) 179, 269
    개인적 환대/사적 환대 185~186
    국가적 환대/ 공적 환대 179, 184, 186
    우주적 환대 87, 89
    호스티피탈리티(hostipitality) 268, 270
    무조건적 환대와 조건적 환대 50, 182~183, 187~188, 199, 243, 257, 264, 266, 274
    환대의 정치 182, 267
환대의 윤리 182, 189, 199, 267
    환대의 경제(economy of hospitality) 263
    환대 증명서 181